Centelhas Incandescentes

L581c   Leonard, Dorothy

Centelhas incandescentes: estimulando a criatividade em grupos / Dorothy Leonard e Walter Swap; trad. Maria Adelaide Carpigiani. – Porto Alegre : Bookman, 2003.

1. Administração – Grupos – Criatividade. I. Swap, Walter. II. Título.

CDU 65.01/.013

Catalogação na publicação: Mônica Ballejo Canto – CRB 10/1023

ISBN 85-363-0148-1

Centelhas Incandescentes

Estimulando a criatividade em grupos

Dorothy Leonard
Walter Swap

Tradução:
Maria Adelaide Carpigiani

Consultoria, supervisão e revisão técnica desta edição:
Paulo Vieira de Campos
Professor de Criatividade e Inovação do MBA da ESPM.

2003

Obra originalmente publicada sob o título
When sparks fly: igniting creativity in groups

© President and Fellows of Harvard College, 1999

Publicado conforme acordo com Harvard Business School Press

ISBN 0-87584-865-6

Capa
Mário Röhnelt

Preparação do original
Laura Bocco

Leitura final
Marcia M. Bitencourt

Supervisão editorial
Arysinha Jacques Affonso

Projeto e editoração
Armazém Digital Editoração Eletrônica – rcmv

Reservados todos os direitos de publicação, em língua portuguesa, à
ARTMED® EDITORA S.A.
Av. Jerônimo de Ornelas, 670 – Santana
90040-340 Porto Alegre RS
Fone: (51) 3330-3444 Fax: (51) 3330-2378

É proibida a duplicação ou reprodução deste volume, no todo ou em parte, sob quaisquer formas ou por quaisquer meios (eletrônico, mecânico, gravação, fotocópia, distribuição na Web e outros), sem permissão expressa da Editora.

SÃO PAULO
Av. Rebouças, 1073 – Jardins
05401-150 São Paulo SP
Fone: (11) 3062-3757 Fax: (11) 3062-2487

SAC 0800 703-3444

IMPRESSO NO BRASIL
PRINTED IN BRAZIL

Sobre os Autores

Dorothy Leonard, professora de administração de empresas da William J. Abernathy, ingressou no corpo docente da Escola de Administração de Empresas de Harvard (Harvard Business School) depois de ensinar na Escola de Administração Sloan, no Massachusetts Institute of Technology. Em Harvard, no MIT e em Stanford, e para corporações como Kodak, AT&T e Johnson & Johnson ela tem realizado cursos executivos em uma ampla gama de assuntos relacionados com inovação, tais como a criação de grupos de trabalho, a estruturação do desenvolvimento de novos produtos e a transferência de tecnologia durante o desenvolvimentos de novos produtos e métodos. Ela é membro do corpo docente dos programas executivos de Harvard e trabalhou como catedrática do corpo docente em dois cursos: Aumento da Criatividade Corporativa (Enhancing Corporate Creativity) e Liderança em Desenvolvimento de Produto (Leading Product Development).

Os principais interesses de pesquisa e especialização em consultoria da Dra. Leonard são a inovação organizacional e a estratégia e comercialização de tecnologia. Atualmente, ela estuda a geração, a identificação e a administração de ativos de conhecimento nas empresas. Ela tem dado consultoria e cursos sobre inovação a entidades governamentais (de países como Suécia, Jamaica e Indonésia) e corporações importantes (tais como IBM, Nielsen Media Research), e trabalha no conselho diretor corporativo da American Management Systems e da Guy Gannett Communications.

Suas inúmeras publicações aparecem em revistas acadêmicas, revistas profissionais e livros de administração inovadora. Ela também escreveu dúzias de casos baseados em operações de campo usados em salas de aula de escolas de administração em todo o mundo. Seu livro anterior, *Wellsprings of Knowledge: Building and Sustaining the Sources of Innovation*, foi publicado em capa dura em 1995 e republicado em brochura em 1998.

Walter Swap é professor de psicologia e ex-dirigente do Departamento de Psicologia da Universidade Tufts. Ele também é professor do Gordon Institute, que oferece graduação em administração de engenharia a engenheiros profissionais e cientistas. O Dr. Swap trabalhou nove anos como Reitor da Universidade, responsável por todos os aspectos da vida acadêmica dos estudantes da Tufts.

A vida profissional do Dr. Swap dividiu-se entre o ensino, a pesquisa e a administração. Na Tufts, ele recebeu o mais prestigiado prêmio de ensino, o Prêmio Lillian Leibner, em 1983. É membro fundador do inovador Centro de Tomada de Decisões da universidade, onde apresentou os universitários às complexidades da escolha e da dinâmica de grupo e fez seminários para gerentes de nível médio de várias indústrias. Ajudou a criar vários outros centros, incluindo o Centro de Excelência no Ensino, o Centro de Estudos Interdisciplinares e o Centro de Escrita, Pensamento e Fala.

Entre as publicações do Dr. Swap estão *Group Decision Making* e capítulos de *Environmental Decision Making: A Multidisciplinary Perspective* e *International Multilateral Negotiation: Approaches to the Management of Complexity*. Além de outros capítulos de livros, ele foi autor de numerosos artigos em revistas profissionais, incluindo *The Journal of Personality and Social Psychology* e *Personality and Social Psychology Bulletin*, em assuntos incluindo mudança de atitude, teoria da personalidade, altruísmo e agressão. O Dr. Swap também é pianista, cantor e compositor amador.

Aos ativos básicos em nossa própria fusão e aquisição:
Cliff e Alison; Gavin;
Michelle, Michael e Scott

Prefácio

Este livro nasceu de uma crença, de um desafio e de um pedido. A crença é que a criatividade pode ser estimulada, aumentada e possibilitada pelos administradores. Embora tanta inovação se origine atualmente através de processos *grupais*, a maior parte da literatura sobre criatividade se concentra em *indivíduos* criativos. Afirmamos que qualquer grupo pode ser mais criativo, mesmo se seus participantes individualmente não fizerem muitos pontos em testes de criatividade. Se você é um administrador que está buscando maneiras melhores de aproveitar os talentos dos membros de seu grupo e de estimular a criatividade, este livro foi pensado para você. Acreditamos que sua liderança pode fazer uma grande diferença.

O desafio que motivou o livro foi o de fundir perspectivas de dois universos de idéias que geralmente se evitam, mas que fornecem *insights* complementares sobre o comportamento humano: a pesquisa básica em psicologia, particularmente na psicologia social, e a experiência prática em administração. Os domínios para a construção de conhecimento são muito diferentes nesses dois universos, pois temos, de um lado, as condições controladas e os projetos meticulosos de pesquisa no laboratório do psicólogo e, por outro, o ambiente quase sempre caótico e pressionado pelo tempo na administração. Nosso objetivo foi integrar os *insights* de ambos de forma a fornecer uma perspectiva útil sobre criatividade em grupo. Para isso, mergulhamos na literatura psicológica para identificar descobertas consistentes, baseadas em pesquisa. A seguir, testamos a relevância e o realismo de nossas conclusões através de entrevistas com dezenas de líderes, desde empresários que administravam pequenas empresas, ou gerentes de nível médio de grupos criativos, até presidentes de empresas há muito estabelecidas. Também recorremos a nossos próprios anos de estudo e pesquisa anteriores – Walter em psicologia social e Dorothy em inovação. Mas não hesitamos em nos basearmos também no trabalho de colegas de administração, como Rosabeth Moss Kanter, Kathleen Eisenhardt e John Kao, cujas obras sobre inovação apóiam muitas das idéias aqui incluídas. Temos uma dívida especial com Teresa Amabile, a quem citamos extensivamente devido a sua original pesquisa psicossocial sobre criatividade e a sua perspectiva gerencial aplicada complementar.

Finalmente, este trabalho responde ao pedido feito por vários leitores do livro *Wellsprings of Knowledge*, de Dorothy Leonard, solicitando que se aprofundasse um tópico introduzido em um de seus capítulos, intitulado *geração de conhecimento*. A criatividade em grupo está por toda parte, produzindo conhecimento novo e útil – ou gerando inovações. Neste livro, analisamos as etapas do processo criativo e damos sugestões práticas para se administrar cada uma delas. Acreditamos que profundidade não impede a concisão nem requer uma prosa maçante. Nosso objetivo foi escrever um livro que você possa pegar no aeroporto, ler durante um vôo de duas horas e desembarcar em um novo destino, tanto mental quanto físico. Queremos ter uma *conversa* com você, nosso leitor – por isso o tom do livro não é particularmente acadêmico (exceto nos itens suplementares de pesquisa, que você pode ignorar ou ler rapidamente, sem perder o fluxo geral de idéias).

Como é comum em empreendimentos semelhantes a este, contribuíram mais pessoas do que as apresentadas junto ao título. Três revisores anônimos e nossa editora, Marjorie Williams, deram sugestões para melhorar os rascunhos iniciais. Anne Conner, assessora de pesquisa, investigou os dados necessários para o Capítulo 5. Robert Irwin labutou para descobrir referências e Laurie Calhoun, para redescobri-las – depois de acharmos que tínhamos sido *tão* cuidadosos em conservá-las. Também apreciamos a ajuda de Irene Nelson, sem cujas contribuições domésticas demoraríamos muito mais tempo para terminar este livro.

Pelas deficiências que permaneceram no livro, é claro que nos responsabilizamos mutuamente! (Essa é uma das alegrias da co-autoria.)

Sumário

1. O que é criatividade em grupo? 13

2. Atrito criativo 29

3. Gerando opções criativas 57

4. Convergindo para as melhores opções 93

5. Planejando o ambiente físico 127

6. Planejando o ambiente psicológico 151

Referências bibliográficas 189
Índice 195

1
O Que é Criatividade em Grupo?

Jeri Davis, vice-presidente de pesquisa e desenvolvimento da empresa, passou os olhos pela sala. Todos os gerentes de produto e os líderes de equipe dos projetos em desenvolvimento tinham comparecido. Stan, Marian, Kirk... deveria ter pelo menos 150 anos de experiência acumulada na indústria de jogos de tabuleiro naquela sala. Certamente, com todo esse conhecimento, eles poderiam surgir com um novo produto criativo para enfrentar os jogos eletrônicos que estavam tomando conta do mercado. Ela olhou o relógio, notou que já haviam passado seis minutos da hora de início avisada. Ora bolas, onde estava Kevin? Mas quando limpou a garganta e disse, possivelmente um pouco alto demais, "está certo, talvez seja melhor começarmos," ela percebeu que todos os outros também estavam esperando Kevin. Kevin – o "criativo." "Vinte e uma pessoas qualificadas na sala," pensou Jeri, "e todos achamos que compete a um único homem fornecer a centelha criativa. Que desperdício."

Prazos. Orçamentos. Reduções de pessoal. Pressões na velocidade de comercialização. E agora você também precisa fornecer inovação. Talvez você, como Jeri, esteja liderando um grupo de pessoas inteligentes e dedicadas – que não se consideram especialmente criativas. O que fazer? A pequena epifania de Jeri seria útil para muitos administradores, pois ilustra vários mitos sobre a criatividade. Os mitos podem ter raízes em alguma verdade profunda que se acumulou com anos de experiência e observação. Mas eles também exageram, simplificam em excesso e podem levar a cometer vários erros sérios. Por isso, vamos investigar um pouco.

MITOS SOBRE CRIATIVIDADE

Mito 1: a produção de criatividade depende de poucos indivíduos, quase sempre extravagantes

Nem todas as organizações têm "pessoas criativas" designadas oficialmente, mas com certeza *existem* indivíduos especialmente criativos, e sua contribuição potencial para os grupos não deve ser minimizada. No caso desses indivíduos, uma combinação de temperamento e de condição de vida deu-lhes lentes idiossincráticas através das quais vêem o mundo. Eles fazem ligações e enxergam oportunidades que os outros não perceberam, viram perguntas de cabeça para baixo e são tão curiosos quanto um menino de quatro anos ou um explorador do Pólo Norte. Para eles, a criatividade é um modo de vida. Nós certamente gostaríamos de ter alguns deles por perto.

Entretanto, "todos somos criativos," diz Bill Shephard, diretor de programas da Creative Education Foundation em Buffalo, Nova York.[1] E então – natureza ou educação? Devemos depender unicamente da criatividade dos indivíduos que estão predestinados, por sua personalidade e sua criação, a ver o mundo diferentemente? Ou a criatividade pode ser cultivada em uma organização? Somos da opinião que a inovação resulta de um *processo* criativo que inevitavelmente inclui pessoas que não se definem como criativas ou brilhantes. Elas podem nunca ter feito uma escultura ou composto música e podem não ter um único *piercing* em qualquer parte de sua anatomia. Contudo, como veremos, suas contribuições individuais podem ser essenciais para o resultado criativo do grupo. Um grupo criativo não é o mesmo que um grupo de "pessoas criativas."

O segundo mito está intimamente relacionado com este.

Mito 2: a criatividade é um processo solitário

Como se percebe em qualquer olhada rápida nas pilhas de livros sobre criatividade, a maior parte das pesquisas sobre o assunto concentrou-se no indivíduo: como revelar o potencial criativo de cada pessoa, os "segredos" das pessoas realmente criativas e a relação entre a inteligência individual e a criatividade. Nos desenhos, aparece uma lâmpada sobre a cabeça da personagem para indicar que uma inspiração repentina iluminou o caminho para uma solução criativa. Como veremos, os tipos de *insight* e intuição, simbolizados pela lâmpada, são elementos importantes no processo criativo. O problema com a metáfora da lâmpada, porém, é que sugere que o discernimento emana apenas de indivíduos. Na realidade, não nos atrevemos a relegar a responsabilidade pela inovação a indivíduos isolados, nem a funções isoladas, como pesquisa e desenvolvimento. Nossas organizações têm sede de produção criativa desde a sala da diretoria até o subsolo, e do departamento financeiro à fábrica. A criatividade em negócios é um exercício de *grupo*. Como observou Warren

Bennis, "o Cavaleiro Solitário, a personificação da resolução individual de problemas, morreu."[2]

Uma variante desse mito é que os grupos são intrinsecamente conservadores e que as idéias realmente criativas ficam diluídas nos grupos – ou seja, como diz um velho ditado japonês, "o prego que sobressai acaba sendo martelado". A maioria das invenções do século 20 que mudaram o mundo emanou de grupos de pessoas com habilidades complementares, e não apenas do inventor dando duro como um gênio solitário. Por exemplo, o nome de William Shockley é associado mais de perto com a invenção do transistor, hoje presente em todas partes. Entretanto, na verdade, esse notável ato de criatividade se originou de seu trabalho em conjunto com outros dois – Walter Brattain e John Bardeen. Junto, esse pequeno grupo descobriu os "vazios" (a ausência de elétrons) que conduziam correntes elétricas no silício.[3]

Mito 3: a inteligência é mais importante que a criatividade

Muitos líderes certamente pensam em equipar suas equipes com os homens e mulheres mais inteligentes a disposição e deixar a criatividade cuidar de si. É claro que a inteligência é importante. Entretanto, a inteligência e a criatividade estão modestamente associadas apenas até um QI de cerca de 120. Acima desse nível, todos os indivíduos parecem igualmente capazes em termos de pensamento criativo.[4] Por isso, embora certamente defendamos a seleção pela inteligência, um grupo de pessoas talentosas nem sempre se traduz em um grupo talentoso – ou criativo.

Mito 4: na verdade, a criatividade não pode ser administrada

A criatividade é freqüentemente considerada uma arte, isto é, um processo impenetrável e específico para cada projeto, um processo que "simplesmente acontece." Alguns levariam esse mito ainda mais longe e argumentariam que, ao tentar administrar a criatividade, acabaríamos por fazê-la esmorecer, ou até mesmo desaparecer. Wordsworth advertiu:

> Doce é o saber que a Natureza traz;
> Nossa inteligência intrometida
> Desfigura as harmoniosas formas das coisas:
> – Matamos para dissecar.

Talvez, como na beleza da natureza, haja uma certa porção mágica envolvida na criatividade que nunca poderá ser totalmente entendida. Em quase todos os grupos, entretanto, os administradores conseguem moldar o processo criativo, planejar a composição do grupo, melhorar o ambiente físico, fornecer as ferramentas e técnicas para fazer as coisas funcionarem e liderar a carga criativa. Muito longe de destruir a criatividade, esses esforços administrativos podem ressuscitar um processo moribundo ou aumentar a criatividade de um grupo já produtivo. Não é fácil. Os administradores precisam redesenhar o navio enquanto navegam, ou seja: precisam inovar enquanto mantêm andando as operações normais do empreendimento. Mas, como veremos, a criatividade é necessária e ocorre mesmo nessas atividades organizacionais rotineiras.

Mito 5: encontram-se grupos criativos apenas nas "artes" ou em empresas de alta tecnologia

Podemos aprender muito com as empresas de alta tecnologia do exuberante Vale do Silício e com os almoços com palestras de executivos de Los Angeles, em que tanto a criatividade quanto a lucratividade são tópicos legítimos de discussão. Mas a criatividade floresce nos recantos e nas fendas da administração em toda parte e os mesmos princípios gerais para promover a criatividade aplicam-se a empresas farmacêuticas, bancos, instituições de educação superior, forças armadas e até ao governo. De verdade. E poderia haver muito mais criatividade em *todas* as nossas organizações se os administradores se desafiassem a estimulá-la.

Mito 6: criatividade só é relevante para grandes idéias

A inovação que resulta de processos criativos pode variar de incremental (novos projetos de ferramentas, produtos derivados ou resultantes, novos modos de interação com clientes existentes) a radical (nova orientação estratégica, novo mercado, reconfiguração de empresas). Assim, encontramos criatividade em pequenos aprimoramentos que favorecem a causa organizacional e também em transições visionárias que remodelam o futuro. Embora o *escopo da mudança* obviamente varie ao longo desse *continuum*, o processo criativo é o mesmo. Independente de o grupo desafiado a produzir uma inovação ser composto de três pessoas, com o dinheiro que sobrou da festa do escritório como recurso, ou de trezentas pessoas que estão trabalhando na última plataforma de *software* de processamento de palavras, os estágios e as atividades associados com o resultado criativo serão os mesmos.

Mito 7: a criatividade só envolve a apresentação de novas idéias

Certamente, a novidade é uma parte importante da criatividade. Mas somente parte do complexo processo criativo consiste em apresentar novas idéias.

Antes que isso possa acontecer, precisam ser selecionadas as pessoas que terão essas idéias. É preciso que lhes sejam dadas ferramentas para estimular seu pensamento divergente e que recebam tempo – e espaço – para refletir. Além disso, em algum momento, o processo deve ser redirecionado para se chegar a uma ou algumas poucas opções que deveriam se mostrar úteis.

A partir dessa breve análise dos mitos sobre a criatividade, tiramos várias conclusões que orientarão grande parte de nossa discussão posterior:

- A criatividade é um *processo*, e o processo é semelhante, independentemente da magnitude do projeto ou da sua posição na empresa.
- Indivíduos criativos são importantes para se ter grupos criativos. Mas não são *tudo* o que importa.
- A composição correta do grupo *é* importante.
- A criatividade é um processo que pode ser aprendido pelos grupos. Como resultado, ela pode – e deve – ser administrada eficientemente.
- O processo criativo vai além de simplesmente gerar novas idéias, embora o pensamento divergente seja fundamental.
- A criatividade envolve mais do que apenas ser diferente ou incomum.

O QUE É A CRIATIVIDADE?

Nós a reconhecemos quando a vemos, certo? Nem sempre. Podemos ficar admirados diante de uma tela de nenúfares de Monet ou nos encantarmos com os livros de história (altamente originais, é claro) produzidos por nossos filhos pequenos, mas a criatividade em contextos administrativos requer um descritor adicional, além de *novo* ou *incomum*. A criatividade também deve ser *útil*, isto é, deve ter pelo menos o potencial para a utilidade. Claro, nem sempre sabemos desde o princípio se uma idéia criativa se mostrará útil. Alguém se lembra – muito menos usa – da pá de neve movida a pedais, do indicador de fralda molhada, do guarda-chuva para cigarro, do relógio que desperta com perfume e das pedras treinadas para atacar?

Isso nos leva à definição de criatividade que nos guiará através deste livro:

> Criatividade é um processo para desenvolver e expressar idéias novas que têm a probabilidade de serem úteis.

Existem quatro características importantes nessa definição. Primeiro, a criatividade envolve *pensamento divergente*, um rompimento com as formas conhecidas e estabelecidas de ver e fazer as coisas. O pensamento divergente produz idéias que são novas. Como veremos, a novidade em si mesma pode ser realmente importante nos estágios iniciais de esforços criativos, quando se desejam muitas opções – mesmo as extravagantes – mas se o esforço acabar aí, nada foi realizado além de um pouco de aeróbica mental, possivelmente muito divertida. Segundo, essas novas idéias devem ser transmitidas ou comunicadas aos demais. Essa transmissão proporciona uma verificação com a realidade para ver se as idéias são realmente novas ou se são simplesmente bizarras. Terceiro, a criatividade também deve incluir *pensamento convergente*, alguma concordância em relação a uma ou mais das novas idéias que merecem ser perseguidas. Quarto, essa opção com que se concordou deve ter o potencial de ser útil para tratar do problema que deu início ao desenvolvimento de opções.

O resultado final do processo criativo é uma *inovação*. Mais especificamente:

> Inovação é a incorporação, combinação e/ou síntese de conhecimentos em produtos, processos ou serviços novos, inéditos, relevantes e valorizados.

A tarefa a ser realizada e o escopo da inovação desejada ditam a quantidade de criatividade necessária. Tarefas rotineiras e problemas bem-definidos e bem-entendidos podem exigir uma quantidade pequena de criatividade, ao passo que situações e problemas novos exigem força máxima.

Este livro, portanto, trata de um processo criativo que leva a uma solução, um processo ou um produto potencialmente novo e útil. Não importa se você lidera um grupo de três pessoas em uma fundação sem fins lucrativos ou 30.000 pessoas em uma empresa da Fortune 500: o *processo básico de criatividade* é o mesmo. A escala difere, as implicações sociais diferem, as pessoas são diferentes entre si. Mas o processo deriva de algumas interações básicas entre os membros desta nossa espécie sutil e infinitamente variável mas, ao mesmo tempo, surpreendentemente previsível.

Além disso, estamos especialmente concentrados em *grupos* como o organismo criador. Equipes (autogerenciadas ou não), forças-tarefas, conselhos, gabinetes e parlamentos, todos compartilham algumas características essenciais, apreendidas em nossa definição final:

> "Um grupo pode ser visto como duas ou mais pessoas que existem em uma disposição que permite algum grau de interação e compartilham algum sentido de identidade como membros."[5]

Essa definição é ampla o suficiente para abranger todos os tipos de grupos que os leitores deste livro provavelmente encontrarão pela frente. Também é suficientemente restritiva para excluir tanto aqueles que interagem mas não têm nenhuma missão comum (p.ex., um grupo de amigos reunindo-se para jantar), quanto aqueles com uma missão comum mas que não interagem (p.ex., todos os que abominam o time do New York Yankees). Entretanto, a interação face a face não constitui uma necessidade para um grupo. Dez colecionadores de selos comunicando-se e negociando através da Internet poderiam constituir um grupo. Um grupo também pode ser transitório; por exemplo, dois trabalhadores que se sentam juntos em uma "mesa urgente," ligam seus computadores e quebram a cabeça em busca de algumas idéias para novos produtos, seguindo, logo depois, seus caminhos separados. Existem grupos de todos os tamanhos. Entretanto, achamos útil enfocar grupos menores e interativos que se encontram naqueles grupos grandes que chamamos de organizações.

ALGUMAS DEFINIÇÕES DE CRIATIVIDADE

"Criatividade é o processo que resulta em um trabalho novo que é aceito como sustentável, ou útil, ou satisfatório, por um grupo em algum momento."[6]

"Um produto ou resposta será considerado criativo na medida em que (a) for tanto uma resposta nova quanto apropriada, útil, correta e valiosa para a tarefa à mão, e (b) a tarefa for heurística [não tem um caminho claro e prontamente identificável para a solução] em vez de algorítmica [o caminho para a solução é claro e direto]."[7]

"Uma empresa é criativa quando seus funcionários fazem algo novo e potencialmente útil sem que lhes seja diretamente mostrado ou ensinado."[8]

"A criatividade é... a produção de algo que é *simultaneamente* novo e verdadeiramente valioso."[9]

"A criatividade... envolve um processo demorado que se caracteriza pela originalidade, adaptabilidade e realização."[10]

Observe que, embora cada autor tenha uma interpretação distinta sobre o conceito de criatividade, todos concordam que criatividade é um *processo*, que envolve a produção de algo *novo* ou *incomum* e que o resultado do processo é algo *útil*.

O PROCESSO CRIATIVO

A criatividade é inerentemente desordenada, mas apesar da advertência de Wordsworth, precisamos dissecar – ou pelo menos estruturar – nosso objeto para aumentar a criatividade. Um modelo físico do processo se pareceria mais com um prato de espaguete do que com os estágios lineares que mostramos abaixo. Entretanto, precisamos de um esquema organizado para nossa discussão, e estas cinco etapas (como mostrado na Figura 1.1) captam as características essenciais do processo criativo.

1. Preparação
2. Oportunidade de inovação
3. Divergência: geração de opções
4. Incubação
5. Convergência: seleção de opções

```
| 1           | 2                       | 3                                  | 4         | 5                               |
| Preparação  | Oportunidade de inovação | Divergência: geração de opções   | Incubação | Convergência: seleção de opções |
```

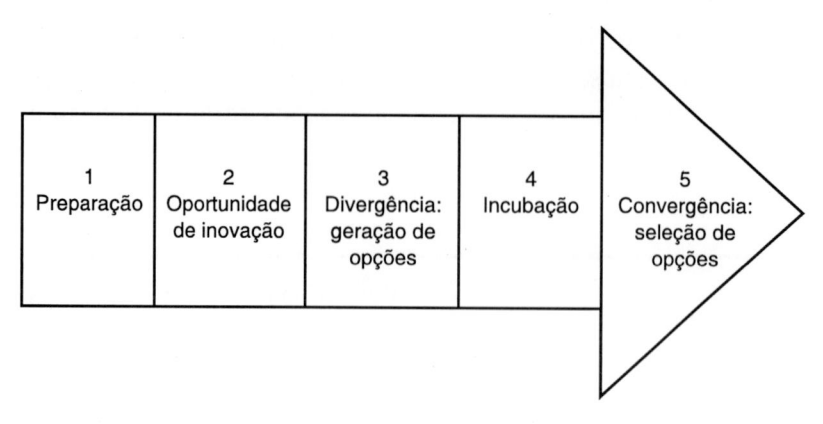

Figura 1.1 As cinco etapas no processo criativo.

Etapa 1: preparação

Os mortos e os sobreviventes da cidade devastada de Guernica no famoso quadro de Picasso têm pescoços estranhamente alongados, olhos no mesmo lado do rosto e mãos e pés desproporcionalmente grandes. Por acaso, ouviu-se que um homem parado frente ao quadro, aparentemente pela primeira vez, murmurou para seu acompanhante, "talvez ele simplesmente não soubesse desenhar." No entanto, no mesmo museu, o Rainha Sofia em Madri, é possível ver exemplos dos retratos habilidosos e anatomicamente fiéis que Picasso pintou muito antes de começar a abstrair e a exagerar características físicas para comunicar emoções cruas. Em seus últimos e extraordinários trabalhos, Beethoven previu o romantismo que dominaria a música ocidental do século dezenove, mas suas raízes estavam no classicismo de Mozart e Haydn. Newton, Einstein e Hawking eram todos profundos conhecedores da matemática e tinham anos de trabalho sobre gravidade, movimento e cosmologia antes de que cada um prosseguisse seu caminho para revolucionar a física. Não existem atalhos. A criatividade floresce quando o solo mental é profundo, rico e bem preparado. O conhecimento e a experiência profundos e relevantes precedem a manifestação criativa. Os grupos têm uma vantagem potencial sobre um indivíduo porque múltiplos reservatórios de especialização profunda podem ser alcançados. Entretanto, duas (ou mais) cabeças são melhores do que uma somente se (1) nelas houver conhecimento útil; (2) todo esse conhecimento útil puder ser acessado; e (3) todo esse conhecimento útil acessado puder ser compartilhado, processado e sintetizado pelo grupo.

Etapa 2: oportunidade de inovação

Além disso, precisa haver uma oportunidade de inovação, ou seja, há necessidade de se exercitar a criatividade. Como se lança um grupo em uma jornada criativa? Alguns grupos nascem para ser criativos. Denominados exploradores, eles inovam ou morrem. Organizações de pesquisa como o Centro de Pesquisa de Palo Alto da Xerox ou os laboratórios da Hewlett-Packard são obrigadas a criar continuamente; seus membros são desafiados a rejeitar a rotina, o óbvio e o conhecido. Firmas de projetos, que existem para inovar, encontram oportunidades de invenção simplesmente passando pela porta do escritório a cada dia. As pessoas dessas organizações levantam toda manhã sabendo que seu trabalho, individual e coletivamente, é ser criativo. Incluiremos exemplos de tais organizações ao longo de todo o livro, pois suas estruturas e rotinas revelam muita coisa sobre o gerenciamento da criatividade.

Entretanto, falta à maioria dos grupos esse enfoque decidido na inovação. E muito mais grupos têm o ímpeto de criatividade imposto a eles. O gatilho para a atividade criativa pode bater à porta sob a forma de uma fada-madrinha – uma oportunidade de melhorar as condições – ou pode se parecer mais com um assassino da serra elétrica – uma ameaça exigindo resposta imediata para se poder sobreviver. Dependendo da perspectiva da empresa, o advento da Internet é uma oportunidade ou uma crise. Quase sempre o chamado para a criatividade vem como um problema a ser resolvido. Conforme relatado em detalhes e extensivamente no Capítulo 2, o grupo da Genzyme Corporation, que lida com órgãos regulados do governo, viu uma oportunidade de transformar uma obrigação em uma vantagem competitiva quando negociaram uma reclassificação para um de seus produtos.

Uma inovação muitas vezes engendra a necessidade de outra – uma oportunidade para o pensamento criativo. Em 1845, quando Sir John Franklin levou uma de suas modernas "latas" de carne de vitela para o Ártico, ele precisou assegurar-se de levar um martelo e uma talhadeira para abri-la. Os consumidores de então estavam usando tudo, desde picaretas a revólveres, para abrir as latas! A Sociedade Cooperativa Britânica do Exército e Marinha, cujo catálogo era o Wal-Mart da época, reagiu com certo atraso, oferecendo seu primeiro abridor de latas em 1885.[11] Quando as copiadoras Xerox foram inventadas, era necessária uma inovação no *marketing* antes que a invenção tecnológica fosse útil. O problema original era que a máquina não oferecia qualquer vantagem aparente sobre o papel carbono (lembra-se do que era isso?). A vantagem não percebida era ser capaz de fazer *múltiplas* cópias – cópias de cópias, sem diminuir a qualidade. Como isso não podia ser feito com carbonos, ninguém percebera essa necessidade. A inovação no *marketing* era ganhar dinheiro com taxas de usuários. As pessoas podiam experimentar uma máquina por um custo mínimo, "sem necessidade de saltos no escuro, previsões insondáveis ou aceitação de risco monumental."[12]

Etapa 3: geração de opções

Quando surge a oportunidade ou o problema, a tentação neste mundo de correrias e de retalhos de informações em que vivemos é agarrar uma opção e fugir com ela. Mas as soluções criativas geralmente são selecionadas de um menu de alternativas e, quanto maior o número de opções com que começarmos, mais provável será que uma delas seja nova. Por isso, precisamos de pensamento divergente antes de convergirmos para a melhor solução. Caso esteja pensando, "sim, mas isso parece ineficiente" você está certo. Neste momento, não estamos atrás de eficiência pura no processo de grupo. Buscamos o novo e o útil, e estamos dispostos a sacrificar um pouco de eficiência em nome da criatividade. As organizações cuja subsistência depende de inovação são mestres em construir menus de escolhas antes de convergirem para uma seleção única.

A geração de opções é uma atividade surpreendentemente social – até pessoas famosas por sua criatividade pessoal mencionam a interação como sendo importante. Em um estudo sobre indivíduos criativos, um respondente típico disse:

> Desenvolvo muitas de minhas idéias em diálogos. É muito estimulante saber que outra cabeça está analisando o mesmo conjunto de fenômenos com o mesmo interesse. É muito estimulante, as centelhas, e a interação dinâmica, e as maneiras... muito mais novas de ver as coisas que despontam dessas conversas.[13]

Em um grupo, as centelhas podem saltar. Mas é provável que o gerente tenha de fornecer as pederneiras – e mostrar aos membros do grupo como usá-las –, assim como apagar alguns dos incêndios resultantes.

Etapa 4: incubação

Parece que, no fim das contas, os banhos de chuveiro acabam sendo úteis para mais coisas do que a simples limpeza. Fazer a barba também, e até dirigir (embora possivelmente não em Boston, na Cidade do México ou em Jacarta, onde uma atenção extraordinária ao dirigir é essencial para o bem-estar). Aparentemente, precisamos de um "tempo" ao longo da luta com um problema ou uma questão. Embora nossa atenção consciente esteja focada na tarefa à mão, nosso subconsciente ainda está cavando diligentemente em volta do assunto, como um *terrier* atrás de um osso enterrado. Então, quando estivermos ocupados em alguma tarefa razoavelmente "descuidada" como tomar banho ou dirigir, o *terrier* exibe o osso de forma triunfante – uma possível solução para o problema. Todos nós tivemos a experiência de voltar a um problema, talvez tão trivial quanto as palavras cruzadas daquele dia, que tinham nos confundido, e resolvê-lo facilmente.

Mas será que incubação é apenas um nome elegante para a inércia? Depende do que você quer dizer com "ação." Provavelmente você ouviu a história do especialista em eficiência que informou ao presidente da empresa sobre um indivíduo cujos serviços eram claramente desnecessários. "Eu o encontrei com os pés sobre a mesa, olhando fixamente pela janela afora," declarou o especialista. "Meu jovem", replicou o presidente, "aquele homem trouxe milhões de dólares para a firma, e quando apresentou sua última invenção, seus pés estavam naquela mesma posição."

Os grupos, como os indivíduos, precisam de tempo para ruminar sobre a oportunidade que identificaram ou a crise com que foram presenteados de forma a analisar várias providências e testá-las mentalmente – especialmente se os membros do grupo se sentem "empacados." Gerentes de inovação bem-sucedidos muitas vezes interrompem deliberadamente um processo de grupo que está emperrado para quebrar o ciclo de pensamentos circulares e forçar a incubação. Na verdade, o grupo não precisa estar empacado para necessitar de intervenção gerencial. Por incrível que possa parecer, um grupo que esteja perseguindo calorosamente uma solução tentadora pode precisar ser interrompido a meio galope para fazer uma pausa para a incubação. A fermentação invisível que ocorre quando os membros do grupo refletem parece essencial para o processo criativo.

Etapa 5: convergência-seleção de opções

Conseguir uma convergência é muitas vezes a parte mais complicada para o gerente. Você estimulou o grupo e as idéias para soluções ou os caminhos de exploração são tão numerosos quanto os frutos em um pomar. O que escolher? Como chegar ao consenso ou, pelo menos, à aquiescência por parte dos membros do grupo? A dinâmica de grupo pode variar de caráter, desde os movimentos coordenados do Chicago Bulls ou do Ballet Bolshoi até as interações desorganizadas e cáusticas dos membros do Congresso dos Estados Unidos. O gerente tem múltiplos papéis: juiz e treinador, lobista e político, maestro – às vezes até animador de circo. As habilidades necessárias para guiar o processo de convergência são muito diferentes das habilidades para estimular a divergência. Como veremos, as mesmas pessoas cujas abordagens "excêntricas" beneficiam o grupo ou a organização durante a criação de opções podem ser vistas como uma bela dor de cabeça coletiva quando chega o momento de entrar em acordo sobre a ação a empreender.

ALÉM DA CONVERGÊNCIA

Convergir sobre uma opção não significa, evidentemente, que a fonte de criatividade seja desligada nesse momento. A alternativa selecionada deve ser avaliada e implementada, e cada uma dessas atividades em grupo pode estimular novas oportunidades de inovação. É por isso que o processo criativo se parece mais com um prato de espaguete do que com a estrutura ordenada como o retratamos aqui. Avaliações no meio do caminho ou mesmo no final podem lançar o grupo de volta a um estágio anterior. Os projetos formais de inovação, como o desenvolvimento de novos produtos ou serviços, geralmente têm passagens elaboradas com obstáculos bem-definidos de viabilidade financeira, estratégica e técnica.[14] Um grupo cuja inovação não consegue transpor um obstáculo terá de voltar à etapa de pensamento divergente e à elaboração de novas opções. A disciplina imposta por tais avaliações não é uma antítese da criatividade, a não ser que force conclusões prematuras ou reflita um ambiente incapaz de tolerar qualquer grau de risco.

Os grupos criativos são compreensivelmente paranóicos em relação aos membros da "Tropa de Assalto" que procuram e destroem as inovações jovens antes que elas tenham chance de crescer. (Se, como em uma organização que conhecemos, cada dólar gasto em inovação de produto tiver que produzir uma receita comprovada *imediata* de três dólares, muitas idéias criativas não sobreviverão.) Entretanto, como dissemos antes, para os gerentes, a criatividade deve resultar em algo potencialmente útil, e a utilidade depende das necessidades e dos desejos do grupo ou da organização.

Além disso, a utilidade da inovação resultante do processo criativo geralmente dependerá tanto da criatividade expressa em sua implementação quanto da criatividade captada em seu começo. A implementação quase nunca é a estrada larga imaginada quando o grupo convergiu sobre um conceito de inovação. Às vezes, é mais parecida com uma trilha na selva, que deve ser reformada e refeita na base dos facões. Na verdade, quaisquer participantes do grupo que *implementem* uma inovação terão de seguir as mesmas cinco etapas no processo que eles (ou seus predecessores) seguiram, no início, para *criar* a inovação. Nenhuma inovação entra em um vácuo. Sempre há necessidade de alterar criativamente o comportamento, a atitude, a infra-estrutura, as normas organizacionais, enfim: *alguma coisa*.[15] Conforme foi observado antes, o resultado de um processo criativo geralmente estimula a necessidade de mais criatividade. Portanto, as oportunidades de inovação são abundantes não apenas no desenvolvimento de produtos, mas também na fabricação, nas vendas e no suporte técnico, não somente no planejamento de serviços mas em operações, não apenas nos planos de aula mas na forma como esta é transmitida na sala de aula.

GUIA DO LIVRO

Qualquer administrador responsável por inovação receberia a afirmação de que grupos criativos são fáceis de idealizar ou gerenciar com um riso de desdém. Desafiador? Sim. Divertido? A maior parte do tempo. Fácil? Nunca. Ken Iverson, presidente da Nucor Steel diz que, na época em que sua empresa assumiu um novo projeto criativo de altíssimo risco, ele dormia como um bebê – acordava chorando a cada duas horas! A principal razão de os grupos criativos serem difíceis de gerenciar é que a criatividade é estimulada por uma diversidade de perspectivas. O Capítulo 2 descreve por que e como esses grupos diversos são idealizados, e como o administrador consegue compor um grupo de forma a maximizar a vantagem potencial desse grupo com relação aos indivíduos isolados. O Capítulo 3 descreve como se pode gerenciar essa diversidade para produzir "luz" em vez de simples "calor", para estimular o pensamento divergente que inspira uma ampla variedade de opções. Em seguida, no Capítulo 4, nos voltamos para o desafio de selecionar as melhores opções através do pensamento convergente.

Mas o entendimento das etapas do processo não é suficiente para capacitar os administradores a desenvolverem uma capacidade criativa superior em seu grupo. Os processos fluem dentro de um ambiente tanto físico quanto psicológico. Um ambiente físico mal-estruturado ou um ambiente psicológico com uma sintonia muito pobre pode colocar barreiras excessivas no caminho da criatividade de grupo. Nos Capítulos 5 e 6, desafiamos os administradores a idealizarem uma ecologia criativa em que o conhecimento flua como água e em que seja mais provável que as pessoas empreendam a ação em vez de permanecer na inércia.

VOLTANDO A JERI DAVIS...

Para sua própria surpresa, e clara consternação dos gerentes e líderes de equipe na reunião de desenvolvimento, Jeri expressou seus pensamentos em alto e bom tom: "Vinte e uma pessoas qualificadas na sala," disse, "e todos achamos que compete a um homem fornecer a centelha criativa. Que desperdício. Em vez de esperar por Kevin, vamos pensar em nós como o grupo criativo que precisa apresentar uma idéia para um produto novo. Afinal de contas, temos uma tremenda experiência nesta sala e muita capacidade mental."

"Não estávamos esperando por..." Stan começou a protestar, mas suas palavras se perderam e ele passou os olhos pela sala nervosamente.

Os outros membros do grupo apenas olharam fixamente para Jeri como várias focas amestradas, aguardando instruções adicionais. Em um momento de pânico, Jeri lamentou sua explosão impulsiva. Apesar de suas palavras otimistas, não tinha idéia se essas pessoas, inteligentes como eram, poderiam apresentar alguma coisa realmente original.

PONTOS-CHAVE

- *Pessoas* criativas podem ser importantes para uma organização, mas a criatividade em grupo depende mais de gerenciar o *processo* criativo do que de umas poucas "pessoas criativas".
- O processo criativo de grupo – desenvolver idéias novas e úteis – envolve uma série de etapas, cada uma delas sendo decisiva para a inovação final. Essas etapas incluem:
  - preparação (selecionar os membros do grupo para maximizar a criatividade);
  - oportunidade de inovação (identificar o problema que requer criatividade);
  - geração de opções (promover pensamento divergente);
  - incubação (não apressar a consideração das opções);
  - convergência para uma opção (mudar de muitas opções para uma inovação).
- O processo criativo não é tão linear quando essa lista subentende; em qualquer etapa, pode ocorrer um ciclo menor de alguma ou de todas as cinco etapas.

NOTAS

1. Citado em Hal Lancaster, "Getting Yourself in a Frame of Mind to Be Creative," *Wall Street Journal*, 16 September 1997, p. B1.
2. Warren Bennis e Patricia Biederman, *Organizing Genius: The Secrets of Creative Collaboration* (Reading, Mass.: Addison-Wesley, 1997), p. 199.
3. Sharon Begley, "The Transistor," *Newsweek* (edição especial sobre "2000: The Power of Invention") (inverno 1997): pp. 25-26.
4. Frank Barron, *Creativity and Psychological Health: Origins of Personality and Creative Freedom* (Princeton, N.J.: Van Nostrand, 1963).
5. Walter Swap, ed., *Group Decision Making* (Beverly Hills, Calif.: Sage, 1984), pp. 16-17.
6. M. I. Stein, "Creativity and Culture," *Journal of Psychology* 36 (1953): pp. 311-322.
7. Teresa M. Amabile, *Creativity in Context* (Boulder, Colo.: Westview, 1996), p. 35.
8. Alan G. Robinson e Sam Stern, *Corporate Creativity* (San Francisco: Berrett-Koehler, 1997), p. 11.
9. Robert Rothenberg, *Creativity and Madness* (Baltimore: Johns Hopkins Press, 1990), p. 5.
10. Donald W. MacKinnon, "IPAR's Contribution to the Conceptualization and Study of Creativity," em *Perspectives in Creativity*, ed. Irving A. Taylor e J. W. Getzels (Chicago: Aldine, 1975), p. 68.
11. Henry Petroski, "Form Follows Failure," *Invention & Technology* (outono 1992): pp. 54-61, passim. Ver também o livro de Petroski de 1992, *The Evolution of Useful Things* (New York: Alfred A. Knopf).

12. John Seely Brown, "Introduction: Rethinking Innovation in a Changing World," em *Seeing Differently: Insights on Innovation*, ed. John Seely Brown (Boston: Harvard Business School Press, 1997), p. xii.
13. Mihaly Csikszentmihalyi e Keith Sawyer, "Creative Insight: The Social Dimension of a Solitary Moment," em *The Nature of Insight*, ed. Robert Sternberg e Janet Davidson (Cambridge, Mass.: MIT Press, 1995), p. 348.
14. Ver Steven C. Wheelwright e Kim B. Clark, *Revolutionizing Product Development: Quantum Leaps in Speed, Efficiency, and Quality* (New York: Free Press, 1992).
15. Ver Dorothy Leonard-Barton, *Wellsprings of Knowledge* (Boston: Harvard Business School Press, 1995), especialmente o Capítulo 4, pp. 104 e seguintes.

2
Atrito Criativo

"Surpreenda-me," disse o presidente da empresa a John, que tinha acabado de assumir o cargo recém-criado de Diretor de Desenvolvimento de Negócios. "Você pode contratar seis pessoas novas. Traga um pouco de sangue jovem para cá e descubra alguns produtos novos para nós – alguns que possamos apresentar ao mercado em, digamos, três ou quatro anos. Vamos ver que possibilidades um grupo criativo consegue identificar em dezoito meses." John estava vibrando; que oportunidade aos trinta e quatro anos! Ele recrutou três dos melhores MBAs com mentalidade financeira que conseguiu encontrar e os pôs a trabalhar, calculadoras em punho, esmiuçando as centenas de possibilidades na linha de pesquisas. Com três vagas ainda abertas, ele manuseou dúzias de currículos impressionantes antes de selecionar três jovens engenheiros altamente qualificados. Dezoito meses decorreram em um turbilhão de análises financeiras e técnicas. Para a satisfação de John, os membros do grupo trabalhavam bem em conjunto e se tornaram bons amigos. Entretanto, no final, foi John quem ficou surpreso – e sem emprego. O grupo tinha rejeitado cada idéia da linha com base na inviabilidade financeira ou técnica; eles não tinham identificado uma única idéia nova em que valesse a pena investir. Quando John mudou para uma empresa diferente, estava frustrado: como é que um grupo de pessoas tão inteligentes e bem qualificadas, tinha fracassado?

A perplexidade de John pode ser compartilhada por muitos administradores que, recebendo uma oportunidade de inovação, contratam ou selecionam pessoas inteligentes, colocam-nas juntas – e esperam milagres criativos. Às vezes os milagres acontecem, mas não é provável que um grupo de pessoas identificado ao acaso seja especialmente criativo. Os administradores são projetistas organizacionais. A composição de um grupo é tão fundamental para a criatividade quanto para um coral. Você consegue imaginar tentar cantar o *Messias* de Handel sem barítonos, ou sem sopranos? Ou talvez pior, obrigar metade dos barítonos a tentar cantar como sopranos? O erro de John foi contratar seis pessoas cujo treinamento formal e estilos pessoais de pensamento as tornavam essencialmente um coro monocórdio. Se você deseja criatividade, precisa de diversidade intelectual – justamente o tipo que leva ao atrito criativo. Mais tarde falaremos sobre como administrar o caos que inevitavelmente decorre dessa efervescência intelectual. Em primeiro lugar, por que o pensamento diversificado é útil? E como se consegue essa diversidade?

DIVERSIDADE E ATRITO CRIATIVO

Você quer que o seu grupo produza opções criativas. Por onde começar? Pense por um minuto de onde é provável que venham essas opções criativas. Um Leonardo da Vinci contemporâneo certamente teria todos os diferentes tipos de conhecimento e habilidades necessários e, nesse caso, parabéns por colocá-lo na sua equipe. Não dispondo disso, você precisará tentar algo diferente para produzir o que os cientistas chamaram de "variedade indispensável", ou seja, suficientes opções distintas a partir das quais selecionar, pelo menos, uma que provavelmente venha a ser tanto nova quanto útil. Isso significa que você deve selecionar participantes que, combinados, proporcionarão ao grupo a variedade indispensável. Em segundo lugar, esses membros do grupo devem, de alguma forma, ser induzidos a *fazer alguma coisa* com essa variedade, inclusive debater – às vezes vigorosamente – as opções. Os membros do grupo precisarão contestar-se mutuamente e acolher com prazer as diferenças na formação intelectual. Através desse processo, intitulado de "atrito criativo" por Jerry Hirshberg,[1] o grupo pode desencadear o potencial criativo que se encontra latente em um conjunto de indivíduos com diferentes intelectos. Antes, vamos imaginar como incorporar a diversidade intelectual em grupos para termos a variedade indispensável, e então nos voltaremos para as maneiras de promover e gerenciar o atrito criativo resultante.

Existem vantagens em se começar com um grupo *cognitivamente* heterogêneo: pessoas que são capazes de proporcionar um conjunto de alternativas novas, potencialmente úteis. Se você já ouviu a frase "pense além dos limites do quadro" com tanta freqüência que simplesmente lê-la o deixa enjoado, analise isto: cada indivíduo possui uma riqueza de experiências idiossincráticas e de conhecimento em seu "quadro". A partir desse quadro individual, a visão do mundo é singular; os problemas e as oportunidades são vistos através de uma lente específica. Junte suficientes lentes individuais *distintas* e você terá um caleidoscópio de idéias. A grande vantagem de um grupo altamente diverso sobre um indivíduo é que mesmo se os membros individuais ainda estiverem pensando dentro dos limites de sua própria experiência, *coletivamente*

CONFLITO E INOVAÇÃO

Kathleen Eisenhardt e seus colegas examinaram as determinantes de desempenho e inovação em empresas baseadas em tecnologia. Algumas empresas praticamente não experimentavam qualquer conflito. Elas costumavam ter pouca diversidade de grupo (p.ex., consistindo inteiramente de engenheiros), criavam menos opções e, geralmente, padeciam de efetividade (p.ex., velocidade de comercialização). Outras empresas tinham muitos conflitos, mas eram freqüentemente de natureza *pessoal*. Essas empresas também eram relativamente ineficientes, pois suas interações (quando ocorriam) eram divisoras e tempestuosas. Um último grupo de empresas era capaz de minimizar o conflito interpessoal enquanto gerenciava efetivamente o conflito *substancial*. "Esse conflito dá aos executivos uma gama de informações mais abrangente, um entendimento mais profundo dos assuntos e um conjunto mais rico de soluções possíveis."[2] Por isso, elas surgiram como as mais produtivas e inovadoras.[3]

---

eles terão numerosas perspectivas, e essas perspectivas podem se combinar de maneiras maravilhosamente novas e úteis.

A preparação de cada pessoa para o ato criativo – o que está dentro de nosso quadro individual, se preferir – consiste em *aquilo que sabemos* (nosso conhecimento vindo da educação, da experiência no trabalho e da prática) e em *aquilo que somos* (nossas capacidades inerentes, nossa formação cultural, nossas preferências no modo de pensar). Um dos problemas de formar um grupo cujos membros reflitam uma variedade de perspectivas é que nenhum de nós tem suas fontes de especialização profunda ou seus métodos de solucionar problemas escritos na testa. Você não pode ter certeza do que alguém verdadeiramente *sabe* lendo um currículo mais do que consegue detectar suas preferências cognitivas a partir de indicações visuais. É claro que essas duas fontes de diversidade intelectual se sobrepõem consideravelmente, pois nossas capacidades e interesses inatos (conforme reforçados ou inibidos por nossas culturas e formação familiar) nos levam a escolher determinadas experiências educacionais e profissionais.

O que sabemos

Pense em um especialista que você conhece – especialista no estudo da Guerra Civil Espanhola, em tocar piano, em falar em público. Quanto tempo você acha que esse indivíduo precisou para desenvolver um conhecimento profundo sobre o tema ou a atividade? Cinco anos? Sete? A pesquisa sobre especialização sugere no mínimo dez. Por isso, mesmo se começarmos cedo e nos aprofundarmos em uma variedade de assuntos, a maioria de nós não poderá alegar especialização em mais do que alguns campos. Houve um punhado de "renascentistas" do século 20 que foram notavelmente fluentes em diferentes linguagens intelectuais (p.ex., Buckminster Fuller ou Bertrand Russell). Mas a maioria de nós, precisará criar um grupo com cérebros diferentes cujos membros coletivamente possam recorrer a reservatórios de conhecimento profundos e criar o embate de idéias subjacente ao resultado criativo.

A preparação que nos transforma em especialistas em nossa profissão geralmente começa na infância. Imagine, por um instante, folhear, de novo, as páginas da história pessoal de dois indivíduos. Quando estavam aprendendo a andar, o garoto está perto da janela, puxando as longas cortinas, aparentemente fascinado pelas mudanças provocadas pela ondulação das cortinas. A menina está sentada no chão dispondo atentamente seus blocos e construindo estruturas cuidadosas. Quando são adolescentes, ela está debruçada sobre um computador tarde da noite, rindo porque acabou de ajustar o computador do seu irmão para fazer o som de uma descarga sanitária quando ele o iniciar – a 1.000 quilômetros de distância, na faculdade. Nosso outro adolescente está adormecido, tendo passado o dia fazendo esboços ou experiências com fotografias em várias camadas, sobrepondo imagens entre si. Na época em que são adultos, suas bases de habilidades são totalmente diferentes. Isto é, sua *preparação* para a atividade criativa é muito diferente. Além disso, seus interesses naturais os levam a buscar treinamento diferente e a seguir carreiras diferentes, um em arte, a outra em ciência da computação.

Qualquer grupo que esteja criando *softwares* aplicativos precisará de ambos, e precisará deles para suprir mutuamente as diferentes perspectivas. O artista se torna um desenhista de telas, talentoso em expressar suas idéias visualmente, através de desenhos e do uso de cores. O que uma linha na tela do computador significa para ele? Ela tem profundidade, largura, contorno e, talvez, textura – símbolos que desencadeiam relações na mente do observador e orientam um usuário de computador indicando um limite ou um ponto de partida. Nossa cientista da computação tem o dom da matemática. Para ela, uma linha é um algoritmo, uma expressão da distância entre pontos. Ambas as perspectivas são decisivas para criar as linhas na tela. R. J. Berg, produtor na empresa de jogos Electronic Arts, na Califórnia, diz,

> Atualmente, a complexidade do desenvolvimento e produção de *software* é tal que mesmo contribuições individuais importantes não são suficientes para o sucesso do produto. Pessoas que sejam impressionantemente habilidosas em engenharia, na arte, música, ou na própria produção, precisam entender como sua contribuição se intersecciona com as dos outros membros da equipe. O sucesso do produto depende absolutamente da capacidade sintética para ver sua própria especialização pelo que ela é e a contribuição que pode dar em conjunto com as partes dos demais.[4]

Com que freqüência ouvimos nossos colegas se desmerecerem com eloqüentes gestos de mãos: "Oh, ele é do *marketing*," ou "Ela é engenheira", como se tais afirmações equivalessem a: "Eles são bárbaros!". A verdade é, os bárbaros podem refrescar uma cultura diferente. O "vigor híbrido" é importante em outros campos além da horticultura. David Liddle, da Interval Research, considera a infusão de perspectivas disciplinares diferentes em projetos como as ervas que temperam o prato. "Não há chance de se fazer trabalho novo, bom... em um ambiente estéril em que não se permitem ervas."[5] A mistura de linhagens intelectuais pode revigorar atividades rotineiras e criar uma profusão de opções que, de outra forma, não estariam disponíveis para seleção. Na Fisher-Price, Marilyn Wilson-Hadid (*marketing*) e Peter Pook (desenvolvimento de produto), que se associaram para demonstrar sua maneira de alcançar conceitos vencedores, falam sobre a "mágica" que acontece, a "energia que explode" de seu atrito criativo.[6]

REMOVENDO BARREIRAS À COLABORAÇÃO

No Beckman Institutes de Ciência e Tecnologia Avançadas nas Universidades de Illinois, Stanford e Caltech, as barreiras disciplinares à colaboração foram efetivamente removidas. Químicos, biólogos, cientistas comportamentais, engenheiros e cientistas da computação trabalham em conjunto, unidos por uma busca comum de "PTPs" – principais temas de pesquisa, tais como a inteligência biológica ou a interação inteligente entre seres humanos-computador. Jiri Jonas, diretor do instituto de Illinois, pensa que o enfoque nos PTPs resultou em um grande número de propostas de pesquisas interdisciplinares. Segundo um cientista teórico, "Existe um especialista em quase qualquer área de que você precisar, à mão, e eles colaboram de fato."[7] William Brinkman, vice-presidente de pesquisa de ciências físicas da Bell Labs, fala de grupos interdisciplinares que se reúnem porque a cultura do laboratório estimula a colaboração: "Chamamos isso de 'equipe espontânea': você vê um problema interessante em que outro grupo está trabalhando e quer fazer parte dele."[8]

É difícil e assustador estimular o atrito criativo, pois ficamos muito mais à vontade com gente como nós. Preferimos nossos "bárbaros" domesticados – tanto pessoas de disciplinas suficientemente próximas da dominante para se enquadrarem comodamente como pessoas cuja utilidade seja óbvia para todos. No entanto, grupos que se destacam por sua criatividade gastam muita energia (e realmente se gasta energia) em identificar, recrutar e contratar verdadeiros estranhos, ou pelo menos consegui-los como "visitantes" por algum tempo. Quanto mais radicais as combinações de funções, mais provável se torna o atrito criativo desejado. O Centro de Pesquisa de Palo Alto (Palo Alto Research Center – PARC) da Xerox gerou um número enorme de idéias criativas, tudo, desde interfaces gráficas, tão comuns hoje em todos os tipos de computadores, até os *mouses* que usamos para navegar pela tela. Embora a Xerox não tenha lucrado com todas as invenções, o PARC sempre foi um terreno extremamente fértil para a criatividade. Atrai indivíduos inteligentes e criativos, é claro, mas a administração também promove deliberadamente encontros interdisciplinares. Um dos programas mais notáveis é o "Artista em Casa", do PARC, no qual um artista se une a um cientista da computação. A combinação produziu uma quantidade de tecnologia de multimídia incomum que nenhum dos dois poderia conceber sozinho.

Ou que tal misturar antropólogos com cientistas da computação? A introdução de cientistas sociais em um laboratório de "ciência complexa", onde físicos e matemáticos tradicionalmente prevalecem, não é uma maneira intuitiva de estimular a criatividade. Entretanto, as observações de antropólogos afetaram profundamente o projeto das copiadoras. A inclinação tradicional dos engenheiros da Xerox era fazer as máquinas "à prova de tolos," isto é, tentar prever tudo que pudesse dar errado e eliminar esses problemas do sistema. A abordagem antropológica era observar e entender a fundo a interação das pessoas com a máquina, além dos fatores ergonômicos. Os antropólogos filmaram alguns dos principais cientistas da computação tentando usar uma máquina nova para fazer as próprias cópias. O filme de algumas pessoas muito inteligentes ficando cada vez mais frustradas levou a um discernimento importante. Era inevitável uma certa dificuldade em se usar as máquinas devido ao aumento do escopo das tarefas abrangidas. A solução foi ajudar os usuários a tratarem da reparação dos defeitos (*troubleshooting*) através de instruções personalizadas no painel, ligadas a procedimentos específicos e recursos visuais descrevendo a localização do problema. A eliminação da obstrução de papéis agora leva 20 segundos, comparados aos 28 minutos antes da reformulação do projeto.

Muito bem, pois isso acontece em um ambiente de pesquisa – e, além de tudo, na longínqua Califórnia. E se você precisar de inovação dentro de um grupo tradicionalmente focado em regras, padrões e conformidade?

Na Genzyme Corporation de biotecnologia, Russell Herndon formou um grupo corporativo para lidar com regulamentos, uma profissão não exatamente famosa pela criatividade. Os grupos reguladores (chamados em algumas empresas de "grupo de prevenção de vendas") são geralmente equiparados em temperamento e visão aos burocratas federais com quem tratam. Afinal de contas, quanta criatividade desejamos nas normas federais que regulam as drogas? Surpreendentemente, a resposta é "bastante", se não quisermos embaraçar as invenções biotecnológicas com regras destinadas a aparelhos médicos. Os produtos da Genzyme eram novos para o mundo, incluindo Washington, D.C., e, para alguns, não havia nenhuma linha de conduta reguladora existente.

A descrição de função usual de um cargo em assuntos reguladores exigia um diploma de advogado e concentrava-se em um segmento muito limitado do processo (etiquetagem, por exemplo). Herndon queria que os membros do seu grupo se responsabilizassem por um produto desde seu início até sua comercialização, e que influenciassem a legislação em vez de se submeterem negligentemente às ordens do governo. Embora ele tivesse contratado dois advogados extraordinários, ele também selecionou deliberadamente, para seu grupo regulador, membros de formações não-tradicionais tais como ciências humanas (especialistas em inglês e história), biologia pura e engenharia química para que trouxessem perspectivas novas e diversas para o ambiente regulador. Esse investimento em formar um grupo criativo teve sucesso em sessões de *brainstorming*, nas quais a perspectiva puramente legal foi complementada tanto por abordagens altamente científicas quanto por abordagens não-científicas.

DIVERSIDADE DE FORMAÇÃO PROFISSIONAL E CRIATIVIDADE

A pesquisa em laboratório tem demonstrado que grupos que são heterogêneos em relação a suas capacidades, suas habilidades e seu conhecimento trabalham mais criativamente do que grupos homogêneos.[9] Para confirmar essa descoberta em ambientes de trabalho, Susan Jackson contatou os presidentes de 199 bancos e pediu que avaliassem o nível de inovação em suas organizações e identificassem até oito pessoas que fossem participantes-chave nas equipes da alta administração. Jackson encontrou uma relação significativa entre o grau de inovação (em produtos, programas e serviços) e o grau de heterogeneidade na "formação funcional" dentro das equipes da alta administração. Isto é, as equipes compostas de pessoas com formações profissionais e experiências diferentes eram mais criativas do que as compostas basicamente de, digamos, gente de *marketing*.[10] Em geral, a pesquisa empírica descobriu que, "ao trabalhar em problemas complexos, não rotineiros – uma situação que presumivelmente exige um certo grau de criatividade – os grupos são mais efetivos quando compostos de indivíduos com diferentes tipos de habilidades, conhecimento, capacidades e perspectivas."[11]

Uma das primeiras oportunidades de inovação do grupo foi a comercialização do Carticel, um processo pelo qual células cartilaginosas retiradas de um paciente são cultivadas, desenvolvidas e reimplantadas no joelho. Como o Carticel não se encaixa nitidamente em qualquer das categorias regulamentadas, não existia qualquer orientação clara sobre como determinar sua aplicação. Sob a ameaça de ter o processo regulamentado como biológico padrão, o que teria exigido suspender a produção enquanto a empresa fazia os estudos clínicos previstos, o grupo regulador da Genzyme apresentou uma proposta inovadora que permitiu que o Carticel permanecesse no mercado em resposta à forte demanda de pacientes. Como não havia preocupações imunológicas e o tecido vinha da mesma pessoa que o recebia de volta, a Genzyme argumentou que o processo deveria ser considerado mais como uma prática de medicina. Entretanto, o grupo sugeriu que o Food and Drug Administration (FDA) licenciasse as instalações em que as células eram desenvolvidas, usasse dados históricos e sub-rogasse marcadores (indicadores de benefício à saúde) para justificar sua aprovação. Essa nova proposta cumpriu dois objetivos importantes de uma vez: protegeu o Carticel contra regulamentação inadequada e levantou uma barreira aos concorrentes.[12] É improvável que um grupo regulador tradicional tivesse sido tão criativo.

Quem somos

Nós nos definimos em parte pelo que vemos no espelho. Nosso espelho informa nosso sexo, nossa etnia, nossa idade. Infelizmente, as indicações visíveis da diferença entre os membros do grupo (sexo, raça, idade) freqüentemente apenas adicionam atrito sem criatividade. Depende muito de como se lida com as diferenças, e de que diferenças estamos falando. Mas o que somos é muito mais do que aquilo que as pessoas vêem quando nos olham de relance, pela primeira vez, atrás de uma mesa de reunião. O tipo de cultura e família em que fomos criados, as maneiras de pensar predispostas por nossos genes e nossas personalidades diferentes, tudo dá forma à lente através da qual vemos o mundo.

Diversidade cultural. Quando pensamos em diferenças culturais, na maioria dos casos estamos cientes dos perigos, ou seja: violar tabus locais pode lhe custar qualquer coisa, desde uma transação comercial até alguma parte de sua anatomia. Se estiver na Tailândia, não aponte a sola do pé para as cabeças das pessoas. Se estiver em um país islâmico fundamentalista, não toque no sexo oposto – nem sequer na mão. E você provavelmente ouviu algumas histórias extravagantes, ainda que humorísticas, sobre a falta de comunicação. Que tal a empresa de comida para bebês que estampou uma criancinha sorridente em seu rótulo? Em alguns países em desenvolvimento, a empresa descobriu que somente imagens do *conteúdo* eram retratadas em potes de alimentos. Os consumidores desses países ficavam compreensivelmente relutantes em comprar potes que pareciam fazer propaganda de canibalismo. Uma empresa asiática querendo lançar no mercado norte-americano uma bebida láctea fermentada, muito popular localmente, começou com o pé esquerdo quando chamaram a bebida de "Calpis" (em inglês, o som da palavra Calpis é o mesmo de *cow piss*, que significa "xixi de vaca"). E para um carro vendido em uma cultura de língua espanhola, o nome "Nova" ("não vai") é literalmente um azarão. A Panasonic cometeu uma gafe infame em sua campanha publicitária mundial do Web Browser japonês, que apresentava o Woody Woodpecker (Pica-pau). O *slogan* associado era "Touch Woody – The Internet Pecker" (Toque no Pica-pau – O "Pinto" da Internet).

DIVERSIDADE "DEMOGRÁFICA" E CRIATIVIDADE

A evidência experimental sugere fortemente que as pessoas preferem se associar, interagir e trabalhar com aquelas que são parecidas com elas. O efeito "similaridade-atração" foi demonstrado em, literalmente, centenas de estudos.[13] As pessoas parecem muito dispostas a se agarrarem a praticamente qualquer base de similaridade, incluindo idade, sexo ou raça. Como isso funciona em termos de processo em grupo e criatividade? A *Diversidade etária* leva a baixos níveis de coesão ou integração do grupo, o que, por sua vez, leva à alta rotatividade de pessoal. *Grupos mistos* foram considerados um pouco mais criativos (ainda que proporções não-significativas estatisticamente) do que os grupos de sexo único,[14] embora, mais uma vez, a rotatividade de pessoal costume ser alta. Os resultados dos *grupos de raças mistas* não formam um padrão coerente. Entretanto, um estudo recente descobriu que dentro de uma organização bastante conhecida por apoiar a diversidade, a criatividade em grupos de raça mista era elevada, particularmente em grupos mistos de brancos e asiáticos. Os resultados foram atribuídos a uma forte identificação com a tarefa do grupo, o que evitava a formação de "panelinhas" da mesma raça.[15]

Entre culturas, os mal-entendidos vão além da comunicação; as decisões em culturas diferentes podem se basear em suposições completamente diferentes. Arquitetos ocidentais que trabalham na Ásia, onde se aplicam regras de projeto diferentes, logo descobrem que nunca se coloca uma escada para o andar superior diretamente na frente da porta de entrada, pois essa configuração convida a má sorte a entrar correndo nos quartos da família.

FATORES CULTURAIS NA INOVAÇÃO

Em seu estudo sobre inovação durante e logo após a Segunda Guerra Mundial, J. F. O. McAllister comparou os esforços científicos britânicos e nazistas. "A ciência bélica alemã era hierárquica e dividida em compartimentos, desencorajando o intercâmbio independente entre cientistas e soldados. Por isso, enquanto o radar alemão era construído harmoniosamente, obtendo estabilidade de sinal 'melhor que a dos melhores instrumentos que [a Inglaterra] tinha disponível,' o método alemão de mostrar a posição dos aviões era desajeitado para que os controladores de defesa aérea o utilizassem."[16]

O estudo clássico de Geert Hofstede sobre funcionários da IBM em quarenta países ilustra a importância da cultura em termos de valores e atitudes relacionados ao trabalho. A educação infantil e outras práticas de socialização criam uma "programação mental coletiva" que nos diferencia de nossas contrapartes em outros países. Hofstede analisa quatro dimensões básicas pelas quais as culturas nos diferenciam: (1) distância do poder (quantas pessoas aceitam como natural e permanente a distribuição desigual de poder e influência); (2) individualismo-coletivismo (pessoas vendo a si mesmas e suas famílias próximas como fontes de lealdade, ao contrário de pensar em termos de mais trabalho e unidades sociais); (3) anulação da incerteza (quantas pessoas desejam a redução da ambigüidade); e (4) masculinidade-feminilidade (força dos papéis tradicionais dos sexos). A análise de Hofstede agrupa os quarenta países em termos de sua similaridade entre si segundo essas dimensões. Saber, por exemplo, que os membros da sua equipe são da Dinamarca, do Reino Unido, da Bélgica e da França, sugere que os dois primeiros poderiam acolher a ambigüidade, enquanto os dois últimos provavelmente desejariam evitar incertezas. Isso, por sua vez, poderia subentender que seus colegas dinamarqueses e britânicos estariam mais interessados em problemas estratégicos em aberto, enquanto os membros belgas e franceses ficariam mais à vontade com problemas operacionais.

Naturalmente, como Hofstede se empenha em mostrar, seria um erro basear-se em médias de grupo para caracterizar indivíduos, mas as tendências dos grupos podem ser úteis para se ganhar discernimento quanto à diferença entre pessoas a selecionar e para lidar com problemas.[17] Enquanto avaliam a importância das diferenças culturais, Fons Trompenaars e Charles Hampden-Turner dão uma advertência similar contra os estereótipos. Eles visualizam as diferenças culturais como curvas de sino sobrepostas, em que cada cultura tem a gama completa de comportamentos, mas o comportamento *mais previsível* será diferente nas duas.[18]

Apesar da possibilidade de mal-entendidos entre culturas, a mistura de diferenças culturais também pode auxiliar a criatividade. Comentando a inovação que floresceu na Grécia do século 5 a.C., na Florença do século 15 e na Paris do século 18, Csikszent-mihaly observou, "os centros de criatividade costumam estar na interseção de culturas diferentes, onde crenças, estilos de vida e conhecimento se misturam e permitem que os indivíduos vejam as novas combinações de idéias com mais facilidade."[19] Projetistas da Nissan Design International (NDI) da Califórnia que apresentavam as suas contrapartes japonesas o projeto do Infiniti J-30 descobriram que tinham omitido um detalhe muito importante: a aparência da "cara" do carro, visto de frente. Uma grade virada para baixo (uma "boca carrancuda", como os japoneses a caracterizaram) e faróis dianteiros retangulares estreitos ("olhos semicerrados", segundo os japoneses) davam ao carro uma aparência infeliz, até rude! Os projetistas norte-americanos eram menos sensíveis a essa perspectiva, pois tendiam a seguir sua preferência cultural de visualizar o carro de lado mais do que de frente. Alegrando ligeiramente a cara do carro, os projetistas da NDI sentiram que tinham mudado o projeto para um nível mais alto de inteligência cultural.[20] Também temos de agradecer os japoneses por um ajuste no projeto dos assentos sanitários do próximo avião da Boeing. Sensíveis ao constrangimento dos outros, os japoneses sugeriram que a hidráulica poderia eliminar o som estridente de se abaixar o assento, uma comunicação pública desnecessária de atividades pessoais às pessoas aguardando sua vez do lado de fora do banheiro.

Guido Arnout, presidente da CoWare, uma empresa com sede em Santa Clara, na Califórnia, e P&D na Bélgica, está profundamente ciente da necessidade de se ter sensibilidade cultural. "Criando diversidade cultural, você abre o escopo dos funcionários, tornando-os sensíveis ao fato do mundo ser *um* mundo. Nos Estados Unidos, é natural pensar no Extremo Oriente como estando ligado aos mercados e produtos norte-americanos – não tão natural na Europa, onde as pessoas costumam se sentir ligadas apenas aos países em suas fronteiras (se é que se sentem). Não se pode criar uma empresa de categoria mundial permanecendo em uma única cultura étnica."[21]

Como será que Tommy Hilfiger, um homem branco de quarenta e cinco anos de Connecticut, desenhista de roupas de colégio, se tornou o estilista preferido da América urbana negra? Um escritor em busca da resposta apresentou várias hipóteses, incluindo o endosso de Grand Puba, um artista de *hip-hop*. O escritor também almoçou com um dos desenhistas de Hilfiger, que era

> um homem de vinte e seis anos, chamado Ulrich (Ubi) Simpson, que tem mãe porto-riquenha e pai holandês-venezuelano, joga *lacrosse* [espécie de hóquei], esquia na neve, surfa, vai a concertos de *hip-hop*, ouve Jungle, Edith Piaf, ópera, *rap* e Metallica e que trabalha em sua equipe de desenho com um rapaz negro de vinte e sete anos de Montclair [Nova Jersey] com trancinhas afro, um sul-asiático de vinte e dois anos de Fiji e um grafiteiro, branco, de vinte e um anos do Queens [Nova York]. Foi então que me ocor-

reu que possivelmente a razão de Tommy Hilfiger poder tornar a cultura branca legal para a cultura negra é que tem pessoas trabalhando para ele que são legais em ambas as culturas simultaneamente.[22]

Como ilustra esse exemplo, nossas culturas imprimem preferências e perspectivas. Mostre diferentes conceitos de projeto a um grupo de consumidores de várias culturas, e é provável que os japoneses falem primeiro sobre a forma ao descrever objetos, e só depois sobre cor, enquanto os europeus fazem o inverso – ou, pelo menos, essa foi a experiência de um grupo de consultores. Para retratar o conceito em um campo muito diferente, um médico observou que a abordagem norte-americana para doenças inconvenientes era "simplesmente corte fora." (Ele observou o alto número de cesarianas e operações de vesícula.) A abordagem européia, ele caracterizou como mais sistêmica e conservadora, e a asiática como incluindo mais interações da mente e do corpo. Uma combinação do melhor de todas as três culturas, pensava ele, resultaria no melhor tratamento possível. São estereótipos? Sim, e sujeitos aos perigos habituais. É claro que nem todo médico norte-americano é um vaqueiro empunhando uma faca, e muitos são extremamente sensíveis aos efeitos da mente, se não forem partidários da importância do *ch'i*, ou espírito, na cura. A questão é que o choque de culturas pode ser criativo.

Pense na última vez em que esteve em uma reunião da empresa, uma convenção ou um encontro social com culturas diferentes representadas na sala. Você visualizou esse momento como uma oportunidade de explorar, identificar algumas perspectivas novas, aprender? Ou evitou falar em problemas mútuos por medo da controvérsia? (Ou porque é difícil falar devagar e realmente ouvir alguém com um sotaque forte?) O fabricante de brinquedos Fisher-Price iniciou recentemente a "Fisher-Price College in Reverse (Faculdade Fisher-Price ao Contrário)." Depois de passarem alguns dias nas explicações tradicionais de história, identidade e cultura corporativas aos novos contratados (o formato de "faculdade" usual), os "instrutores" viram a mesa para seus "alunos" e pedem para serem ensinados sobre como é o negócio de brinquedos nos países fora dos Estados Unidos. O que os funcionários de East Aurora, em Nova York, aprendem nessas sessões com seus novos colegas europeus e asiáticos? Coisas do tipo que os consumidores japoneses querem que todo brinquedo tenha um componente educativo, de chocalhos de bebês a navios piratas. Os intercâmbios com seu escritório contratado de projetos de Milão, na Itália, têm estimulado inovações importantes em produtos da Fisher-Price. Os desenhistas italianos são menos experientes em fazer projetos para o mercado pré-escolar, enquanto os desenhistas norte-americanos estão menos expostos às tendências européias. Os europeus alteraram um forte de faroeste de brinquedo que estavam construindo quando os desenhistas norte-americanos sugeriram uma pequena mudança para economizar dinheiro. Uma das ações que uma criança poderia querer realizar era transportar barris para fora do forte em uma rampa. O trajeto europeu da rampa em ziguezague era sofisticado e divertido de ver, porém caro e relativamente lento para crianças dessa idade. As contrapartes norte-americanas sugeriram substituir o curso em ziguezague por uma rampa reta que daria satisfação imediata à criança – e pouparia três dólares na produção. Os europeus, por sua vez, sugeriram um acréscimo significativo em uma linha de brinquedos para crianças quando enfatizaram a popularidade do tecido aveludado e de cores vivas sobre veludo cotelê de cores pastéis e brinquedos cobertos de tecidos listrados.[23]

Portanto, a diversidade baseada em questões culturais *pode* gerar discordância útil e perspectivas alternativas. Entretanto, os indivíduos de um subconjunto específico da sociedade, seja com base em sexo, raça ou nacionalidade, podem não representar o estereótipo desse grupo. Isso vale para os dois lados: pessoas que parecem muito diferentes podem ser gêmeas intelectuais. Temos uma fotografia de um *Sikh* indiano muito barbudo, de turbante, de pé ao lado de uma mulher de Minnesota, – rindo juntos sobre o fato de seus pontos em um instrumento de diagnósticos para medir preferências intelectuais serem idênticos. Além disso, pessoas que parecem semelhantes podem ter habilidades e métodos muito diferentes para resolver problemas. Por isso, acrescentar uma mulher asiático-americana ou um homossexual afro-americano a seu grupo pode adicionar diversidade, mas não necessariamente o tipo do qual estamos falando. (Naturalmente, pode haver outras razões importantes para "equilibrar" a composição do grupo.) A questão principal é que não se pode avaliar a diversidade intelectual de um grupo, simplesmente *olhando* para seus participantes.

Contudo, a tendência humana parece levar tudo para o nível mais alto de abstração, ou a diferença mais visível. Podemos atribuir diferenças de personalidade à cultura ou à nacionalidade. Quando um indivíduo apresenta um comportamento que seja suficientemente característico para atrair nossa atenção consciente, podemos pensar, "é porque ele é francês," mesmo se a verdadeira razão para seu comportamento ser "diferente" é porque ele é mais extrovertido. Vemos o sexo quando poderíamos notar mais sensatamente a profissão. "Isso é bem típico de uma mulher" pode descrever mais precisamente o fato de ela ser uma artista, e um artista do sexo masculino provavelmente se comportaria da mesma forma. Quanto mais sofisticados formos a respeito de todas as diferentes fontes de atrito possíveis, mais podemos tratá-las apropriadamente e incluí-las (ou excluí-las) em nossos grupos. Os julgamentos sobre a diversidade intelectual só podem ser feitos por uma avaliação cuidadosa da formação, experiência das pessoas e, conforme examinado na próxima seção, seus modos de pensar.

Preferências por modo de pensar. Alguma vez pensou por que um colega inteligente, bem-intencionado e respeitado incomoda você quase todas as vezes em que trabalha com ele? Talvez você ache que esse indivíduo esteja sempre muito concentrado nos detalhes para entender o quadro geral – muitas árvores, mas nenhuma floresta. Ou talvez o contrário seja verdadeiro: ele parece estar voando sobre um problema a 10.000 metros de altitude e ignorando os dados críticos, talvez rotulando as decisões de "estratégicas" porque, do seu ponto de vista, ele não tem informações detalhadas para sustentar a decisão. E certamente você esteve em reuniões em que alguns dos participantes se sentam nas beiradas das cadeiras, apressando o encerramento, com olhadas freqüentes ao relógio e comentários pontuais sobre prazos, enquanto outros estão clamando por mais informações antes de se poder tomar uma decisão, ou, ainda mais extremo, pedindo para rever a decisão tomada ontem. Esses dois grupos de pessoas podem se enlouquecer mutuamente! Uma fonte prolífica de atrito criativo são as diferenças naturais que ocorrem entre as pessoas em seus modos preferidos de pensar: solução de problemas, processamento de informações, seleção e avaliação de dados.

Pare um pouco para fazer um exercício físico simples. Cruze os braços sobre o peito, em sua atitude normal, um braço sobre o outro. (Mesmo se estiver em um avião, seus companheiros não o acharão estranho!) Depois que os tiver cruzado firmemente, cruze-os em seguida de outro modo, para que o braço que estava embaixo agora fique em cima. Que tal? Incômodo? Teve de parar e pensar em como fazer isso? Eis outro exercício. (Você aprenderá mais se fizer isso de fato em vez de apenas ler, vamos, arrisque-se.) Pegue uma caneta ou lápis e escreva seu primeiro nome. Certo? Agora, ponha a caneta na outra mão e escreva novamente. (Se estiver em público, provavelmente não fará isso porque ficará constrangido.) Que tal? Pior que incômodo, certo? Talvez tivesse de mover todo seu braço para escrever. Sua assinatura provavelmente é duas a quatro vezes maior que o normal! Por que isso parece muito pior do que simplesmente cruzar os braços de modo contrário ao habitual? O que as pessoas geralmente dizem é: "Foi muito mais difícil – é preciso habilidade." "A assinatura parece absurda." "Faz-me voltar aos oito anos." Escrever com a mão não-dominante é difícil porque você tem uma preferência natural pela outra mão, reforçada por anos de prática e experiência. Talvez mais criticamente, seu ego esteja envolvido na produção da assinatura: sente-se tolo porque o resultado é tão visivelmente inferior.

Da mesma forma que você tem preferências fortes e fracas por movimentos corporais, também tem *preferências por modo de pensar* inatas, tão "fisicamente conectadas" quanto ser canhoto ou destro, reforçadas por anos de experiência na profissão escolhida e na maneira de interagir com os outros na vida privada. Algumas dessas preferências são muito fortes e improváveis de serem alteradas por circunstâncias. Outras são relativamente fracas (ainda mais fracas que sua preferência por cruzar os braços). Na escolha entre dois aspectos de modos de pensar podemos ser mentalmente ambidestros (isto é, relativamente indiferentes entre os dois), mas em outros aspectos, uma mudança é tão difícil quanto tentar escrever com nossa mão não-dominante. Como a maioria de nós não gasta muito tempo ou esforço analisando por que abordamos problemas da forma em que o fazemos ou, se é por isso, por que os outros o fazem de forma diferente, não conseguimos identificar nossas preferências de pensar sem um exame sistemático. Entretanto, existem dúzias de diagnósticos que podem ajudar as pessoas a entenderem suas preferências. O diagnóstico mais usado é o Myers-Briggs Type Indicator (Indicador de Tipo Myers-Briggs), mas existem muitos outros.[24]

No início do século 20, o psicólogo Carl Jung descobriu que as pessoas tinham preferências em três aspectos dos seus modos de pensar: Sensação *versus* Intuição, Pensamento *versus* Sentimento e Extroversão *versus* Introversão. Pesquisadores posteriores acrescentaram um quarto discriminador: Julgamento *versus* Compreensão. Os diagnósticos baseados no trabalho de Jung nos permitem reconstruir sistematicamente com lápis e papel nossas opções comportamentais diárias, quase sempre inconscientes, e nossas respostas às perguntas revelam padrões que identificam nossas preferências fortes e fracas. Se lhe pedirem para preencher um desses diagnósticos, relaxe. Ele não revela quaisquer segredos profundos, ocultos, sobre sua personalidade. Mas pode ser bastante útil, por exemplo, para ajudá-lo a reconhecer quando precisa buscar preferências complementares com parceiros e membros da equipe, ou para equilibrar suas próprias preferências e forças, ou para gerar uma variabilidade cognitiva maior em seus grupos.

Relembre a situação descrita no começo deste capítulo. John limitou-se contratando pessoas que, todas elas, abordavam problemas de perspectivas parecidas. Embora três homens tivessem formações financeiras e três fossem engenheiros, todos os seis preferiam essencialmente ferramentas e métodos "do cérebro esquerdo." Todos eles queriam muitos dados, contavam com análise sólida como base de raciocínio, buscavam uma decisão definitiva e, por temperamento, eram relutantes em rever mutuamente suas decisões. A paralisia de sua análise era previsível, pois ninguém no grupo estava inclinado a buscar conceitos de produtos relativamente imprecisos porém novos, ou a conversar com pessoas fora de sua base de clientes habitual.

As atividades de nosso cérebro não estão de fato divididas nitidamente entre os córtices esquerdo e direito, como se pensava antes. A natureza é muito mais sofisticada – complexa e mais confusa. Entretanto, a distinção entre cérebro esquerdo e cérebro direito é metaforicamente útil porque nos ajuda a entender a natureza complementar dos modos de pensar. A abordagem do cérebro esquerdo tende para o raciocínio altamente detalhado, analítico e lógico, enquanto a do direito tende para o raciocínio mais intuitivo, baseado em emoção e valores. Qualquer grupo de indivíduos concentrado em criatividade e inovação em vez de rotinas e eficiência se beneficia com uma mistura de modos de pensar. Quando Jerry Hirshberg montou inicialmente os estúdios da Nissan International Design em San Diego, ele fez questão de planejar a organização voltada para a criatividade. Ele resistiu à tentação de selecionar e contratar somente pessoas à sua própria imagem – indivíduos altamente intuitivos, do quadro geral, visualmente orientados pelo cérebro direito. Em vez disso, também contratou deliberadamente alguns indivíduos de cérebro esquerdo que buscavam estrutura e sempre perguntavam "por quê" antes de prosseguir. No início, porém, esses indivíduos o aborreciam; eles pareciam "anticriativos" e ameaçados pela novidade. Entretanto, logo veio a perceber que estava errado nessa avaliação: "Eles simplesmente chegam à mesa com um conjunto diferente de preparativos e expectativas."[25] Precisava desses indivíduos para complementar sua própria inclinação de pular primeiro e depois perguntar por quê e como. Em testes diagnósticos para avaliar o modo de pensar, Hirshberg descobriu que era "alguém que provavelmente pularia de um rochedo íngreme com uma intuição jovial e, no meio da descida, gritaria para o resto do grupo, 'Ei, vamos construir um pára-quedas – *agora*!' E, graças a Deus, as pessoas [de cérebro esquerdo] estavam lá. Eu poderia ter dito a eles antes que estava tendo esse impulso, e que achava que íamos pular do rochedo amanhã às sete da manhã. Se fizesse isso, eles diriam 'obrigado, Jerry,' e iriam para casa à noite, pensariam nisso e apareceriam com algumas idéias sobre como fazê-lo funcionar."[26]

Hirshberg descobriu o oposto da experiência de John; enquanto John precisava de algumas pessoas de cérebro direito para ajudá-lo a pôr a análise de lado por um momento em favor da exploração livre, Hirshberg precisava de algumas pessoas de cérebro esquerdo para ajudá-lo a considerar a implementação de suas idéias brilhantes antes de se entregar a elas. Hirshberg veio a pensar nisso como *atrito criativo* – e a estimulá-lo. Sob seu comando, a Nissan International Design contratou projetistas em *pares* complementares, o mais diferente possível, "assim evitamos nos tornarmos um coro harmonioso, todos cantando no mesmo tom." Por isso, por exemplo, contrataram um "artista surpreendentemente puro apaixonado por cores" no mesmo ano em que contrataram um "projetista Bauhaus, teutônico, racional, lúcido" com "uma orientação função-forma," que é "apaixonado por clareza e lógica."[27] Essa prática administrativa não somente provocou disparidade mas também praticamente garantiu que houvesse conflito. Hirshberg tolerou esse conflito intelectual de bom grado, acreditando que se a energia assim gerada fosse canalizada corretamente para a criatividade em vez de para a raiva, ela seria uma usina de inovação.[28]

Pessoas que vêem o mundo diferentemente exigem tipos diferentes de informação e têm níveis diferentes de tolerância, pois a ambigüidade os aborrecerá mutuamente. O artista que passou a vida pensando visualmente processa informações diferentemente da contadora que se afundou em dados. E lembre-se de que essas escolhas de profissões provavelmente foram baseadas em uma preferência muito precoce por determinados tipos de solução de problemas. Quando se vê o conflito de preferências diferentes, pode-se pensar que existe um "choque de personalidade" inevitável. Certamente, esses choques ocorrem, e podem se basear em antagonismos tendo pouco ou nada a ver com modos de pensar (p.ex., dois grandes egos). Mas a identificação de choques que *realmente tenham origem* em diferentes preferências por modo de pensar pode transformar um conflito em uma oportunidade de interação criativa. Não devemos mais ficar irritados com alguém que pede mais dados quando estávamos esboçando o quadro geral, ou com alguém que insiste em sugerir cenários fantásticos quando estamos atentos aos detalhes disponíveis, do que ficamos irritados por uma cotovelada acidental durante um jantar porque somos destros e estamos sentados ao lado de um convidado canhoto. As razões do choque físico ser menos ofensivo que o mental provavelmente são duplas: sabemos que o convidado ao nosso lado não consegue evitar sua preferência mais do que nós. Além disso, não há qualquer envolvimento do ego na escolha de em que mão segurar o garfo! Portanto, isso ajuda a entender que as preferências pelo modo de pensar são similarmente naturais e não deliberadas.

Ajuda ainda mais se pudermos considerar o atrito resultante como uma oportunidade de uma solução melhor do que teria derivado de um processo confortável de estilos compatíveis. Quando a Fisher-Price mudou para uma estrutura de equipe interfuncional, um diagnóstico de preferências no modo de pensar fazia parte do treinamento. A diretora de *marketing*, Lisa Mancuso, considerou esclarecedor entender as preferências dos demais. "Um homem da equipe estava me deixando maluca," disse ela. "Ele queria me dar todo pequeno detalhe sobre por que uma programação tinha escorregado ou o que estava acontecendo na fábrica, e tudo o que eu queria era o resultado final. [Após fazer o diagnóstico] percebi que ele tinha me achado muito mal-educada porque não estava interessada em todos os detalhes, e apenas queria que ele fosse objetivo. Na verdade, ajudou a nos comunicarmos para entender que simplesmente abordávamos as coisas de forma diferente."[29]

A CRIATIVIDADE COMO UM ATO DE EQUILÍBRIO

O psicólogo Robert Sternberg considera a criatividade um equilíbrio entre três tipos de inteligência: a criativa, a analítica e a prática. A *Inteligência criativa* é a capacidade de gerar idéias novas e incomuns. *Inteligência analítica* é a capacidade de analisar essas idéias e tomar decisões com base nessa análise. *Inteligência prática* é a capacidade de ver as relações entre as idéias e as situações da vida real. Certamente é possível – mas incomum – que uma pessoa possa se destacar em dois ou mesmo nos três tipos de inteligência. Normalmente, uma pessoa "criativa" brilharia apenas em uma. Por isso, um grupo composto exclusivamente de tipos "criativos" provavelmente se destacaria surgindo com muitas idéias mas seria incompetente em separar as idéias boas das inúteis ou em ver implicações práticas de sua criatividade. E um grupo que também tenha participantes capazes de elaborar idéias novas e outros que consigam explorar suas aplicações será, mais que um conjunto de indivíduos criativos, um *grupo* criativo.[30]

O reconhecimento das preferências no modo de pensar também permite o preenchimento complementar de vagas. Paul Horn, vice-presidente sênior e diretor da IBM Research, aconselha: "Junte seus visionários com implementadores. O fato óbvio aqui é que uma idéia não dará certo a menos que seja implementada. Juntando implementadores com visionários desde o início do processo, obtêm-se duas recompensas: primeiro, você consegue um produto final e, segundo, os implementadores aprendem a arte da visão e os visionários aprendem a arte da implementação, o que valoriza sua equipe. Ambas as habilidades precisam ser reconhecidas, cultivadas e recompensadas.[31] Carol Snyder, diretora de projeto de produtos da Fisher-Price, faz uma observação parecida.

> "Se eu pudesse compor um grupo criativo a partir do zero," diz ela, "desejaria três tipos diferentes de pessoas: as que são muito boas em fornecer a semente de uma idéia, mas ficam completamente entediadas além da semente; algumas que adorem pegar a semente e desenvolvê-la, já que a idéia está lá – massageá-la, transformá-la em algo; e, finalmente, as que são realmente boas em conduzir a idéia através do sistema. Isso precisa de tanto pensamento criativo quanto surgir com a idéia em primeiro lugar."[32]

LOCALIZANDO O ATRITO CRIATIVO

Em que nível da organização deve-se estimular o atrito criativo? A resposta fácil é "em todo lugar." Mas isso ignoraria a natureza do processo de criatividade, no qual divergência e convergência podem depender de capacidades diferentes. Alguns gerentes, ou grupos de gerentes, podem se destacar em seus cargos não porque sejam altamente criativos, mas porque são excelentes promotores de criatividade naqueles que estão sob sua responsabilidade. O atrito criativo é mais essencial na etapa de promoção de divergência, enquanto as relações interpessoais tranqüilas que caracterizam um grupo homogêneo facilitam a convergência. Em um estudo de quarenta e sete firmas em onze setores industriais, Sylvia Flatt descobriu que a *homogeneidade* no tempo de serviço da equipe da alta administração (o presidente e subordinações diretas) combinada com a *heterogeneidade* na equipe da vice-presidência e da gerência sênior levou à mais alta criatividade (número de patentes concedidas por ano). A última equipe era a fonte de idéias novas e alternativas criativas (divergência), e a equipe do presidente escolhia sensatamente entre elas (convergência).[33]

PLANEJANDO O ATRITO CRIATIVO EM SEU GRUPO

Existem muitas maneiras de introduzir pensamento divergente em seu grupo, variando de praticamente grátis a muito dispendiosas, e existem graus de atrito criativo, de suaves a muito apimentados. O objetivo é aumentar o nível de estímulo e variedade, multiplicar o número de perguntas "estúpidas" dos novatos que possam confundir suas pessoas mais inteligentes – e levar ao pensamento inovador. Mas não vamos equiparar atrito criativo a simples conflito. A idéia, com certeza, não é simplesmente irritar os membros do grupo. Conflito pessoal, ou incompatibilidades básicas em estilos interpessoais, pode envenenar um grupo. Ao contrário, você quer criar diversidades culturais, disciplinares e no modo de pensar apropriadas nos grupos, e então gerenciar efetivamente o atrito resultante para criatividade.

Contrate pessoas que "não são como nós"

Olhe à sua volta. Como é que as contratações recentes atingiram a estrutura organizacional? Encaminharam currículos a um departamento de recursos humanos que é hábil em selecionar pessoas que "se encaixam"? Principais faculdades? Base de experiência melhor? Ou talvez fossem identificados por amigos ou parentes na organização. Qualquer que seja sua prática de contratação, é improvável que entreviste, muito menos contrate, alguém que tenha formação educacional ou cultural muito diferente, a menos que concentre seus esforços nisso. A política do corpo rejeita transplantes externos. Se a contratação passar pelos canais habituais, seus futuros funcionários inevitavelmente serão considerados a imagem daqueles que fizeram sua organização ter sucesso no passado.[34] E as pessoas "diferentes," cujo atrito poderia produzir luz criativa, tomarão outros rumos. O programador de computadores habilidoso vai para a Microsoft. Um mago em Finanças? Destino: Wall Street.

Você diz, e daí? Bem, enquanto você esperar que o mundo continue praticamente igual, não há problema. Entretanto, suponha que você esteja desconfiado de que mudanças ambientais possam construir superauto-estradas por cima de suas estradas anteriores para o sucesso. Possivelmente a Internet tornará seu sistema de distribuição obsoleto. Talvez uma população idosa signifique visar um público diferente. Quem sabe o fato de os consumidores estarem cada vez mais sofisticados em termos de "informação" mude sua estratégia de comunicação. Se você acredita que alguma mudança radical será inevitável, então vai desejar inserir na organização pessoas cujo preparo para a atividade criativa (i.e., suas bases de conhecimento profundo) difere do habitual. Se desejar atrair um recruta de primeira de uma formação educacional geralmente não-associada a sua empresa, terá de se dedicar a isso.

A menos que esteja no exército, você provavelmente não tem um "código de vestuário" *oficial*, mas os funcionários de sua organização estão acostumados a determinados perfis pessoais e modos de falar e vestir. (Alguma vez pensou em usar uma camisa esporte floral de cores berrantes em uma reunião de negócios importante? Percebe o que queremos dizer?) Pessoas que parecem diferentes ou agem diferentemente nos deixam constrangidos. Os canais de contratação habituais marginalizam pessoas cujas formações culturais diferem. Imagine o seguinte: uma mulher com um *piercing* na língua e cabelo listrado de vários tons de vermelho se candidata a um cargo de contadora em sua organização. Ela será contratada? Provavelmente não, mas ela estava na *Wired*, a revista ultramoderna que acompanha o mundo da Internet. Cortes de cabelos incomuns e partes do corpo com *piercing* também são o uniforme de muitas empresas relacionadas com entretenimento, nas quais um homem usando um terno conservador e cabelo muito curto seria o excêntrico.

A contratação de pessoas muito diferentes da norma não garante o resultado criativo, especialmente se tratando de pessoas que só *parecem* diferentes. Como dissemos antes, nem sempre se pode julgar o livro pela capa, nem a corporação por sua página na Internet. Para nosso alívio, nossas aparências não são um guia infalível. Entretanto, contratar *todo mundo* com a mesma formação e preparo delimita o grupo de funcionários de maneiras previsíveis – e, portanto, limita os tipos de atrito criativo prováveis de ocorrer.

Mas espere um pouco, você diz. Que me diz das empresas muito bem-sucedidas, mesmo criativas, que selecionam funcionários justamente porque *são* iguais? A Federal Express procura "aceitação de risco e coragem de manter-se firme em suas convicções." A Disney quer pessoas com "personalidade de alto-astral."[35] O que a Southwest Airlines busca "em primeiro lugar e antes de mais nada, é senso de humor," segundo o presidente Herb Kelleher. "Depois estamos procurando pessoas que precisem se superar para ficarem satisfeitas e que trabalhem bem em um ambiente universitário... Contratamos atitudes."[36] Dois pontos: primeiro, essas empresas estão buscando fatores de personalidade comuns que podem ser encontrados em uma ampla variedade de pessoas *intelectualmente diferentes*. Otimismo (ter "alto-astral"), por exemplo, não está limitado a pessoas voltadas para detalhes ou gente do quadro geral, a contadores ou a artistas. Segundo, conforme discutiremos detalhadamente nos Capítulos 4 e 6, homogeneidade no sentido de compartilhar visão, metas e valores da organização pode auxiliar a criatividade.

Convide visitas e perspectivas divergentes

Talvez você diga que, após a era do "encolhimento, tamanho certo"*, você simplesmente não está contratando, e ponto final. Isso não o livra de trazer

---

*N. de R. *Downsizing, right-sizing*.

estímulo para o grupo. Mesmo se não puder contratar alguém, você pode trazer pessoas por um período delimitado. Professores e funcionários de outras empresas tiram licenças. Alunos e outros muitas vezes estão dispostos a trabalhar como estagiários remunerados e não-remunerados. As faculdades locais podem ter estudos de campo ou programas de cooperação através dos quais os alunos podem trabalhar durante um período em sua organização, servindo como um espelho para refletir suas operações. A Fisher-Price encontra espaço para dez ou mais alunos "cooperativos" da escola de artes todo ano. Kevin Curran, vice-presidente sênior, observa, "Não somente são uma grande ajuda para os projetistas e trazem uma perspectiva nova, mas também conseguimos examiná-los como possíveis contratações."[37] No Integrated Systems Design Center (ISDC) em San Diego, o co-fundador Marco Thompson levou o conceito de estágios um passo além. "Cada um ensina um" é um dos sete princípios do "mantra" corporativo. Em qualquer época, o ISDC tem dez a quinze estagiários entre seus 120 empregados. Originalmente concebido para garantir que a empresa tivesse uma sucessão de engenheiros bem-treinados disponíveis para contratação, o programa de estágios se tornou um centro de lucros, pois os alunos se mostraram tão produtivos que seu tempo pode ser cobrado dos clientes. O programa dá certo porque o aconselhamento bem-sucedido é um elemento importante em exames de desempenho dos funcionários. Os engenheiros e gerentes de projeto são avaliados pelo desempenho de seus estagiários. "Ninguém consegue se tornar gerente em qualquer nível desta empresa," diz Thompson, "a menos que tenha demonstrado ser um mentor."[38] O ISDC também importa outro tipo de "divergente": os próprios engenheiros dos clientes, que trabalham nas equipes de desenvolvimento de produtos. Por exemplo, quando o ISDC estava projetando um conversor de sinais para a Mitsubishi, seis das vinte pessoas da equipe eram do Japão.

Os consultores são outra opção, embora mais dispendiosa. A questão é introduzir perspectivas divergentes, ou seja, pessoas que contestarão o grupo fazendo perguntas "estúpidas" e observações sinceras. Um diretor recém-nomeado para a diretoria de uma empresa fornecedora de frangos a supermercados fez uma pergunta ingênua: "O que significa fresco?", que provocou uma revisão na indústria da prática comum de rotular frangos congelados como "fresco".

E em muitas empresas, "ex-alunos" que voltam podem trazer com eles as perspectivas que aprenderam trabalhando em outras organizações. A American Management Systems mantém contato com funcionários que saíram porque, muitas vezes, os melhores voltam ao rebanho. Na Gensler, firma internacional de projetos e planejamentos arquitetônicos, vários projetistas têm um bumerangue pendurado na parede. O presidente Arthur Gensler valoriza o fato dos projetistas criativos às vezes quererem deixar a firma para tentar a sorte em outro lugar. Mas eles são sempre bem-vindos para voltar, e o presente de um bumerangue simboliza seu regresso ao lar. A taxa de regresso de 12 por cento é uma das mais altas do setor.[39]

O GERENTE E O ATRITO CRIATIVO

Se você planejou seu grupo ou organização com algumas das sugestões acima em mente, você tem diversidade. Muita. E provavelmente atrito também. Agora, vamos considerar as implicações do atrito criativo em seu estilo pessoal de administrar.

Conhece a ti mesmo

O ponto de partida para toda administração é entender a si mesmo, e administrar criatividade não é a exceção. Seu modo de pensar afeta sua capacidade de liderar seu grupo em criatividade com tanta certeza quanto sua visão afeta sua capacidade de caminhar. Como indica a seção acima sobre preferências no modo de pensar, cada um de nós está sintonizado e é altamente competente em alguns modos de pensar e fica relativamente desconfortável com outros. Contudo, se for para despertar a inovação, precisamos da discordância intelectual que suscita opções. Se você é uma pessoa entusiasmada, espontânea, "rápida no gatilho", *precisa* de uma pessoa cautelosa, detalhista para fazer as perguntas "como", mesmo se você decidir ir adiante sem responder a todas. Se adora protocolo e soluções comprovadas, você precisa daquele indivíduo despreocupado, atrevido, que o instigará a considerar opções jamais experimentadas, mesmo se você decidir que nenhuma delas é viável. Portanto, você precisa conhecer suas próprias tendências. Como muitas de nossas tendências são inconscientes, o exercício de examinar sistematicamente nossas preferências, usando algum diagnóstico confiável como o Myers-Briggs Type Indicator mencionado anteriormente, ajuda-nos a entender como tomamos nossas decisões. John (em nosso relato inicial) adorava trabalhar com pensadores altamente analíticos. As "cabeças certas" lhe deram urticária mental. Naturalmente (mas inconscientemente) ele criou um grupo confortável, homogêneo, inteligente, mas, para seus objetivos, totalmente ineficiente. Se ele tivesse entendido suas próprias tendências, poderia ter introduzido alguns divergentes, sofrido com o desconforto e tido resultados melhores.

Proteja os divergentes

Suponha que você identificou e recrutou um "divergente" útil que pode contestar a visão do mundo que prevalece no grupo. Qualquer divergente precisa viver com regras, sistemas de remuneração e, mais importante, normas sociais que surgiram para *nos* apoiar – e que podem ser completamente inadequadas para o divergente. Portanto, seu trabalho não acaba com a contratação. Se o seu novo contratado começa a se sentir isolado e longe de casa como o E.T., é provável que "telefone para casa" e vá embora a menos que você dê boas razões para ele ficar. Nós, humanos, somos animais sociais e não gostamos de ser condenados ao ostracismo. O gerente sensato toma várias providências para reter a perspectiva divergente.

Nenhum divergente deve ficar sozinho. Se você quiser introduzir um indivíduo louco por dados em um grupo do quadro geral, ou um artista com engenheiros, ou um jovem avançado com tradicionalistas de meia-idade, tente introduzir mais de uma pessoa que abale as estruturas, mais de uma pessoa muito diferente, mesmo se o segundo ou terceiro indivíduo tiver características alternativas diferentes das do primeiro. Os divergentes precisam de alguma massa crítica antes de serem efetivos.

A IMPORTÂNCIA DE ALIADOS

Em seu estudo clássico de conformidade, Solomon Asch trouxe ostensivamente estudantes universitários ao laboratório para um estudo de "percepção visual das linhas." Mostrava-se uma linha padrão, junto com três linhas de comparação, uma das quais com o mesmo comprimento da padrão e as outras duas obviamente diferentes. Sem conhecimento da "cobaia" ingênua, os outros seis alunos eram cúmplices experimentais que tinham sido instruídos anteriormente a responder incorretamente a determinadas experiências. A "cobaia" enfrentaria uma situação em que seus olhos lhe diriam uma coisa, mas o peso das outras seis opiniões lhe diria algo completamente diferente. Nessas experiências críticas, a maioria das cobaias concordou com a opinião errada dos seus pares no mínimo algumas vezes. Entretanto, quando *um* dos cúmplices dava a resposta correta objetivamente, enquanto todos os outros davam a resposta incorreta, a conformidade era reduzida quase a zero. Ter apenas esse único aliado era de importância decisiva para resistir a pressões para concordar.[40]

Porque o divergente está lá. A utilidade do divergente pode ser óbvia para você e totalmente obscura para os outros membros do grupo. Um par de psicólogos convidados a entrar em um grupo de ciência da computação tirou o melhor proveito disso se intitulando "os psíquicos," enfatizando suas diferenças e também lembrando ao grupo por que estavam lá, usando o humor para ilustrarem ambos os tópicos. Você também pode precisar preparar os divergentes, inoculando-os contra o desânimo da rejeição inicial. O grupo pode ser bastante hostil, ou pode simplesmente ignorá-los.

AJUDANDO DIVERGENTES A TEREM ÊXITO PREPARANDO-OS PARA A REJEIÇÃO

Durante a Guerra do Vietnã, muitos homens recém-alistados na unidade de combate eram tratados com hostilidade e escárnio pelos veteranos. O recruta se sentia tolo e inadequado, e eram comuns baixas psiquiátricas entre os novos homens. Os psiquiatras chamaram o efeito de "síndrome do FNG" ("fucking new guy", para o epíteto dos veteranos, em português, "maldito o cara novo"). Em vez de tentar tratar esses homens após o fato, eles intervieram antecipadamente, preparando os novos homens para a hostilidade ajudando-os a considerar a reação como sendo dirigida contra o "FNG" em vez contra eles pessoalmente. "Eles não o odeiam, odeiam o FNG."[41]

Certifique-se de que o divergente tem êxito. Você provavelmente estava conosco até esse último ponto. Certifique-se de que o divergente tem êxito?, você pergunta. Como e por que devo fazer isso? No final das contas, claro, compete ao divergente ter êxito. Entretanto, é importante garantir algumas pequenas demonstrações de utilidade no início da experiência desse indivíduo em seu grupo. Por exemplo, alguns professores universitários destacados de uma universidade resolveram lançar um novo programa de educação de executivos em gestão da engenharia. Eles pediram a uma jovem colega cuja formação era em ciências sociais para dirigi-lo. Eles tinham várias razões para querer essa divergente em seu meio, uma das quais era que acreditavam que o programa seria mais inovador se pudessem incluir sua perspectiva diferente. Entretanto, ela estava compreensivelmente preocupada com a possibilidade de fracassar. "Não se aflija," disseram. "Vamos assegurar-nos de que isso dará certo." Eles sustentaram sua promessa recrutando pessoalmente excelentes participantes para a primeira experiência e concordando eles mesmos em lecionar para que o programa tirasse proveito de sua proeminência e reputação. Eles revisaram o currículo para ter certeza de que satisfaria os requisitos da engenharia e estimularam a inclusão de matérias das ciências sociais nas quais sua colega era especialista. Quando o programa foi lançado com sucesso, eles não tiveram de despender mais energia ajudando a divergente, pois ela estava integrada e produtiva.

OS LIMITES DA HETEROGENEIDADE

Imagine um grupo em que todos são tão diferentes que, literalmente, não têm uma linguagem comum para se comunicarem. Os membros podem estar tão ligados a suas disciplinas, culturas ou modos de pensar que se recusam a ouvir outras pessoas. Como conseqüência, o atrito criativo nunca se inflama e, em vez disso, o grupo lança mão de técnicas para poupar tempo, tais como votar e adotar um meio-termo.

Os gerentes de grupos criativos entrevistados enfatizaram a necessidade de selecionar membros de grupo que estejam dispostos a "confundir as fronteiras," isto é, os que não são territoriais sobre seu conhecimento especializado e não temem se aventurar no território intelectual dos demais. Na verdade, os membros de equipes criativas geralmente enfatizam que foi difícil atribuir a autoria de idéias criativas porque todos passaram por cima de fronteiras disciplinares em sua urgência de contribuir. E mais de um gerente removeu um membro da equipe que não sairia, ou não poderia sair, de sua ilha intelectual para o bem do grupo. Portanto, é inverossímil simplesmente reunir diferentes tipos de pessoas e esperar resultados criativos e maravilhosos. Gerenciar um grupo diverso efetivamente exige algumas habilidades especiais que discutiremos nos capítulos subseqüentes.

VOLTANDO AO JOHN...

Para seu alívio, John não teve muita dificuldade de encontrar outro emprego. Como todo seu grupo tinha sido dissolvido, os gerentes das outras empresas interpretaram sua saída como redução de pessoal. Seu antigo título de Gerente de Desenvolvimento de Negócios o levou a um cargo parecido em uma nova empresa. Ele reconhecia que pelo menos parte de seu problema no emprego antigo tinha sido que os membros do grupo usaram abordagens muito parecidas para examinar idéias e todos usaram as mesmas fontes para identificar possíveis conceitos de produto. Determinado a não cometer o mesmo erro, ele acrescentou a seu novo grupo de oito engenheiros na nova empresa, cinco pessoas com formações muito diferentes – dois desenhistas industriais, um pesquisador de mercado, um especialista no setor e um antropólogo que tinha trabalhado em várias linhas de bens de consumo muito bem-sucedidas. Embora todos eles tivessem alguma experiência em desenvolvimento de novo produto, todos tinham trabalhado em aspectos diferentes. Ele sabia que dois deles iam incomodá-lo pessoalmente pois eram pessoas do quadro geral, de idéias, que provavelmente não apresentariam as idéias totalmente sustentadas por dados como ele gostaria. De fato, de saída eles se manifestaram sensíveis e melindrados. Mas ele tinha trabalhado antes com um grupo muito homogêneo, pessoalmente confortável, e veja onde isso o levara! Melhor ter um grupo que o contestasse e que contestasse a si mesmo. De uma coisa ele tinha certeza: as reuniões do grupo seriam bem animadas.

PONTOS-CHAVE

- Grupos criativos precisam de pessoas que trazem perspectivas diferentes, úteis, para a tarefa criativa. Selecionar pessoas com *conhecimento profundo* diferente e também com *cultura* e *modos de pensar* diferentes proporciona diversidade intelectual.
- A diversidade no grupo e o atrito criativo resultante são da maior importância quando se precisa de pensamento divergente.
- Selecionar membros distintos para o grupo não é a única maneira de promover atrito criativo. Visitas a "divergentes" e a visita de divergentes com perspectivas diferentes a sua empresa também são decisivas.
- O gerenciamento de grupos criativos é particularmente desafiador, pois desejamos os benefícios do *atrito criativo* – o choque de idéias – ao mesmo tempo em que se evita o *atrito interpessoal*, o choque de pessoas.
- É mais provável que o atrito criativo floresça quando os gerentes entendem os próprios modos de pensar e garantem que os divergentes sejam protegidos e tenham êxito.
- Os grupos criativos selecionam especialistas que possam "tornar indistintas as fronteiras" de sua disciplina.

NOTAS

1. Jerry Hirshberg, *The Creative Priority: Driving Innovative Business in the Real World* (New York: Harper Business, 1998).
2. Kathleen M. Eisenhardt, Jean L. Kahwajy e L. J. Bourgeois III, "How Management Teams Can Have a Good Fight," *Harvard Business Review* 75 (July-August 1997): p. 84.
3. Ver também Kathleen M. Eisenhardt, Jean L. Kahwajy e L. J. Bourgeois III, "Conflict and Strategic Choice: How Top Management Teams Disagree," *California Management Review* 39 (Inverno 1997): pp. 42-62.
4. R. J. Berg, entrevista, 20 May 1998.
5. David Liddle, entrevista citada em Dorothy Leonard, *Wellsprings of Knowledge* (1995), p. 81.
6. Marilyn Wilson-Hadid e Peter Pook, entrevista, 2 June 1998.
7. Joseph Haggin, "Illinois' Beckman Institute Targets Disciplinary Barriers to Collaboration," *Chemical & Engineering News* (6 March 1995): pp. 32-39.
8. Citado em Sharon Begley, com B. J. Sigesmund, "The Houses of Invention," *Newsweek* (edição especial sobre "2000: The Power of Invention") (inverno 1997): p. 26.
9. M. E. Shaw, *Group Dynamics: The Psychology of Small Group Behavior* (New York: McGraw-Hill, 1976).
10. Susan E. Jackson, "Team Composition in Organizational Settings: Issues in Managing an Increasingly Diverse Work Force," em *Group Process and Productivity*, ed. Stephen Worchel, Wendy Wood e Jeffry Simpson (Beverly Hills, Calif.: Sage, 1992).
11. Jackson, "Team Composition in Organizational Settings," p. 150.
12. Russell Herndon, vice-presidente sênior da Genzyme Corporation, entrevista, 18 January 1998.

13. Donn Byrne, *The Attraction Paradigm* (New York: Academic Press, 1971).
14. Wendy Wood, "Meta-analytic Review of Sex Differences in Group Performance," *Psychological Bulletin* 102, no.1 (1987): pp. 53-71.
15. Katherine Y. Williams e Charles A. O'Reilly III, "Demography and Diversity in Organizations: A Review of 40 Years of Research," *Research in Organizational Behavior* 20 (1998): pp. 77-140.
16. J. F. O. McAllister, "Civil Science Policy in British Industrial Reconstruction, 1942-51" (tese de doutorado, Oxford University, 1986), p. 27.
17. G. Hofstede, *Culture's Consequences: International Differences in Work-Related Values* (Newbury Park, Calif.: Sage, 1980).
18. Fons Trompenaars e Charles Hampden-Turner, *Riding the Waves of Culture*, 2d. ed. (New York: McGraw-Hill, 1998).
19. Mihaly Csikszentmihalyi, *Creativity* (New York: Harper Collins, 1966), pp. 8-9.
20. Jerry Hirshberg, *The Creative Priority: Driving Innovative Business in the Real World* (New York: HarperBusiness, 1998).
21. Guido Arnout, entrevista, 18 June 1998.
22. Citado em Malcom Gladwell, "Annals of Style: The Coolhunt," *The New Yorker*, 17 March 1997, p. 78.
23. Kevin Curran, entrevista, 2 June 1998.
24. Para um artigo descrevendo a aplicação de dois diagnósticos de modo de pensar para o problema de compor grupos criativos, ver Dorothy Leonard e Susaan Straus, "Putting Your Company's Whole Brain to Work," *Harvard Business Review* 75 (July-August 1997): pp. 110-121.
25. Jerry Hirshberg, citado em Leonard-Barton, *Wellsprings of Knowledge*, p. 79.
26. Jerry Hirshberg, entrevista, 25 February 1994.
27. Jerry Hirshberg, entrevista, 10 December 1993.
28. Ver Hishberg, *The Creative Priority*.
29. Lisa Mancuso, entrevista, 2 June 1998.
30. Robert Sternberg, *Successful Intelligence*, (New York, Simon & Schuster, 1996), pp. 191-192.
31. Paul Horn, "Creativity and the Bottom Line," *Financial Times*, 17 November 1997, p. 12.
32. Carol Snyder, entrevista, 2 June 1998.
33. Relatado em Williams e O'Reilly, "Demography and Diversity in Organizations," pp. 77-140.
34. Rosabeth Moss Kanter chamou a tendência organizacional que resulta de selecionar pessoas parecidas conosco de "reprodução homossocial." Ver Rosabeth Moss Kanter, *Men and Women of the Corporation* (New York: Basic Books, 1993).
35. Anne Fisher, "Key to Success: People, People, People," *Fortune*, 27 October 1997, seção "The World's Most Admired Companies," p. 232.
36. Kenneth Labich, "Is Herb Kelleher America's Best CEO?" *Fortune*, 2 May 1994, p. 50.
37. Kevin Curran, entrevista, 2 June 1998.
38. Marco Thompson, entrevista, 11 August 1998.
39. Anúncio na *Fortune*, 16 February 1998, p. 118.
40. Solomon E. Asch, "Opinions and Social Pressure," *Scientific American* 193 (1955): p. 31-35.
41. Stuart Valins e Richard Nisbett. "Attribution Processes in the Development and Treatment of Emotional Disorders," em *Attribution: Perceiving the Causes of Behavior*, ed. Edward E. Jones, David Kanouse, Harold Kelley, Richard Nisbett, Stuart Valins e Bernard Weiner (Morristown, N.J.: General Learning Press, 1971): p. 139.

3
Gerando Opções Criativas

"Não preciso lhes dizer a importância deste contrato de aprendizado à distância," disse Hazel ao abrir a reunião. "Se conseguirmos planejar a campanha publicitária, teremos uma nova linha completa de negócio. É por isso que coloquei nossas melhores pessoas nesta equipe – incluindo Fred, de vendas, e Tom, embora ele tenha mudado para nossa conta de serviços financeiros. Sei que alguns de vocês estão um pouco surpresos por eu tê-los trazido, mas precisávamos de uma variedade de formações e conhecimento para sermos criativos. Fiquei muito satisfeita com a sessão de brainstorming de ontem, surgiram muitas idéias boas. Devido a nossas restrições de tempo e recursos, fui em frente e selecionei uma para trabalharmos. A paródia do conceito dos professores universitários foi divertida, mas não acho que sabemos o suficiente sobre lecionar em universidade para ter sucesso. E gostei da noção de expandir para crianças de países em desenvolvimento, mas poderíamos ofender algumas pessoas com ela. Portanto, sugiro que concordemos com a idéia do treinamento do cachorrinho. Se o seu cão pode ser treinado para sentar e pedir pela Internet, então, com certeza, seus filhos podem aprender cálculo da mesma maneira. As pessoas gostam de animais em anúncios; não ofende ninguém; podemos torná-lo engraçado e é uma abordagem de orçamento baixo. Eu os dividi em três subgrupos; cada grupo precisa fazer slogans, seqüências de esboços, orçamentos. Faremos uma reunião na próxima sexta-feira para ver o que conseguiram e selecionar o melhor tratamento. Dúvidas? Não? Está bem, vamos nos mexer."

O coração de Hazel está no lugar certo. Ela entende de atrito criativo e reuniu um grupo que conta com os diferentes tipos de conhecimento profundo de seus membros. Infelizmente, se Hazel estava usando este livro para orientar seus atos, ela parou de ler depois do Capítulo 2. Ela sabe que precisa de pensamento divergente entre os membros do grupo para gerar muitas opções – mas acha que foi lá e fez isso em uma única sessão de *brainstorming*. Talvez o grupo entenda mais de professores universitários do que ela pensa. Ou talvez não seja necessário. Talvez exista uma maneira de fazer uma propaganda sobre crianças em nações em desenvolvimento que não ofenda. As idéias não foram suficientemente exploradas para se saber. Após colocar poucas opções sobre a mesa, Hazel está pronta para ir em frente. O grupo mal parou no cruzamento de idéias e ela já está buzinando para eles andarem.

Como você se sentiria se tivesse sido a pessoa do grupo de Hazel que sugeriu a paródia sobre professores universitários como base de um anúncio? Ou o anúncio apresentando crianças pequenas na escola da nação em desenvolvimento? Que não tinha energia suficiente para debater a idéia? Mesmo que o anúncio com os cachorrinhos *seja* a melhor idéia, está longe de ter sido desenvolvida. Você queria que tivesse mais tempo para debater, mais tempo para desenvolver as idéias dos outros, para recolher conhecimento das cabeças de várias pessoas. Mas você conhece Hazel. É melhor você "subir a bordo, pois o trem está partindo," como ela gosta de dizer.

CONVERGÊNCIA PREMATURA: A URGÊNCIA DA FUSÃO

Você só precisa de uma *super* solução, certo? O problema é que a opção número 1 geralmente parece tão atraente que o grupo cerra fileiras em torno dela, ignorando as opções 2, 3 e 4. E as opções de 5 a 50 nunca aparecem. Para ser criativo, um grupo deve, antes de tudo, ser capaz de gerar possibilidades, *muitas* delas. Então, algumas dessas opções devem ser elaboradas e cuidadosamente ponderadas. Em alguma parte dessa mistura de gerar e processar opções, os grupos muitas vezes se metem em dificuldades com um consenso prematuro, ou "a urgência da fusão." O que impulsiona a urgência? Muitas coisas, incluindo:

- as pressões de tempo percebidas obrigam o grupo a acelerar.
- o líder do grupo é excessivamente autoritário.
- o grupo está isolado da opinião externa.
- os membros do grupo sentem forças poderosas para permanecerem nele.
- o grupo é guiado por normas que frustram o pensamento divergente.

Pressões de tempo

Um prazo final certamente consegue concentrar a mente. Um prazo final *real*, como fazer uma vitrine para as vendas de Natal, pode concentrar as energias do grupo e comprimir o processo criativo normal. Como tal, pode servir de estímulo vigoroso, necessário para a convergência (ver Capítulo 4). Entretanto, com muita freqüência, o prazo pode ser mais aparente que real. Um gerente impaciente impondo um prazo *artificial* pode dar curto circuito no processo de desenvolver opções, matando a originalidade.

Hazel, naturalmente, vê a dinâmica de grupo através de sua lente particular. No balanço entre a solução de melhor qualidade e a oportunidade, ela escolhe a segunda. Se o asteróide vai atingir a Terra amanhã, o plano criativo para tirá-lo do curso de colisão não ajudará se só puder ser ativado na próxima semana. E, como muitos gerentes, ela se sente como se estivesse em uma chuva perpétua de meteoros. Sabe que tem de andar tanto rápida quanto criativamente.

A trágica destruição do ônibus espacial norte-americano *Challenger* em 28 de janeiro de 1986, lançando para a morte seis astronautas e a "professora no espaço", pode ser atribuída, em parte, a pressões sobre o processo de tomada de decisões. O lançamento já havia sido adiado uma vez, e a janela para outro lançamento estava se fechando rapidamente. À medida que os pesquisadores reconstruíram o processo de tomada de decisões fatal, não foram poucos a perceber que os líderes da equipe de decisão estavam preocupados com as percepções do público e do congresso sobre todo o programa do ônibus espacial e a continuação do seu financiamento. Outro adiamento poderia prejudicar as chances de financiamentos futuros. Com percepção tardia, os tomadores de decisões desejaram ter despendido mais tempo para prestar atenção aos avisos de alguns dissidentes sem papas na língua.[1] Conforme discutiremos mais tarde neste capítulo, a dissidência pode, de forma útil, manter as opções abertas.

Estilo de liderança excessivamente autoritário

Quem, no grupo da Hazel, teria a audácia de contestar sua conclusão de que o anúncio do cachorrinho é a maneira de prosseguir? Hazel deu a *ilusão* de que o grupo tem uma opção no assunto ("*Sugiro* que concordemos... Dúvidas? Não?"), mas informou claramente o quanto deseja a convergência do grupo. Talvez a maneira mais rápida de se encerrar a busca de opções seja o líder expressar uma preferência nítida no início. ("Por que deveria comprometer minha posição com Hazel e o grupo contradizendo-a?")

Na verdade, essas preocupações não são sem fundamento. Quando Wilson Niskanen era economista chefe da Ford Motor Co. em 1980, suas visões de partidário do livre comércio entraram em conflito com o novo protecionismo de seus superiores em face do aumento da concorrência japonesa. Niskanen foi despedido. O diretor financeiro Will Caldwell lhe explicou, "Bill, nesta empresa,... as pessoas que vão bem esperam até ouvir seus superiores expressarem suas visões. Então acrescentam algo apoiando essas visões."[2] Não exatamente o tipo de ambiente que estimula o pensamento divergente! Talvez você pense: "Isso aconteceu nos anos oitenta! Hoje delegamos autoridade às pessoas." Concordamos que a retórica mudou – mas muitos líderes ainda precisariam ter suas bocas grampeadas para manter suas preferências para si mesmos.

A urgência da fusão é reforçada em qualquer decisão organizacional pois, na administração, valoriza-se a determinação. Assim, os gerentes de criatividade geralmente têm de lutar tanto contra pressões externas para se decidirem rapidamente por algo e agir, como também contra sua própria tendência de conduzir para o fechamento. O estilo pessoal de pensar de Hazel a predispõe para uma ação imediata. Quando o grupo está analisando a opção A ou B, a pessoa que sugere C fica congelada no vácuo por um dos famosos olhares

---

LIDERANÇA ABERTA E FECHADA

O psicólogo Matie Flowers formou grupos de quatro pessoas para discutir opções sobre uma difícil questão de pessoal. Um distrito escolar em dificuldades financeiras com um poderoso sindicato de professores tinha uma professora de matemática de 62 anos cujo declínio das faculdades mentais aparentemente a estava impedindo de manter a disciplina em suas aulas. Atribuiu-se um papel a cada membro do grupo: o inspetor de escolas (o líder do grupo, na verdade um cúmplice treinado), o diretor, um supervisor e um membro do conselho da escola. Dava-se a cada pessoa um conjunto de "fatos" relacionados com o caso.

O líder *aberto* tinha sido instruído a não apresentar uma solução sugerida até que os outros três o tivessem; a pedir e estimular a discussão de cada opção; e afirmar duas vezes que a coisa mais importante era *expor todos os pontos de vista*. Em contraste, o líder fechado propôs uma solução preferida no início, não estimulou discussão e afirmou duas vezes que a coisa mais importante era o grupo *concordar* com a decisão (do grupo).

Os grupos chefiados por um líder aberto resistiram à urgência da fusão. Eles desenvolveram, em média, mais soluções. Eles também apresentaram mais fatos corroborativos que os grupos de liderança "fechada."[3]

fulminantes de Hazel. E seu câmbio mental não tem "marcha a ré". "Nunca reveja uma decisão" é seu lema. Portanto, mesmo que não estivesse sob tal pressão para entregar a campanha publicitária antes dos concorrentes, ela ainda forçaria uma decisão rápida a fim de avançar para a implementação.

Bem, Hazel, nós nunca lhe prometemos criatividade *eficiente*! Apenas *efetiva*. E efetiva significa um equilíbrio entre análise e rapidez, entre abrir opções e fechá-las, entre pensamento divergente e convergente.

Na Figura 3.1, o diamante A representa um grupo que despende pouco tempo na criação de opções e a maior parte de seu esforço em questões de implementação. Isso pode ser apropriado quando o problema a ser solucionado ou a questão a ser resolvida forem definidos minuciosamente, bem-entendidos ou razoavelmente rotineiros. O diamante B representa uma reunião de um grupo de pessoas que *adoram* discutir, debater, imaginar opções, mas que deixam pouco tempo e recursos para se fixarem em uma solução. Se tempo não é problema, esse modelo pode ser apropriado. Entretanto, veja para onde estamos voltados: para o diamante C na Figura 3.1, que é especialmente apropriado para a solução criativa de problemas. Se você não despender tempo e esforço para criar a variedade indispensável de que falamos no Capítulo 2, é improvável que identifique uma solução nova. Se o prazo de Hazel for real (i.e., cruze a linha e o projeto estará liquidado), então é provável que ela tenha agido adequadamente. Entretanto, é quase certo que ela poderia ter

A
Pouco tempo concedido ao pensamento divergente. Convergência e tempo gasto rápidos na implementação.

B
Muito tempo concedido ao pensamento divergente. Convergência forçada no final; pouco tempo para discussão da implementação.

C
Tempo igual concedido ao pensamento divergente e à convergência.

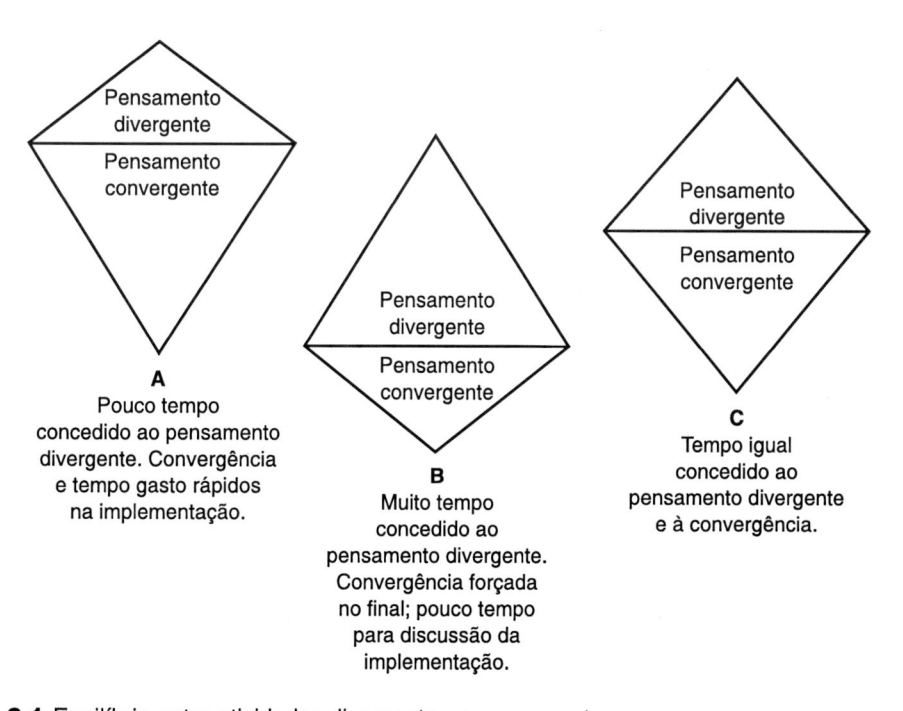

Figura 3.1 Equilíbrio entre atividades divergentes e convergentes.

permitido mais pensamento divergente para conseguir uma solução mais criativa. Demasiado tempo gasto na divergência deixa pouco tempo para analisar a implementação, mas excesso de tempo gasto na convergência defrauda o processo de pensamento divergente.

Insularidade e isolamento

Pássaros do mesmo bando têm a mesma plumagem.* E quanto mais ficam juntos, mais se parecem. Pessoas que trabalham juntas com o tempo não podem ser mais parecidos (como dizem alguns casais juntos há muito tempo), mas o conhecimento profundo possuído por membros individuais se torna cada vez mais coletivo. E voamos juntos mentalmente porque é confortável. É improvável que até mesmo um grupo homogêneo talentoso explore uma gama completa de alternativas quando se isola de pessoas fora do grupo que têm o *know-how* ("saber como") ou o *know-why* ("saber por quê") para contribuir. Por exemplo, em seu estudo de grupos de cientistas, Donald Pelz e Frank Andrews descobriram que, ao se mudar freqüentemente a composição dos grupos, os grupos foram mais criativos que os de composição estável, mesmo quando os grupos estáveis eram interdisciplinares. Em três anos, até os grupos interdisciplinares tinham se tornado homogêneos na maneira de abordar problemas.[4] Além disso, quanto mais os membros desse grupo partilharem informações comuns, mais provavelmente essas informações pesem muito nas decisões do grupo. Só porque *todos* nós sabemos algo, não faz com que esse conhecimento seja importante e útil. Precisamos descobrir o que não sabemos que não sabemos – e isso significa olhar para fora do bando.

A coesão do grupo

As pessoas gostam de estar em grupos desde a época em que nossas salas de reunião eram cavernas. Precisamos nos sentir aceitos e valorizados pelos outros. Na verdade, uma boa parte de nossa própria identidade está ligada à participação em um ou outro grupo. A maioria de nós pertence a grupos em que nos sentimos bem conosco, seguros e protegidos. Gostamos de nossos colegas e ficamos na expectativa de encontrá-los. Sofreríamos se o grupo fosse dispersado ou se, de alguma forma, fôssemos obrigados a sair.

A "cola" que mantém os membros do grupo unidos tem muitas origens. Demonstrou-se repetidamente que a simpatia inicial estimula a coesão. Quanto mais você gosta dos seus colegas, mais fica motivado para permanecer no grupo.[5] Em segundo lugar, apenas estar em contato prolongado, com o tempo,

---

*N. de R. Provérbio em inglês que equivale a "Dize-me com quem andas e te direi quem és".

O EFEITO DO CONHECIMENTO COMUM

Daniel Gigone e Reid Hastie planejaram uma experiência em que se pedia a grupos de três pessoas para fazerem estimativas sobre o desempenho provável de alunos em um curso. Forneceram um conjunto de fatos (p.ex., o desempenho acadêmico do aluno no colegial, número de faltas nas aulas, notas padronizadas da prova) a cada membro do grupo. Alguns desses fatos eram entregues a todos os três membros, alguns eram entregues a dois e alguns a apenas um. Portanto, o grupo coletivamente tinha todas as informações sobre o aluno, mas algumas eram mais ou menos redundantes. Gigone e Hastie descobriram que quanto mais conhecimento *comum* no grupo (i.e., quanto mais pessoas tivessem a mesma informação), mais peso se dava a ele e mais ele influenciava a estimativa final do grupo, mesmo se ele não fosse o dado mais *saliente*. (Curiosamente, os membros do grupo não estavam cientes da influência do conhecimento comum em suas estimativas.) Se quiserem que um grupo pense abertamente, esse estudo sugere que será preciso fazer esforços especiais para estimular o grupo a considerar todas as informações disponíveis, não somente as que os membros têm em comum.[6]

pode levar a afeição mútua e coesão.[7] A familiaridade gera... conforto. Uma terceira força poderosa que aproxima as pessoas é uma ameaça externa. Combinar esforços para combater um rival ou inimigo une o grupo em um objetivo comum. (Como veremos no Capítulo 4, uma ameaça comum às vezes pode estimular a criatividade.)

Portanto, gostamos de clãs. Entretanto, a coesão elevada – as forças que aproximam as pessoas e as mantêm unidas – é um determinante básico do "pensamento em grupo."[8] Irving Janis propôs esse termo *orwelliano* para descrever "um modo de pensar que as pessoas adotam quando estão profundamente envolvidas em um grupo internamente coeso, quando o esforço dos membros por unanimidade supera sua motivação para avaliar realisticamente cursos de ação alternativos."[9] A tendência do "pensamento em grupo" é realmente perturbadora para a criatividade. Resulta das ilusões entre os membros de que todos os demais estão de acordo ("O imperador nu está muito bem trajado hoje"), da auto-censura de quaisquer dúvidas ("Quem sou eu para contestar todas essas pessoas inteligentes?") e da pressão de membros do grupo sobre os dissidentes ("Não devo ser desleal, faço parte de uma equipe"). O resultado? O grupo aborta o processo de pensamento divergente e se agarra rapidamente a uma ou duas opções. É maravilhoso ter "espírito de corpo." Mas quando esses grupos são organismos de tomada de decisões, podemos pagar um preço excessivo pela coesão do grupo. Janis baseou muitas de suas observações sobre pensamento em grupo no exame de algumas decisões críticas tomadas nos níveis mais altos da política externa norte-americana, onde a criatividade geralmente é necessária.

A invasão de Cuba por 1400 expatriados em 1961 foi chamada de um dos "piores fiascos jamais perpetrados por um governo responsável."[10] Em três dias, todos os invasores tinham sido mortos ou capturados. Todas as principais suposições mantidas pelo Presidente Kennedy e seu Conselho de Segurança Nacional estavam completamente desorientadas. Eles pensavam que a população cubana se revoltaria espontaneamente para apoiar a pequena brigada dos expatriados invasores. Eles subestimaram a capacidade dos grandes e bem-treinados exército e força aérea de Castro para responder. E a brigada desembarcou em um pântano. Um pântano imenso.

Os conselheiros de Kennedy não eram pessoas imbecis. Como puderam os "melhores e mais brilhantes," cujas formações diferentes posicionavam claramente o grupo para o atrito criativo, fracassar tão deploravelmente em criar alternativas para o plano da CIA apresentado a eles? Pelo menos parte da resposta reside na dinâmica dos grupos coesos. Arthur Schlesinger Jr., historiador ganhador do Prêmio Pulitzer, membro do grupo de Kennedy, repreendeu-se duramente pelo seu silêncio durante as deliberações,

> embora meus sentimentos de culpa fossem diminuídos pelo conhecimento de que objeções teriam feito pouco a não ser me fazer ganhar fama de chato. Só posso explicar meu fracasso em fazer mais do que levantar umas poucas questões tímidas informando que o impulso de alguém trazer à tona esse absurdo simplesmente era desfeito pelas circunstâncias da discussão.[11]

Os grupos coesos apresentam um paradoxo interessante. Por um lado, os membros desses grupos se sentem aceitos e devem ter liberdade para dizerem tudo o que quiserem sem medo de contrariar seus colegas. Por outro, eles não querem parecer ignorantes, desorganizadores ou desmancha-prazeres. A lição para os gerentes de grupos criativos evidentemente é *não* reduzir a coesão mas, de preferência, aproveitar essa coesão a serviço da criatividade. Isso pode ser feito entendendo-se a força das normas do grupo e, se necessário, mudando-as.

Normas de grupo inadequadas

Normas são as regras que os membros do grupo seguem, mesmo quando ninguém está observando. Geralmente são regras não-escritas, muitas vezes inconscientes, quase sempre poderosas. E podem ajudar ou inibir a criatividade. Considere, por exemplo, essas poderosas regras invisíveis:

- Não interfira no trabalho dos outros. (Cuide da sua própria vida.)
- Tente manter todos satisfeitos. (Seja agradável.)

- Não discorde do chefe. (Conheça seu lugar – e aceite-o.)
- Adapte-se ao grupo. (Não cause problemas.)
- Não presuma que sabe mais do que os mais velhos. (Respeite os membros mais antigos do grupo.)

É plausível que uma colega notada conteste, com um plano próprio, o plano de um colega membro do grupo quando isso poderia dar a entender que ela não está cuidando da própria vida, não está sendo agradável, não sabe o seu lugar, está sendo desrespeitosa e está tentando estragar os planos? Um grupo em que se permite que essas normas fiquem incontestadas é um grupo condenado à eterna brandura. Não se pode esperar opções criativas se todos os membros do grupo foram treinados para sentar, rolar e falar somente quando mandados. As opções criativas simplesmente não surgirão a menos que as normas atuais sejam substituídas por normas mais conducentes à criatividade. Em primeiro lugar, as pessoas não falarão abertamente; ou, se falarem, logo descobrirão como os grupos tratam os transgressores de normas.

RESISTINDO À URGÊNCIA DA FUSÃO: ESTIMULANDO A DISCORDÂNCIA

Quando seu irmão pediu a Rober Kennedy para assumir o papel de advogado do diabo nas deliberações da Crise dos Mísseis de Cuba, ele o fez com tanto gosto que somente seu parentesco com o presidente o protegeu da hostilidade pública dos outros membros do grupo. Como gracejou Oscar Wilde, "Não gostamos de qualquer tipo de argumentos; são sempre vulgares e com freqüência convincentes."[12]

O grupo reage a dissidentes

Já esteve na situação seguinte? Os membros do grupo estão chegando perto da solução de um problema quando alguém defende apaixonadamente alguma outra opção, talvez até uma que já tenha sido discutida e rejeitada. Como os membros do grupo reagem? Revirando os olhos? Ansiamos por concordância, não discordância. E discordância, mesmo discordância efetiva, geralmente é impopular. Em primeiro lugar, um dissidente atrairá muita atenção. Os outros membros tentarão convencê-lo. Se não der certo, o grupo tentará ignorá-lo ou excluí-lo das discussões. Se isso falhar, ele pode ser expulso fisicamente do grupo ou "transferido." Os dissidentes representam um dilema em discussões em grupo. Uma pessoa que contesta o consenso emergente pode conquistar uma certa admiração relutante por defender seus princípios em face da pressão do grupo. E ela traz novas perspectivas – possivelmente valiosas – à mesa.

Por outro lado, opiniões minoritárias impedem que o grupo chegue a uma decisão rápida e contesta a correção do julgamento da maioria. "Todos nós tínhamos uma idéia bastante boa de aonde devemos ir, e eu estava me sentindo muito bem comigo e com o grupo. Agora você está dizendo que todos nós estamos errados?" Como conseqüência, o dissidente geralmente causa bastante indignação e é antipatizado pela maioria.

Líderes judiciosos – ou mesmo os simplesmente competentes – ajudam um grupo a desenvolver normas que estimulem o pensamento divergente e acolham a discordância. Na Intel, é essencial introduzir "poder do conhecimento" na organização e os funcionários aprendem logo que "você sabe mais que seu chefe" sobre muitas coisas. A discordância aberta é positivamente estimulada da alta administração para baixo, e ensinada repetidamente em todos os níveis.[13] A pesquisa revela que, ao se aumentar a força de uma "norma de originalidade", os membros do grupo não somente dão respostas mais criativas, mas toleram e gostam mais dos respondentes minoritários do que quando a norma é fraca.[14] A criatividade floresce quando existe a expectativa do incomum e se acolhe a discordância.

O valor da discordância

Como os contestadores conseguem estimular a criatividade se suas opiniões são tão impopulares? Não é porque o resto de nós acredita necessariamente que eles sabem do que estão falando. Ao contrário, eles nos obrigam a

---

A FORÇA DA DISCORDÂNCIA DA MINORIA

Charlan Jeanne Nemeth e Joel Wachtler imaginaram um laboratório analógico de influência das maiorias e das minorias na criatividade. Estudantes universitários receberam a tarefa de determinar se uma figura geométrica padrão estava ou não encaixada em um modelo mais complexo. Empregaram-se cúmplices experimentais para estimular tanto uma *influência majoritária* (quatro cúmplices) quanto uma *influência minoritária* (dois cúmplices). Nemeth e Wachtler descobriram que as maiorias faziam com que os sujeitos convergissem em suas opiniões, fossem ou não corretas. As minorias, por outro lado, faziam com que os sujeitos dessem respostas novas, corretas (i.e., identificar corretamente a figura-padrão em outros modelos complexos) que não tinham sido identificadas antes pelas maiorias. Em suma, a influência majoritária serviu para promover conformidade, ou uma imitação negligente das opiniões da maioria. No caso da influência minoritária, "Pode-se influenciar alguém a reanalisar um problema e, no processo, possivelmente atuar mais criativamente e com maior precisão."[15]

examinar nossas posições, buscar informações em *ambos* os lados da questão, avaliar os argumentos contra elas, em suma: comprometer-se com o tipo de pensamento divergente que está no âmago da criatividade.[16] A existência de maiorias, por outro lado, movem o grupo em *uma* direção – o consenso e a conformidade. ("Por que devo procurar novas opções? Já temos a resposta.")

ADMINISTRANDO A DIVERGÊNCIA: RESISTINDO À URGÊNCIA DA FUSÃO E CRIANDO OPÇÕES

Portanto, não é só uma questão de *tolerar* a discordância. *Precisamos* dela. Se o seu grupo vai ser criativo, começando com a capacidade de gerar muitas opções potencialmente úteis, seus participantes devem resistir à urgência da fusão. A discordância pode ser desconfortável para todos, certamente incluindo o dissidente. Por isso, é importante pôr na cabeça de todos que a discordância pode ser vital para o processo criativo e é comportamento normal em seu grupo, não apenas um estorvo para o consenso grupal. Mas mesmo se começarmos com um grupo diverso e aumentarmos deliberadamente a participação de divergentes conforme sugerido no Capítulo 2, e mesmo se promovermos conscientemente um processo de grupo estimulando a discordância, a urgência de convergir pode parecer irresistível. Você ficará feliz em saber que a resistência não é leviana! Vamos ver algumas ferramentas mentais e técnicas processuais que podem ajudar a afugentar a convergência *prematura*.

Técnicas para resistir à urgência da fusão

Aproveitando as normas do grupo: regras básicas. Regras para grupos criativos? Parece sufocante. Entretanto, uma das razões de precisarmos desenvolver normas conscientes, explícitas, é que os indivíduos entram em qualquer reunião com uma postura diferente de expectativas de comportamento, nascidas de suas próprias formações e experiências. Algumas pessoas cresceram em famílias em que debates animados à mesa do jantar estimulam tanto a argumentar quanto a ouvir os demais. Outras crescem em famílias cujas regras vigentes eram: não pergunte – e não fale. E algumas pessoas continuaram a ser tratadas como crianças, com nada útil para dizer, mesmo quando adultas. Não admira que, ao estarmos todos juntos, freqüentemente precisamos falar sobre como vamos falar.

Certo, muitos de nós se sentem um pouco tolos criando regras sobre como trabalharmos em conjunto. Com certeza, pensamos, somos todos adultos e temos anos de experiência em lidar com dinâmica de grupo. Esse, claro, é o problema. Muitos de nós têm longos anos de prática dos comportamentos não-funcionais que aprendemos com experiência profissional ou pessoal. Se viemos de uma empresa muito competitiva onde informação é poder, podemos nos conter inconscientemente para parecermos brilhantes na hora certa (e acabar perdendo o momento do nosso *insight*). Ou podemos ter trabalhado em uma organização em que discordância era falta de educação. Se somos o terceiro ou quarto irmão em uma família grande, podemos hesitar em sugerir uma idéia por medo de parecermos tolos na frente de nossos "mais velhos."

Argumentos não têm de ser pessoais. Afirmações como "essa idéia é ridícula," ou "o problema com você é..." são simplesmente destrutivas. Pessoas que não entendem de atrito criativo podem confundi-lo com conflito interpessoal e, por isso, evitá-lo. Não obstante, atrito, conforme observado no Capítulo 2, é essencial para a criatividade. "A inspiração pode vir de qualquer um da equipe," salienta Susan Schilling do Lucas Learning. "Discordando, conseguimos o melhor... para o produto, mas não é desavença pessoal." Portanto, precisamos de normas de grupo – hábitos de comportamento – que tornem determinados tipos de conflito corretos ou até obrigatórios. No mundo da Educação unida com o Entretenimento, descobriu Schilling, pessoas de formação em educação estavam mais acostumadas com a colaboração, enquanto em empresas produtoras de jogos, "Quem grita mais alto vence!" Para obter criatividade do grupo, "precisávamos criar um conjunto de regras internas sobre como concordaríamos e discordaríamos."[17]

Muitos grupos demoram para compor essas regras básicas, regras de comportamento sobre as quais todos os membros concordam que estimulam o atrito criativo. Um grupo que conhecemos optou por uma curta, porém amável, declaração: "Qualquer pessoa pode discordar de outra. Ninguém pode discordar sem dar uma razão. Nós nos ouviremos mutuamente com interesse. Não usaremos as palavras 'sempre' e 'nunca' referindo-nos ao comportamento dos outros." Conhecemos outro grupo cujas regras básicas originalmente ocupavam duas paredes com folhas de bloco. Não é de surpreender que tal abundância de regras não seja mais lembrada, muito menos invocada. Como somos a favor da decisão, o importante é conseguir um acordo sobre as regras e cumpri-las. Se a discordância ameaçar se transformar em raiva, os membros da equipe podem chamar a atenção para os princípios e lembrar a todos para se ouvirem mutuamente. Fica meio parecido com escola primária colar esses princípios em volta da sala de reuniões, mas o processo de concordar sobre os princípios e então afixá-los na parede onde todos os membros da equipe conseguem vê-los de fato ajuda a todos a não se esquecerem da interação do grupo. E esse é o ponto principal do exercício. Ficamos tão presos no conteúdo que esquecemos o processo.

As regras do processo podem se desenvolver de maneiras surpreendentes. O repórter Hal Lancaster se recorda de "um jantar de negócios em que o consumo liberal de bebidas após o jantar instigou uma franqueza surpreendente entre gerentes médios e sêniores. Depois disso, ficou entendido que uma reunião realizada de acordo com as 'Regras do Armagnac' significava que você poderia falar francamente, sem medo de represálias."[18]

O PROBLEMA DE SOBREVIVÊNCIA NA LUA DA NASA

Sua nave espacial sofreu avarias, deixando seu grupo desamparado na lua, a centenas de milhas da base. Felizmente, ninguém está gravemente ferido e grande parte da carga pode ser recuperada. Infelizmente, você não pode trazer tudo, portanto deve decidir que itens são mais vitais para sua sobrevivência enquanto volta à base. Cada membro do grupo deve classificar em ordem de importância tudo o que foi salvo, incluindo itens tais como tanques de oxigênio, água e comida, assim como fósforos, seda de pára-quedas e uma bússola. Depois o grupo se junta para chegar a um consenso.

Normalmente, quando comparadas às respostas objetivamente "corretas" (conforme determinado por especialistas da NASA), os grupos não são melhores do que os indivíduos em suas classificações finais. Alguns grupos, entretanto, recebem normas especiais para seguir:

- "Evite mudar de idéia apenas para evitar conflito e obter concordância e harmonia."
- "Resista a pressões para ceder que não tenham objetivo ou fundamento logicamente forte."
- "Encare diferenças de opinião como naturais e úteis."[19]

Os grupos seguindo essas instruções foram considerados mais criativos e chegaram a classificações que foram superiores 75 porcento das vezes ao melhor membro do grupo.[20]

Quando "não complica a situação" tem precedência sobre "gere o maior número possível de alternativas e avalie cuidadosamente cada uma," é provável que a criatividade sofra. Menos de dois anos após o fiasco da Baía dos Porcos em Cuba, quando a nação e o mundo enfrentavam a Crise dos Mísseis Cubanos, John F. Kennedy provou que até os presidentes podem aprender. Fidel Castro instalou mísseis russos capazes de transformar as principais cidades norte-americanas em grandes crateras e os Estados Unidos tiveram de decidir como reagir. Nessa época, Kennedy instituiu um novo conjunto de "regras básicas" nas discussões de política externa que incluía trazer especialistas de fora, determinar advogados do diabo e se abster deliberadamente de expressar sua opinião particular (que era necessária uma ação militar contra Cuba!). O resultado foi que a suposição inicial de que o exército teria de agir contra os silos de mísseis foi substituída por uma decisão de estabelecer um bloqueio. Ganhou-se tempo, acalmaram-se os egos e a crise foi resolvida. Quando os cidadãos norte-americanos perceberam mais tarde como estivemos perto de um conflito devastador, ficamos agradecidos ao presidente por ter introduzido normas de grupo diferentes a seus conselheiros.

Contestando suposições inconscientes. Quando é que um clipe de papel não é um clipe de papel? Quando você o endireita para resolver um problema que exige um pedaço de arame. Quando é que uma engenheira não é uma engenheira? Quando ela é uma antropóloga, visitando a casa do cliente para entender quando, por que e como um produto está sendo usado. Pensamos em ferramentas e pessoas em determinados papéis e temos dificuldade de repensar esses papéis. A mente humana é extremamente suscetível a pensamentos de rotina. É eficiente não questionar a maneira de interagirmos com nosso ambiente. Se parássemos para pensar nisso antes de sentarmos em uma cadeira, se não supuséssemos que nossos medicamentos não estavam contaminados, se não esperássemos que um contador nos desse informações diferentes das do pintor de casas – se não fizéssemos centenas de suposições inconscientes a toda hora, ficaríamos praticamente paralisados. O problema é que essas suposições também podem nos impedir de pensar criativamente, tanto individualmente quanto como grupo. Suposições compartilhadas são uma forma de pensamento convergente. Se conseguirmos liberar apenas alguns filamentos dos elos mentais em nossas mentes conectando pessoas ou objetos a suas funções, abrimos novas possibilidades. Por que você procurou tanto por uma chave de fenda em casa quando uma moeda de dez centavos resolveria o problema? Bem, porque uma moeda costuma ser usada para comprar uma bala, não como ferramenta. Às vezes, simplesmente alertar os membros do grupo para sua própria suscetibilidade os ajuda a desenvolver a capacidade de questionar as próprias suposições. Fazer algumas perguntas básicas pode levar a discussão para novos rumos:

- Quais são as nossas suposições neste momento? São as únicas válidas?
- Existem maneiras diferentes de ver esta situação, por exemplo, da perspectiva de outra pessoa?

Os exemplos em "Obstáculos ao pensamento criativo" ilustram três fatores aos quais somos particularmente vulneráveis:

1. *Fixidez funcional* se refere a nossa incapacidade de nos libertarmos das expectativas de como algo (ou alguém) normalmente funciona. Caixas são contêineres, não plataformas, por isso somos lentos para pensar em esvaziar uma caixa de fósforos para prender à parede. Quando nos baseamos em nossas experiências passadas de como as coisas são usadas, geralmente ficamos empacados, incapazes de nos livrarmos de velhos hábitos de pensar.
2. *A fixação* é parecida: nossas rodas mentais ficam atoladas na lama da abordagem de um problema a partir da direção "óbvia." (Quando se apresenta um problema em duas dimensões, tentamos naturalmente resolvê-lo nas duas.)

OBSTÁCULOS AO PENSAMENTO CRIATIVO

Analise os três problemas seguintes:

1. Dados uma vela, uma caixa de fósforos e algumas tachas, prenda a vela em um quadro de avisos de maneira que não pingue parafina no chão.
2. Dados seis palitos de dentes do mesmo tamanho, use os seis para fazer exatamente quatro triângulos equiláteros.
3. Qual é a regra que estamos usando para desenvolver a série de números 5, 10, 15? O objetivo é descobrir a regra por tentativas. Faça seus próprios conjuntos de três números e lhe diremos se eles estão de acordo com nossa regra ou não. Quando achar que sabe a nossa regra, diga qual é.

Consulte a última página deste capítulo para as respostas.

---

3. A *predisposição à confirmação* refere-se a nossa tendência de buscar apoio para nossas convicções e de relutância tanto em procurar quanto em aceitar prova contrária.[21] ("Sou um ótimo conhecedor de caráter. Quase todas as pessoas que promovi deram certo." Sim, mas e todas as pessoas que *não* promoveu? Talvez também tivessem dado certo em outro lugar, dentro ou fora da organização.)

O advogado do diabo. Na tradição católica romana, um advogado do diabo é um juiz eclesiástico da Congregação de Ritos cuja atribuição é mostrar defeitos na prova em que se baseia o caso de beatificação ou canonização. Como somos a favor de instituir uma norma de grupo que incentive *todos* a agirem como pensadores críticos, contestando pressões prematuras para consenso, às vezes deve-se atribuir um papel formal de advogado do diabo. Mencionamos acima como John F. Kennedy usou seu irmão Robert nesse papel com bom efeito, embora a veemência com que ele desempenhou seu papel indispusesse muitos membros do grupo. Para ser mais efetivo,

- o advogado do diabo deve, em primeiro lugar, ter total apoio do líder do grupo. Quando um dissidente indicado se torna apenas um símbolo (como foi o caso dos conselhos do Presidente Johnson durante a escalada da Guerra do Vietnã), ele não será levado a sério;
- o advogado do diabo deve ser um bom ator. Não deve ser clara qual é sua verdadeira posição. Ele deve ser capaz de argumentar como se acreditasse na opinião divergente implicitamente;

- o papel deve se alternar entre os membros do grupo de reunião para reunião. Isso evita o perigo de "simbolismo" e também o risco de que, com o tempo, os membros do grupo comecem a confundir o advogado com o próprio diabo (sem o apoio do líder, isso pode levar ao desastre o futuro do dissidente na organização);
- o advogado do diabo deve concentrar-se nos problemas e abster-se de ataques pessoais.

Um gerente de alto nível, que desejava que seu pessoal pensasse criativamente sobre um dilema, pediu a dois deles para assumirem posições contrárias. A questão era como a empresa deveria responder a um distribuidor que expandiu muito seu mercado de produtos de consumo (um eletrodoméstico) e, ao mesmo tempo, inibia a inovação no produto. Um funcionário apresentou a opinião da maioria de que o distribuidor tinha dado uma "gravata" na empresa e deveria ser contestado, mesmo se a empresa perdesse dinheiro no processo. O advogado do diabo indicado mostrou todas as vantagens e benefícios a serem obtidos de seu relacionamento com o distribuidor poderoso. Curiosamente, o grupo convergiu para uma estratégia inovadora que incorporou os dois pontos de vista.

Leituras dramáticas. Na Hewlett-Packard Laboratories, Barbara Waugh, gerente de pessoal internacional, usava "Leituras dramáticas" nos laboratórios e em toda a empresa para apresentar (e legitimar) visões divergentes. A "peça" encenada por funcionários tira seu roteiro de experiências reais dos funcionários, que lêem seus papéis diante de uma platéia de colegas. A experiência emocional e visceral resultante produziu grandes mudanças na maneira da maioria considerar uma questão. Por exemplo, apesar de ser uma empresa liberal em muitos aspectos, a Hewlett-Packard inicialmente decidiu não conceder benefícios a parceiros de longa data de funcionários homossexuais. Diante da evidência dramatizada de discriminação e privação, a gerência sênior revogou sua decisão original. O drama colocou os espectadores na desconfortável posição de sentir diretamente o que seus colegas tinham lhes contado antes em termos gerais. As leituras dramáticas forçam a platéia a ver a vida através dos olhos da minoria. A experiência indireta contesta suposições confortáveis e compele a atenção para opiniões divergentes.

Bem, temos algumas técnicas para evitar a convergência prematura. Mas o trabalho do gerente também é ajudar o grupo a criar a variedade indispensável, isto é, o grande menu de opções do qual selecionar possíveis soluções, mercado ou oportunidades de serviço. Os membros do grupo indubitavelmente *querem* ser criativos. Entretanto, não se pode pedir criatividade como se pede uma caneca de cerveja. Você pode precisar de algumas técnicas e ferramentas para dar a partida a suas imaginações. Algumas dessas técnicas são usadas dentro do próprio grupo; para outras, o grupo precisa olhar além das próprias fronteiras.

A HEURÍSTICA DA VIABILIDADE, OU O EFEITO DA VIVIDEZ

É mais provável que você seja morto por um alce ou por um urso pardo? Existem mais palavras que comecem com a letra *k* ou que tenham o *k* como terceira letra? Provavelmente é mais fácil visualizar uma alternativa que outra: as garras mortais do maior carnívoro do mundo; muitas palavras que começam com *k*. A tendência de acreditar que algo é mais verdadeiro ou mais provável de acontecer se pudermos imaginá-lo nitidamente é chamada de "heurística da viabilidade." Em muitos casos, a heurística da viabilidade nos dá uma representação exata da realidade; em outros, contudo, somos induzidos a erros. Muito mais pessoas são pisoteadas ou chifradas por alces que machucadas por ursos; existem muito mais palavras com *k* como terceira letra que como primeira. Contudo muitas, se não a maioria, das pessoas provavelmente superestimariam a probabilidade de cada um desses eventos menos plausíveis. A lição aqui? Torne algo vívido, tal como as dramatizações nas leituras dramáticas, e é mais provável que os observadores o imaginem, então, achando-o mais plausível – uma força poderosa para gerar novas opções possíveis.[22]

CRIANDO OPÇÕES DENTRO DO GRUPO

Brainstorming

Provavelmente a técnica mais conhecida para gerar opções é o *brainstorming*. As sessões de *brainstorming* variam de inteligentes e úteis a banais e improdutivas – o que um gerente entrevistado denominou "masturbação intelectual." A diferença, como em tantas técnicas, está no processo e no objetivo: como se conduz a sessão de *brainstorming* e qual é seu propósito. Estudos em laboratórios de psicologia demonstram consistentemente que indivíduos trabalhando sozinhos sugerem idéias em maior quantidade e melhores do que trabalhando em grupo, e quanto maior o grupo, maior a disparidade.[23] Por quê? Constrangimento e ansiedade devido ao ser avaliado por outros membros do grupo e incapacidade inerente de ouvir simultaneamente os outros enquanto se cria as próprias idéias.

Embora os experimentos geralmente usem estudantes universitários para fazer *brainstorming* de assuntos um tanto triviais (p.ex., "E se as pessoas tivessem dois polegares em cada mão?"), não devemos ignorar as lições do laboratório do pesquisador. As pessoas podem achar que os outros considerarão suas idéias estúpidas. Elas podem esquecer as próprias idéias enquanto as outras estão falando. A menos que administrados cuidadosamente, os *brainstorming* conseguem apenas promover a *ilusão* de que o grupo está sendo criativo. Por exemplo, as pessoas costumam preferir sessões de *brainstorming* em grupo à geração individual de idéias. Elas acham que foram mais criativas e prolíficas em grupos, mesmo se existe prova em contrário. Então, devemos usar *brainstormings* ou não?

A lição que tiramos é que o *brainstorming* em grupos é melhor que não dedicar tempo algum para gerar opções. Em alguns casos, *grupos nominais* – membros trabalhando isolados na mesma tarefa – podem ser a melhor maneira de se proceder.[24] Mas quando facilitada habilmente e trabalhando com questões substantivas tais como "Como podemos sobreviver a esta crise?" em vez de uma superficialidade sobre polegares, um grupo de *brainstorming* pode geralmente equiparar-se aos grupos nominais no número e na criatividade de idéias. Além disso, os proponentes de *brainstorming* podem criar coragem com um estudo mostrando que, ao se instruir indivíduos e grupos a produzirem uma idéia *melhor*, em vez de *muitas* idéias, os grupos se saíram melhor que os indivíduos.[25] Também é comum combinar as técnicas nominais e de *brainstorming* fazendo os indivíduos gerarem suas idéias como anotações em blocos *Post-it*. O facilitador então pode recolher os "adesivos amarelos" e ordená-los de acordo com algum esquema de categoria ou pode deixar o grupo desenvolver o esquema. Quando os adesivos estiverem ordenados por categoria, o grupo, então, pode lhes fazer acréscimos como um grupo, usando as mesmas regras de *brainstorming*.

Uma variante do *brainstorming* tradicional destinada a eliminar o bloqueio de idéias é o *brainstorming eletrônico*. Os participantes digitam suas idéias, enquanto as idéias dos outros membros aparecem em uma janela separada na tela. Os participantes de *brainstorming* eletrônico são estimulados a ler as contribuições dos outros e a fazer-lhes acréscimos. A evidência sugere que, como os participantes ficam livres para se concentrarem na produção de idéias próprias, são geradas mais idéias comparado ao *brainstorming* tradicional.

Nós estamos voltando mais uma vez à importância dos modos de pensar. Com certeza existem pessoas que prefeririam sentar diante de suas telas de computadores e interagir eletronicamente com seus colegas membros do grupo. Mas, como isso funcionaria para indivíduos altamente verbais, voltados para imagens, em agências de publicidade ou firmas de projeto? Ou quando uma parte importante da sessão de *brainstorming* envolve manipular objetos físicos?

Tomemos como exemplo a IDEO, uma das principais firmas de projetos e engenharia dos Estados Unidos. Quase todo projeto inclui algum *brainstorming*. Um "*brainstorming*" da IDEO reúne membros do pessoal com habilidades diversas – fatores humanos, engenharia mecânica, desenho industrial e, freqüentemente, um cliente – para gerar idéias de produto. Um membro do pessoal selecionado por experiência em facilitação conduz a reunião face a face. Todos conhecem as regras, mas elas também estão reproduzidas em volta, no alto das paredes da sala geralmente usada para essa finalidade: "adie o julgamento; desenvolva as idéias dos outros; uma conversa de cada vez; concentre-se no assunto; estimule idéias imprevisíveis." As pessoas da IDEO levam vantagem sobre muitos de nós porque conseguem tirar conclusões. No fim da sessão, além das palavras no quadro branco, existem esboços na lousa e no papel cobrindo a mesa à qual os participantes se sentam. Observe que as regras estimulam o tipo de associação livre que as pessoas geralmente consideram *brainstorming*, mas dentro de limites. Um *brainstorming* de sucesso deve ter um assunto entendido com clareza, um facilitador experiente, meios para captar idéias e linhas de conduta aceitas.

Interpretação de papéis

Na maior parte, paramos de interpretar papéis quando chegamos à adolescência. Entretanto, a interpretação de papéis, como o *brainstorming*, pode abrir comportas de informações. Quando a MTV precisou de um novo programa de jogos em 1996, os funcionários saíram das instalações para fazerem um "*game-storm*" (*brainstorming* sobre jogos). Passaram um dia recordando passatempos infantis como "capturar a bandeira", jogando realmente jogos de tabuleiro de crianças e analisando programas de jogos da TV. O grande sucesso de 1997, *Figure It Out*, veio do *game-storm*; o executivo Kevin Kay adotou idéias do jogo *20 Questions* e dos programas de TV *I've Got a Secret* e *The David Letterman Show*.[26]

Um dos recursos atraentes da interpretação de papéis é que tem um botão de avanço rápido e também reverso. Você pode experimentar o futuro. Quando a Interval Research, uma empresa que pesquisa interessados em novos produtos de mídia, quis observar como as pessoas usariam um videofone, encenaram uma "informance", uma representação informativa por membros do pessoal atuando para ver como amigos tentando organizar um jantar pelo videofone poderiam interagir. No processo, eles perceberam que quem controla o "olho" do vídeo era muito importante. Quando um participante sugeriu que a pessoa que telefonou queria ser capaz de olhar em redor da sala, um ator do outro lado objetou. "Eu poderia estar sentado aqui de cuecas ou sei lá o quê," disse. "Não quero que ele seja capaz de ver aqui."[27] A interpretação de papéis levanta questões que poderiam não acontecer em discussões teóricas.

Às vezes, interpretar de forma realista o papel de usuários exige adaptação significativa. Imagine o desafio da Interval Research para conseguir um grupo de pesquisadores na casa dos vinte anos para projetar interfaces com equipamentos eletrônicos para pessoas mais velhas usarem. Como poderia a Geração X, projetistas viciados em academias de ginástica, entender os desafios de um corpo mais idoso? Certo, você poderia levá-los para visitar alguns asilos ou conversar com seus avós. Mas suas observações ainda estariam distantes da experiência. Muito melhor se os projetistas *sentirem* o que é habitar um corpo de oitenta anos, para que seus projetos sejam adequados. A resposta? Dê-lhes luvas para reduzir a destreza, óculos lambuzados com Vaselina para imitar a visão embaçada e pesos em seus braços e pernas para simular músculos alquebrados – e *então* deixe-os encenar interações com a tecnologia proposta.

Alguns grupos até contratam atores para simular o futuro. Na Intel, os desenvolvedores dos *chips* semicondutores da próxima geração queriam dar uma espiada no futuro para ver possíveis aparelhos de comunicação. Depois de visitar famílias em suas casas para entender como pais e filhos em civilizações ocidentais burguesas se comunicam, eles contrataram atores para interpretar a correria matinal "habitual" em um lar de subúrbio de classe alta, usando um aparelho futurista que se prendia ao refrigerador. Esse aparelho imaginário (representado no vídeo como um pequeno computador com videofone de mão) capturava mensagens de vídeo entre os membros da família, tais como os lembretes da mãe, gravados de manhã para as crianças repetirem quando chegassem em casa. ("Arrume a mesa; termine sua lição de casa antes de ligar a televisão," etc.). Também gravava a lista de supermercado e servia de interface para a Internet. O que a Intel aprendeu com esses exercícios? Os funcionários que assistem ao vídeo ampliaram suas visões do futuro – onde e como seus *chips* poderiam ser usados. Essas visões, por sua vez, levam à especulação sobre a potência e as capacidades que esses *chips* precisariam para acomodar tal variedade de tarefas de comunicação.

A Idea Factory, de John Kao, em São Francisco, mantém um grupo de improvisação ocupado representando cenários do futuro criados por clientes. Em mais de uma ocasião, um vice-presidente, geralmente sério, de repente pulou de sua cadeira de espectador para participar da improvisação para chegar onde queria. O processo de encenação puxa os clientes para o futuro através de suas próprias imaginações. Eles nunca esperam se juntar aos artistas e se sentiriam tolos se você lhes dissesse que iriam. Mais uma vez, contudo, eles abrem opções que poderiam nunca ter ocorrido através da reflexão analítica sóbria.

Excursões à gaveta do arquivo

Imagine o seguinte: você está sentado em uma sessão de *brainstorming* na premiada firma de projetos e engenharia IDEO. O grupo apresentou uma nova idéia promissora de produto, mas seria necessário extrair calor de uma superfície muito rapidamente – na verdade, quase instantaneamente. Uma das engenheiras se levanta de repente e, sem uma palavra, deixa a sala para voltar com uma xícara de água escaldante e alguns tubos de cobre da forma e comprimento de canudos para bebidas. Ela põe a xícara sobre a mesa e passa a você o tubo de cobre. "Coloque-o na xícara," diz ela. Você o coloca, e fica pasmo em constatar que o tubo fica quente imediatamente. Você quase o derruba com sua surpresa. Você tinha esperado que o tubo esquentasse da mesma maneira que uma colher no café quente, levando no mínimo dez segundos. Se trabalhasse na IDEO, saberia onde ela arranjou os tubos: na "Caixa de Tecnologia," um arquivo de seis gavetas em que moram sucatas oriundas de mesas de artistas e engenheiros e também novas "coisas legais" trazidas pelos funcionários especificamente para aumentar a coleção. Os dois indivíduos que servem de "curadores" da coleção decidem se é necessário acrescentar algo. As seis gavetas que guardam a coleção de objetos físicos e materiais são etiquetadas como "Termo Tecnologias; Materiais Surpreendentes; Mecanismos Legais; Tecnologias Eletrônicas; Processos de Fabricação Interessantes; e Luz e Óptica." As etiquetas apenas sugerem a multiplicidade de conteúdo: espuma especial que pode ser comprimida quase infinitamente e voltar de novo ao seu volume original; tiras de metal que guardam na memória sua forma original quando reaquecidas, independentemente de como foram torcidas durante o uso; materiais super pesados; uma solução salina super saturada que emite calor quando é transformada quimicamente em um sólido; esferas ocas menores que o diâmetro de um cabelo humano que podem ser enchidas com líquidos ou gases e se dissolverem para liberar seu conteúdo. A caixa é como um menu, ou uma paleta de artista. Durante os *brainstorming*, engenheiros e projetistas muitas vezes saem precipitadamente para ir buscar uma amostra de algum material ou um componente para apoiar uma idéia ou sugerir uma possível solução para um problema. Ou os engenheiros e projetistas freqüentemente abrem uma gaveta e manuseiam o conteúdo só para buscar inspiração. Por que guardar objetos físicos em vez de fotografias ou descrições em texto? Um dos curadores da Caixa de Tecnologia da IDEO, Dennis Boyle, explica que "algumas dessas coisas são tão não-óbvias, tão não-intuitivas, que você precisa realmente experimentá-las para acreditar nelas." Rickson Sun, o outro curador, acrescenta, "Acho que existe um mecanismo no cérebro que ajuda a lembrar de experiências muito mais efetivamente do que recordar dados."[28]

Metáforas e modelos da natureza

Que tal usar a Mãe Natureza como fornecedora de idéias inovadoras? David Liddle, diretor e co-fundador da Interval Research, argumenta que a natureza resolve bem os problemas devido a suas maneiras "despreocupadas e aleatórias." Enquanto os humanos contam com uma estreita gama de soluções baseadas em processos lógicos, a natureza adota um método de tentativa e erro que testa muito mais soluções em potencial. Às vezes, ela ajuda oferecendo-nos um modelo funcional direto, resolvendo problemas técnicos para nós. O que faríamos se George de Mestral não tivesse ficado com seu paletó coberto de carrapichos? Não teríamos esse prendedor onipresente para tudo, desde sapatos até adolescentes de ponta-cabeça em paredes – o Velcro. (O nome se deriva de *vel*udo e *cro*chê.) Claro, as pessoas tiram carrapichos desde quando usávamos peles de tigre-de-dentes-de-sabre, e ninguém mais tinha pensado em aproveitar (e em ganhar milhões de dólares) a tenacidade com que os carrapichos grudam.

Nem sempre podemos entender as receitas da natureza. Se os fabricantes de cola puderem algum dia decifrar como a craca fabrica a cola subaquática mais adesiva do mundo, terão uma inovação vitoriosa. As aranhas – especialmente as aranhas arredondadas douradas da Flórida – ainda detêm o recorde mundial de materiais ultrafortes. Os humanos precisam de ácidos, temperaturas elevadas e fábricas controladas cuidadosamente para fazer uma fibra forte, mas essas aranhas tecem seda mais forte que aço em soluções aquosas à temperatura ambiente. Especialistas em "biomimetismo" da Universidade Cornell estão decodificando a estrutura da seda da aranha, para sintetizar genes que produzam fibra ainda mais forte do que a das aranhas.[29]

Até os *nerds* de computador roubam idéias da Mãe Natureza. "Nossa visão da ciência da computação é racional, mecanicista. Mas a natureza acaba fazendo coisas de maneiras que nunca imaginamos," diz David Liddle. A equipe criativa da Interval Research que trabalha em um programa antivírus inclui a professora de ciência da computação da Universidade do Novo México, Stephanie Forrest, e o imunologista teórico do Los Alamos National Laboratory, Alan S. Perelson. O *software* que eles projetaram em conjunto ataca os vírus de computador desconhecidos imitando a capacidade do sistema imunológico do corpo para identificar moléculas estranhas. "Penso realmente que nossos sistemas de computadores são muito complicados, não podemos usá-los efetivamente até fazermos com que se pareçam mais com um sistema biológico," diz Forrest.[30]

Mesmo quando a Mãe Natureza não fornece a receita funcional, ela ainda oferece "uma enorme biblioteca de metáforas de projetos [e abre] uma ampla faixa de possibilidades."[31] A empresa Thinking Tools, trabalhando com a Texas Instruments, pegou algumas sugestões da habilidade náutica do salmão para encontrar seu caminho de volta até um rio de desova e projetar um sistema de distribuição informatizado. As empresas de marinha mercante poderiam despachar produtos mais eficientemente para áreas muito distantes, raciocinaram eles, se cada pacote pudesse "procurar" a melhor rota.

Seguindo as mesmas linhas, Paul Kantor, professor da Universidade Rutgers, observou que as formigas deixam trilhas de feromônio para ajudar as outras formigas a encontrarem comida. Ele explorou essa observação em uma subvenção de 1 milhão de dólares da Defense Advanced Research Projects Agency para desenvolver o Ant World Server ("Servidor Mundial Formiga") para ajudar os navegadores da Internet a encontrarem informações. Os usuários da Internet que buscam informações específicas criariam "trilhas digitais de feromônio" que poderiam ser usadas por outros procurando informações semelhantes. "Nossa metáfora pergunta, 'Por que os seres humanos não podem ser tão inteligentes quanto as formigas para procurar informações?' "[32] Por que não, de fato?

O que todas essas pessoas têm feito é dissecar seu problema nas *funções desejadas* (p.ex., adesão ou repulsão, agregação ou reflexão, navegação ou identificação) e, então, perguntar como a natureza já realizou essa tarefa. Os grupos criativos podem usar essa técnica para criar opções que, de outra forma, poderiam não ocorrer a seus participantes.

CRIANDO OPÇÕES: ALCANCE DO GRUPO

Os gerentes de grupos criativos precisam ser agentes de viagens físicas e também mentais. Trabalhar dentro do grupo não é a única maneira de criar novas opções. Várias técnicas envolvem gastar a sola do sapato.

Visitas a divergentes

É difícil produzir atrito criativo quando estamos isolados ou cercados de pessoas como nós. Podemos enriquecer o conjunto de idéias visitando pessoas e ambientes que sejam "estranhos", ou seja, fora de nossas redes normais. Esses estranhos podem ser encontrados em todo lugar: fora do nosso grupo, mas em outra parte da organização, ou totalmente fora da organização. As visitas a esses estranhos podem desenvolver conhecimento novo, expor-nos a abordagens de um problema em que nunca pensaríamos ou mesmo inspirar uma definição diferente de um problema. Grupos que se isolam daqueles imediatamente fora da equipe ou fora da organização correm o risco de ficarem rapidamente sem idéias novas. A pesquisa sobre equipes de novos produtos em firmas de alta tecnologia descobriu que as equipes de contato mínimo com aqueles fora da equipe foram as menos inovadoras e produtivas.[33]

Paul Horn da IBM Research sugere funções subdefinidas, para que as pessoas saiam de seus papéis específicos. "Estimulamos cientistas e pesquisadores a se aventurarem longe do seu domínio, como especialistas em semicondutores, física, matemática e ciência da computação. Hoje, mais de 25 por cento do tempo dos pesquisadores é usado trabalhando fora do laboratório com clientes em projetos inéditos."[34] Essas visitas serão valiosas se estivermos preparados para observar, absorver e aplicar a experiência de novo no momento em que dispara a necessidade de criatividade. Stanley Gryskiewicz, vice-presidente de recursos globais do Center for Creative Leadership em Greenboro, Carolina do Norte, segue o plano "N + 1" quando programa conferências do setor. Além das várias conferências das quais planeja participar todo ano, ele vai a uma sobre um assunto fora de sua área de especialização.[35]

Mas você pode não precisar ir longe para identificar estranhos úteis e suas idéias; eles podem estar espreitando no corredor. Em seu estudo de inovação em firmas da indústria de computadores, Brown e Eisenhardt descobriram que as empresas inovadoras tinham comunicação extensiva entre projetos. Um gerente observou, "Antigamente, era um símbolo de honra não usar as idéias dos outros ou aperfeiçoá-las... agora, todos tomam emprestadas as coisas de todos, o ciclo é simplesmente curto demais e a pressão é tão intensa."[36] A Raychem Corporation até recompensa furto! Os funcionários que furtam com êxito idéias de outra parte da empresa ganham um troféu "Não Foi Inventado Aqui" e um certificado que declara, "Roubei a idéia de outra pessoa e estou usando-a." Mas não se derramam lágrimas para a "vítima," que também recebe um certificado que declara, "Tive uma grande idéia e fulano a está usando."[37]

Projeto empático

Clientes, clientes dos clientes e não-clientes, todos são estranhos informantes – mas não necessariamente se você lhes *perguntar* algo. Isso provavelmente parece contraditório. Como você pode aprender algo com os clientes se não fizer uma pesquisa de mercado? Você pode. Na verdade, sustentamos que conseguirá idéias mais radicais de clientes reais e potenciais se *não* fizer uma pesquisa de mercado *tradicional*. Não é que você não possa aprender com levantamentos, grupos-foco e estudos em centros comerciais. Claro que pode. O primeiro impulso que muitas pessoas têm quando estão diante de uma oportunidade ou necessidade de inovar é enviar um questionário para perguntar às pessoas o que elas precisam, ou fazer reuniões com os grupos-foco para discutir necessidades do ambiente na ocasião dos acontecimentos. Não há nada inerentemente errado com esses métodos (embora a elaboração do questionário exija mais sofisticação do que poderia suspeitar um leigo), exceto que eles limitam as opções que serão levantadas. As pessoas *não podem* lhe falar sobre necessidades que não sabem que têm, *não lhe falarão* sobre aquelas que as constrangem por alguma razão, *dirão* o que pensam que você deseja ouvir, e *profetizarão* alegremente comportamentos que nunca terão. Em suma, pelas melhores razões, com os melhores motivos, e muitas vezes de forma totalmente inconsciente, as pessoas podem ser incompetentes.

Pense nisso desta forma: suponha que esteja viajando por um país conhecido cujo idioma você domina. Você (geralmente) sabe onde quer ir e tem alguns mapas bons, embora não-detalhados. Você pode sempre começar pela estrada certa e parar e fazer perguntas adequadas e obter respostas sensatas que o guiarão. Da mesma forma, se um produto ou serviço é conhecido, você pode perguntar aos clientes sobre preferências excessivamente sutis. Digamos que está no mercado em busca de um carro. Que nível de ruído você gostaria que ele tivesse? A maioria das pessoas poderia responder essa pergunta: "silencioso," ou "como um ronrom," ou "um ronco baixo." E os projetistas de veículos podem agradecer. Eles sabem como projetar som. Os aficionados das motocicletas Harley-Davidson conseguem distinguir o som de seus motores do

PROCURANDO RAZÕES: AS PESSOAS PODEM SER INCOMPETENTES

Os psicólogos Richard Nisbett e Timothy Wilson analisaram um grande número de estudos, incluindo alguns próprios, para determinar exatamente como as pessoas criteriosas tratam as razões do próprio comportamento. Nisbett e Wilson acham que as pessoas fazem afirmações que "podem apresentar pouca semelhança com os eventos reais." (p. 247) Em um dos estudos clássicos de criatividade de N. R. F. Maier, duas cordas eram penduradas no teto, muito distantes para ambas serem alcançadas ao mesmo tempo. Quando se pedia para amarrarem as pontas, era improvável que a princípio as "cobaias" pensassem na solução (criar um pêndulo amarrando um objeto pesado na extremidade de uma corda e balançá-lo ao alcance) até que Maier "acidentalmente" provocou o balanço de uma corda esbarrando nela. Entretanto, poucas "cobaias" relataram com precisão que esse ato estimulou seu pensamento.

Em um exemplo mais dramático da incapacidade das pessoas de acessar o próprio raciocínio, Nisbett e Wilson apresentaram às pessoas um vídeo de um professor que falava inglês com sotaque europeu. Em uma versão do vídeo, ele estava cordial e entusiasmado; na segunda, estava frio e intolerante com seus alunos. Pediram às cobaias para classificar não somente a simpatia do professor, mas três atributos – sua aparência física, maneirismos e sotaque – sendo que todos os três eram idênticos nas duas fitas. Não foi nenhuma surpresa constatar que, as cobaias que viram a versão cordial gostaram mais dele e também classificaram seus atributos mais favoravelmente. Entretanto, as cobaias negaram que gostar ou não gostar do professor influenciou as classificações dos seus atributos. Na verdade, as cobaias que viram a versão fria sustentaram que sua razão para não gostar dele foi *devido* a aversão por sua aparência, maneirismos e sotaque, o *contrário* do que aconteceu realmente. Eles não perceberam que a relativa cordialidade ou frieza do professor estava de fato influenciando a avaliação de seus atributos.[38]

---

das outras, e podem até descrevê-lo. A Harley-Davidson processou a Honda por imitar o som dos motores de suas motocicletas! Eis uma outra pergunta que as pessoas podem responder: Que cheiro você gostaria que seu carro novo tivesse? Quase todos (se hipoteticamente você lhes der uma carteira recheada) dizem: "de couro." Quando a Nissan Design International estava pesquisando preferências em cheiros de couro para o Infinit J-30, eles colocaram noventa pedaços de couro embaixo dos narizes das pessoas e isolaram os três que venderiam no mercado norte-americano. (Eis que, todos os três eram couros feitos nos Estados Unidos. Evidentemente, até nossos narizes são etnocêntricos!) Como os possíveis clientes podem dar essa orientação sofisticada ao processo criativo? Pense no seu conhecimento de carros. Você tem uma longa história de experiência em que se basear. Você entende de ruído, de cheiro e de aparência de carros.

Em muitos casos, entretanto, o grupo diante da oportunidade de criatividade deseja identificar opções que ainda *não* estão bem entendidas, ou para as quais não existe qualquer modelo corrente. Em vez de estar em um país conhecido em que todos falam sua língua, você é um estrangeiro em uma terra desconhecida. Então como pode *perguntar* às pessoas o que elas desejam? Nós batizamos um dos mais poderosos conjuntos de técnicas para criar opções de "projeto empático." O *projeto empático* é um conjunto de técnicas, um processo para desenvolver uma empatia profunda com o ponto de vista de outrem e usar essa perspectiva para estimular conceitos de projeto novos.[39] Essas técnicas são mais severamente usadas no desenvolvimento de novos produtos, mas são aplicáveis sempre que você precisar criar opções.

Eis a premissa central fundamental do projeto empático: as pessoas geralmente não conseguem enunciar o que desejam ou de que precisam em uma inovação. Os grupos que assumem um projeto empático são como antropólogos explorando uma cultura estrangeira. Seu objetivo é internalizar um entendimento profundo do ambiente em que a população-alvo vive, trabalha e se diverte, ou seja, "virar um nativo." Eles levam consigo seu próprio conhecimento profundo das capacidades de sua organização, isto é, a especialização que podem trazer para a cultura estrangeira. A especialização pode ser tecnologia, habilidades ou processos. Então os exploradores conseguem identificar necessidades que conseguiriam satisfazer criativamente, opções de inovação que os cliente nunca pedirão. Na base do projeto empático, portanto, está a *observação*. Às vezes, você nem precisa observar o comportamento, apenas a prova material esquecida. Outras vezes, porém, você precisará acompanhar as pessoas em suas rotinas diárias, observando o comportamento real enquanto ele ocorre.

Por que a observação estimula opções que não surgiriam através de perguntas? Uma razão é que as memórias das pessoas são necessariamente seletivas. Idéias, necessidades e desejos nos ocorrem enquanto estamos no processo de usar de fato um produto, ou fazer uma atividade que podemos não recordar mais tarde ao refletir sobre ela. Sem dúvida, você teve centenas de idéias ao longo de linhas de "Por que eles não podem fazer isso..." enquanto dirigia seu carro, fazia uma reserva de viagem, usava uma ferramenta de jardinagem ou um computador – até tentou abrir a porta da maneira errada porque a maçaneta informa claramente "puxe" quando você tem de empurrar para abri-la! Os pesquisadores da Colgate-Palmolive faziam os familiares filmarem as pessoas nos afazeres domésticos em suas casas para registrar observações do seu fluxo de consciência sobre o que estavam fazendo. O que se viu? Pessoas comentando o cheiro de produtos, ou a falta de cheiro. Pessoas combinando produtos de maneiras incomuns – misturando sabões de lavagem de roupa com detergentes de lavar louças para branquear cortinas, ou enchendo

MEDIDAS DISCRETAS

Psicólogos e sociólogos há muito estão cientes das dificuldades em se obter informações das pessoas simplesmente fazendo-lhes perguntas. Como vimos no último suplemento de pesquisa, as pessoas às vezes pensam que sabem o que causou seu comportamento, mas estão erradas. Em outros casos, elas não sabem e não conseguem dizer; em outros ainda, elas sabem, mas não dirão ou não poderão dizer (talvez porque falte discernimento sobre suas próprias preferências ou suas respostas sejam nubladas por um desejo de parecerem "normais" ou, senão, boas aos olhos do entrevistador). Em um trabalho agora clássico, um grupo de psicólogos catalogou várias técnicas gerais para extrair informações das pessoas sem seu conhecimento.[40]

- *Medidas de "erosão"*. A popularidade dos itens expostos em museus é determinada observando-se a freqüência com que os ladrilhos em frente a eles são substituídos.
- *Medidas de "acréscimo"*. Durante a "Grande Escavação" em Boston, no fim da década de 90, os arqueólogos tiveram acesso prévio aos locais de escavação da nova estrada. Eles descobriram que privadas, e o que nossos ancestrais jogaram dentro delas, há muito enterradas através dos séculos, eram uma fonte de conhecimento da antiga vida quotidiana colonial.
- *Medidas de arquivos*. Um sociólogo da Filadélfia catalogou as licenças de casamento registradas e descobriu que a probabilidade de duas pessoas se casarem variava diretamente com a proximidade das casas das famílias das duas pessoas. Sir Francis Galton até usou arquivos no século 19 para determinar a eficácia da oração! Raciocinando que muito freqüentemente se orava pelas famílias reais, ele sugeriu que elas, portanto, deveriam ter vidas longas, se a oração ajudasse. Em vez disso, descobriu que o tempo de vida médio da realeza era de apenas 64,04 anos, o de escritores e cientistas de 67,55 anos e da pequena nobreza de 70,22 anos.
- *Medidas de observações*. Para determinar a popularidade de várias estações de rádio, mecânicos de automóveis foram instruídos a verificar as posições dos botões do rádio e informá-las ao investigador. Medidas mais elaboradas incluem armar as cobaias das pesquisas com *pagers*, bipá-los a intervalos aleatórios e perguntar-lhes o que estão fazendo naquele momento.

uma garrafa vazia de limpador de vidros com outro produto para aproveitar um mecanismo de pulverização melhor.

Nem sempre conhecemos nossas preferências. Quando está lendo um mapa, você o vira para que o norte fique em cima ou o orienta para a direção em que está indo? Projetistas da IDEO trabalhando no sistema de navegação de um carro descobriram que as pessoas diferem na maneira de ler mapas. Essa descoberta – nunca mencionada em entrevistas – aconteceu porque os projetistas observaram pares de pessoas virando constantemente os mapas enquanto discutiam os caminhos.

Além disso, desenvolvemos rotinas para enfrentar problemas – soluções alternativas ("jeitinhos"). Faça isso por muito tempo e, no fim, não perceberemos qualquer necessidade de aprimoramento. A maioria dos usuários de computador inexperientes (e um número surpreendente de especialistas) tem rituais primitivos para apaziguar os demônios que estão escondidos debaixo do teclado. ("Desligue a máquina duas vezes sucessivamente e o *mouse* funciona; conte até três antes de clicar de um aplicativo para outro ou o computador pode travar.") Entretanto, se os projetistas de *software* de computador estivessem nos vendo, supondo que pudessem evitar cair em gargalhada histérica, eles aprenderiam como seus programas nos desapontam. Poderíamos pensar em lhes contar sobre todas as danças da chuva do teclado que fazemos, mas a probabilidade é que não nos lembraríamos de todas.

Quando a firma de desenvolvimento de produtos Sundberg-Ferar estava ajudando a Rubbermaid a desenvolver um novo andador para adultos com mobilidade limitada, eles se reuniram em casas de repouso com grupos-foco de pessoas usando andadores. "O que poderíamos fazer para melhorar seus andadores?" eles perguntaram. "O que não lhe agrada neles?" Os participantes balançaram as cabeças. Eles gostavam de seus andadores como eram. Não, eles não poderiam sugerir quaisquer aprimoramentos se o andador pudesse ser redesenhado a partir do zero. Os pesquisadores desistiram e dispensaram os membros do grupo. Somente quando os respondentes se levantaram e pegaram seus andadores para sair da sala, os pesquisadores descobriram que uma mulher tinha amarrado uma cesta de bicicleta a seu andador com cordões de sapato; um homem tinha adaptado um suporte para seu telefone sem fio com fita isolante; outro tinha pendurado um porta-copos automotivo em seu andador! Eles não tinham pensado em mencionar aos pesquisadores esses pequenos acréscimos caseiros. Essas observações levaram a Sundberg-Ferar a projetar uma bolsa de malha flexível embutida nos andadores, proporcionando o que a Rubbermaid chamou de VCA, uma vantagem competitiva convincente.[41]

As atividades geralmente têm um conteúdo emocional ou psicológico inexplorado por questionários ou pesquisas.[42] A Kimberly-Clark lançou uma nova linha de fraldas de muito sucesso após visitas domiciliares da firma de projetos GVO. Os projetistas reconheceram que tanto as crianças entre um e três anos quanto seus pais ficavam constrangidos com as fraldas, mas as crianças pequenas ainda precisavam delas. Como um passo para as roupas "adultas," a equipe de projeto desenvolveu as Huggies Pull-Ups que satisfizeram as exigências dos egos dos clientes – e mantiveram as crianças secas.[43] A MTV envia pesquisadores ao campo para investigar em casas de estudantes, armários e coleções de CDs de jovens de dezoito a vinte e quatro anos, porque os adolescentes mais jovens anseiam em ser iguais a esses modelos mais velhos. Os consumidores mais jovens geralmente não admitem ou não entendem o impacto psicológico dos outros em suas preferências, mas a MTV pode prever o que os usuários irão desejar.[44]

As pessoas também deixam de identificar opções em entrevistas simplesmente porque não sabem o que é possível, ou seja, o que seu grupo pode fazer. Você pode ter uma solução técnica para um problema que não ocorreria para alguém com menos especialização. A empresa de produtos de madeira Weyerhaeuser estava a ponto de perder muitos negócios, pois um de seus clientes, um fabricante de móveis importante, estava laminando junto tábuas finas produzidas por concorrentes da Weyerhaeuser para fazer pernas de mesas baratas. A Weyerhaeuser não era capaz de igualar os preços dos concorrentes nem de convencer o cliente a pagar mais por qualidade superior. Depois de uma visita à fábrica do cliente, os engenheiros da Weyerhaeuser apresentaram uma maneira totalmente nova de fazer pernas de mesas, uma nova madeira compensada muito mais grossa que não precisava ser laminada. As economias resultantes para os clientes em custos de ferramentaria e mão-de-obra colocaram a Weyerhaeuser de volta na corrida competitiva.

A busca ao que é "legal"

Relacionada com o projeto empático está a busca ao que é "legal" – o bizarro, o diferente, a quebra de normas. A expressão "busca ao que é legal" vem da indústria da moda, e implica localizar o que as pessoas estão fazendo individualmente que pode ser adotado por um segmento maior do mercado. O conceito subjacente é estender os limites de suas opções buscando exemplos de soluções extremos, não-tradicionais e possivelmente idiossincráticos antes de se tornarem populares. Por isso, por exemplo, quando os olheiros viram crianças usando calças largas ou vestidas todas de preto ou pintando as unhas de verde, pensaram: "Ei! esse estilo estranho poderia se tornar uma tendência se apoiado e promovido pela indústria." Quando a olheira da Converse, DeeDee Gordon, estava em Los Angeles, viu adolescentes brancas se vestindo como *cholos*, ou bandidos mexicanos, usando camisetas regatas brancas justas conhecidas como "batedores de esposa", uma alça de sutiã aparecendo, bermudas compridas, meias soquetes e chinelos de banho. Como se recorda, ela voltou para contar ao colega olheiro Baysie Wightman, "Estou lhe dizendo, Baysie, isso vai fazer sucesso. Há gente demais usando. Temos que fazer um chinelo."[45] E fizeram, readaptando o Converse One Star, que era muito conhecido e usado, removendo a parte de trás e colocando nele um sola grossa. O chinelo foi um sucesso imediato e duradouro. Aconselhada por olheiros, a Sony projetou seu *walkman* para usuários atléticos, o *Freq*, com braçadeiras resistentes, como correntes, pois tinham notado o surgimento de correntes como decoração entre os "descolados". Quando a Youth Intelligence, uma firma de New York, sugeriu à gigante das telecomunicações Sprint que as tatuagens se tornariam populares, a Sprint usou tatuagens temporárias como parte de sua promoção de cartões de visita visando estudantes. O programa produziu o dobro do número de pedidos esperado.[46]

Os olheiros, como as equipes de projeto empáticas, consomem muito filme e vão onde está o conhecimento, ou seja, onde os garotos "legais" passam o tempo. Gordon passou horas, naquele então "legal", a área de New York SoHo, tirando fotografias de todos os que passavam. Wightman observa *skatistas* e esquiadores para ter idéias. Com certeza, é difícil entender como os olheiros conseguem suas idéias, mas depois de acompanhar alguns durante algum tempo, um escritor concluiu que

> a chave para buscar o que é legal... é procurar primeiro pessoas *legais* e depois coisas *legais*, e não o contrário. Como as coisas legais estão sempre mudando, você não pode procurá-las, pois o simples fato de serem legais significa que você não tem idéia do que procurar. O que poderia fazer é lembrar o que era legal antes e extrapolar, o que é quase tão útil quanto presumir que porque o [índice] Dow [Jones] subiu dez pontos ontem, subirá outros dez pontos hoje. Pessoas legais, por outro lado, são uma constante.[47]

A maior parte da busca ao que é legal é feita entre os jovens e desinibidos e também, possivelmente, inexperientes. Portanto, por exemplo, se você estivesse planejando uma nova revista, o que poderia aprender visitando algumas páginas da Internet muito pequenas montadas por publicações iniciantes? Embora as viagens de procura pelo legal sejam feitas principalmente por organizações voltadas para moda em busca de idéias para novos produtos, o processo de gerar opções buscando os comportamentos estranhos de possíveis formadores de tendências tem aplicação mais ampla.

Benchmarking de atributo

Quase todos conhecem *benchmarking* pelo menos o tipo comum. Você manda uma força-tarefa para comparar seu desempenho ou processo com o de outra organização. É uma atividade onde todos ganham. Se o outro grupo faz melhor que o seu, você pode imitar. Se fazem pior, você pode cantar vitória (quando estiver de volta em casa). Há livros inteiros sobre como fazer *benchmarking*, mas aqui estamos sugerindo um tipo meio diferente. Em primeiro lugar, você não quer se aproximar de realizadores em sua própria indústria. Sim, está bem, você pode aprender muito, mas é provável que consiga idéias mais criativas se: (1) sair dos limites de seus concorrentes conhecidos e (2) isolar atributos, características ou funções que sejam especialmente decisivas para a oportunidade de que está tratando. Quando a 3M estava projetando aparelhos auditivos, os engenheiros se perguntavam como tornar o instrumento o mais invisível possível. Os especialistas em eletrônica, miniaturização e na função do nervo auditivo, contudo, tinham pouco conhecimento de estética. As opções que poderiam gerar eram limitadas. Quem entende mais de combinar tons de pele com vários materiais? A odontologia estética, eles decidiram – e encontraram uma abundância de informações visitando firmas nesse ramo.

As soluções de um problema podem ser transferidas para outro, mas se você não se esforçar para pensar em termos de funcionalidade em vez de categoria de produto ou serviço, é improvável que as identifique. Depois da Segunda Guerra Mundial, a Heathkit apresentou uma nova idéia para comercializar tecnologia de sonar. Que uso a tecnologia poderia ter além de localizar submarinos? Considere sua função: o sonar identifica objetos subaquáticos e permite uma exibição visual de suas formas. Hmm, o que o Sonar poderia revelar debaixo d'água que seria útil para os consumidores; consumidores como... pescadores! Então nasceu o predecessor dos localizadores de peixes atuais, comprados por muitos esportistas para seus barcos. O desempenho do localizador de peixes é limitado, é claro, às funções fornecidas pela tecnologia do sonar. Como um comprador comentou pesarosamente sobre seu equipamento: "Na verdade, ele não funciona. Mostra onde os peixes estão – mas não faz eles morderem!"

Quando a Ceramics Process System foi fundada, os professores do MIT que iniciaram a empresa entenderam desde o princípio que, apesar de serem especialistas conhecidos internacionalmente, era improvável que possuíssem todo o conhecimento de que precisavam para aplicarem sua abertura tecnológica a vários campos de problemas. Contrariando a tentação de se basearem apenas nos fundamentos científicos com que os fundadores estavam mais familiarizados, o primeiro presidente tinha uma declaração emoldurada na parede: "Nossos avanços técnicos mais importantes virão de disciplinas e da literatura fora de nossa indústria e nosso campo científico."[48] Quando eles tiveram dificuldades subseqüentemente em separar peças de cerâmica de seu molde e perceberam que diferenciais de temperatura poderiam ajudar, procuraram o melhor especialista em congelamento rápido que puderam – a indústria de alimentos congelados. Quando precisaram imaginar opções para produzir uma camada lisa e fina de uma emulsão, trouxeram um especialista em tintas da Sherwin Williams.

Um serviço postal do governo, que tentava melhorar a experiência do cliente, teve um avanço importante em seu modo de pensar quando os membros da força-tarefa começaram a visitar varejistas conhecidos por serviço personalizado e conveniente. Uma opção que eles nunca tinham analisado era fazer os atendentes postais saírem de trás dos balcões para perguntar "posso ajudar?", como faria um vendedor da loja de roupas Nordstrom. Quando essa abordagem foi implementada na área de Washington, D.C., os clientes inicialmente ficaram perplexos porque o contexto era tão diferente para esse tipo de serviço e porque eles não esperavam inovação de uma agência quase governamental.

Já analisamos uma gama bem ampla de técnicas destinadas a evitar a urgência da fusão e a promover uma exploração mais ampla de opções. Embora todas essas técnicas ajudem a gerar opções, elas não ajudam a selecionar uma. Tantas possibilidades! Vamos agora restringir-nos àquela que vai funcionar no seu contexto. O Capítulo 4 trata do próximo estágio do processo criativo, chamado de convergência.

DE VOLTA A HAZEL...

A sexta-feira chegou e Hazel ficou desapontada. O grupo não estava inspirado – os esboços estavam insípidos, sem o humor e a centelha que ela tinha desejado. Ela decidiu reunir os membros do grupo para outra rodada de *brainstorming*. "Alguma sugestão?" perguntou, com pouca esperança. "Neste momento, estou muito aberta a sugestões." Apesar da nova abertura aparente de Hazel, Geraldine era completamente cética sobre a disposição da Hazel em rever sua decisão original de concordar com os cachorrinhos. "Estava pensando," ela disse hesitante, "meu irmão era voluntário das Forças da Paz no oeste da África. Talvez pudéssemos convidá-lo se formos conversar sobre mostrar crianças em países em desenvolvimento." Uma olhada rápida em Hazel. Ela estava balançando a cabeça! Geraldine teve coragem suficiente para continuar. "Não sabemos se não podemos fazer algo inofensivo. Acho que ele poderia nos dar alguma perspectiva."

Jose quis retroceder ainda mais no processo. "Acho que devemos ir visitar alguns centros de aprendizado à distância", disse ele. "Francamente, não tenho a menor idéia de como isso tudo funciona. Os instrutores do centro não me deram uma sensação real sobre qual mensagem devemos estar passando. Aposto que voltaríamos com todos os tipos de idéias."

"Sei que parece estranho", propôs Hank. "Mas poderíamos meio que experimentar o que seria fazer aprendizado à distância, sabe – encenar o professor e os alunos – se for muito caro para todos nós irmos ao centro. Linda entende muito de mitologia grega, por exemplo. Ela poderia ser a instrutora e alguns de nós poderiam ser os alunos na rede de TV fechada da empresa. E os que sobrarem poderiam observar. Espera um pouco, Linda", acrescentou ele, vendo-a começar a objetar. "Só para ter uma idéia do que poderia ser e como difere da escola comum."

"Por que, em vez disso, não fazer o centro nos incluir em sua próxima sessão regular amanhã à noite?", disse Linda. "Daí teríamos instrutores de verdade e temas de verdade – ver como é do ponto de vista de um consumidor. Poderíamos ver uma maneira de fazer a sátira do professor universitário. E prefiro desistir do meu horário de jantar a tentar simular nós mesmos."

David entrou na conversa: "Então poderíamos nos reunir amanhã cedo e fazer *brainstorming* das mensagens de novo. Tenho algumas das minhas melhores idéias à noite."

"Por acaso poderíamos trazer seu irmão para conversar conosco amanhã de manhã, Geraldine?" perguntou Jose. "Daí poderíamos fazer *brainstorming* à tarde."

Hazel reclinou-se estupefata. Havia muito mais energia na sala do que quando tinham entrado. Dado esse nível de entusiasmo, o grupo certamente apresentaria mais opções. Então, ela poderia conseguir que concordassem com uma a tempo de cumprir o prazo final?

PONTOS-CHAVE

A geração de muitas opções, enquanto apenas parte do processo criativo global, é geralmente equiparado a "criatividade." Deve-se tomar cuidado especial para maximizar a capacidade do grupo em pensar divergentemente:

- Dê ao grupo o máximo de tempo disponível para gerar opções; use o *brainstorming*, mas esteja ciente de suas limitações.
- Líderes de grupos devem enquadrar o problema o mais claramente possível, mas se absterem de indicar uma solução preferida.
- Exceto quando for necessária uma segurança rigorosa, mantenha os limites do grupo o mais permeáveis possíveis. Estimule os membros a discutirem opções – e a pedirem novas – com cônjuges, amigos e colegas. Visite "estranhos" cuja especialização possa ser tangencial a suas preocupações básicas.
- Reconheça que um grupo, às vezes, pode ser um pouco aconchegante demais. Alterne os participantes e introduza "sangue novo" conforme os projetos mudarem.
- Desenvolva um conjunto simples de princípios básicos destinados a promover o pensamento divergente, a acolher a discordância e a despersonalizar o conflito.
- Proteja os dissidentes apoiando-os abertamente.
- Esteja alerta para normas implícitas (p.ex., "não estrague os planos") que inibem a criatividade.
- Conforme o grupo se aproxima de um consenso, nomeie um membro como advogado do diabo, instruído para contestar o grupo vigorosa e persuasivamente.
- Opções aparentemente improváveis ou não-práticas são geralmente as mais criativas. Ajude a torná-las mais plausíveis fazendo os membros imaginarem vivamente seu sucesso ou através de técnicas de encenação.

- Recorra ao mundo natural e social para ter idéias. Estimule o uso de metáforas da natureza e de outros universos de conhecimento.
- O projeto empático pode ajudar a identificar as necessidades não-enunciadas de clientes, clientes dos clientes e não-clientes.

Respostas e interpretação

1. Uma caixa de fósforos serve para guardar fósforos, certo? Não para ser esvaziada de seu conteúdo e pregada na parede para apoiar uma vela. Quando as pessoas recebem esse problema com o conteúdo da caixa de fósforos já esvaziado, são muito melhores em resolvê-lo.
2. Quem disse que a solução estava limitada a duas dimensões? Contudo, a maioria das pessoas que aborda esse problema supõe que estejam limitados a elas. Devemos estender nosso pensamento para abranger uma terceira dimensão se quisermos evitar ficarmos fixados em nossas suposições falsas.
3. O que você tentou? 15, 20, 25? 100, 105, 110? Para cada uma delas, responderíamos sim, encaixa-se em nossa regra. Você poderia então concluir com esse retorno que nossa regra é contar de cinco em cinco. Nesse caso, você estaria errado. A regra é simplesmente determinar três números ascendentes. Se você é como a maioria das pessoas, só dará seqüências de números que acha que *confirmam* a regra, não as que acha que *não* poderiam confirmá-la (digamos, 15, 20, 30 ou 1, 2, 3 ambos os quais, lhe diríamos, encaixam-se na regra).

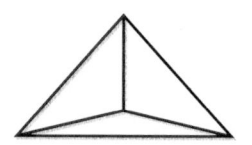

NOTAS

1. Gregory Moorhead, Richard Ference e Chris Neck, "Group Decision Fiascoes Continue," *Human Relations* 44, no. 6 (1991): pp. 539-549.
2. David Halberstam, *The Reckoning* (New York: William Morrow & Co., 1986), p. 610.
3. Matie L. Flowers, "A Laboratory Test of Some Implications of Jani's Groupthink Hypothesis," *Journal of Personality and Social Psychology* 35 (1997): pp. 888-896.
4. Donald Pelz e Frank Andrews, *Scientists in Organizations,* (New York: John Wiley, 1966).
5. Donn Byrne, *The Attraction Paradigm* (New York: Academic Press, 1971).
6. Daniel Gigone e Reid Hastie, "The Common Knowledge Effect: Information Sharing and Group Judgment," *Journal of Personality and Social Psychology* 65, no. 5 (1993): pp. 959-974.

7. Susan Saegert, Walter Swap e Robert B. Zajonc, "Exposure, Context, and Interpersonal Attraction," *Journal of Personality and Social Psychology* 25, no. 2 (1973): pp. 234-242.
8. Irving Janis, *Groupthink*, 2d. ed. (Boston: Houghton Mifflin, 1982).
9. Janis, *Groupthink*, p. 9.
10. Janis, *Groupthink*, p. 14.
11. Arthur Schlesinger, citado em Janis, *Groupthink*, p. 39.
12. Oscar Wilde, *The Remarkable Rocket* (1888; reimpressão, Charlottesville, Va.: Graham-Johnston, 1978).
13. Les Vadasz, entrevista, 7 July 1998.
14. S. Moscovici e E. Lage, "Studies in Social Influence IV: Minority Influence in a Context of Original Judgments," *European Journal of Social Psychology* 8, no. 3 (1976): pp.349-365.
15. Charlan Jeanne Nemeth e Joel Wachtler, "Creative Problem Solving as a Result of Majority vs. Minority Influence," *European Journal of Social Psychology* 13, no. 1 (1983): pp. 45-55.
16. Charlan Nemeth e Pamela Owens, "Making Work Groups More Effective: The Value of Minority Dissent," em *Handbook of Work Group Psychology*, ed. M. A. West (New York: John Wiley, 1996).
17. Susan Schilling, entrevista, 12 December 1997.
18. Hal Lancaster, "Learning Some Ways to Make Meetings Slightly Less Awful," *Wall Street Journal*, 26 May 1998, p. B1.
19. J. Hall e W. Watson, "The Effects of a Normative Intervention on Group Decision-Making Performance," *Human Relations* 23, no. 4 (1970): p. 304.
20. Hall e Watson, "The Effects of a Normative Intervention," p. 312.
21. P. C. Wason, "On the Failure to Eliminate Hypotheses in a Conceptual Task," *Quarterly Journal of Experimental Psychology* 12, no. 3 (1960): pp. 129-140.
22. Ver, por exemplo, Eugene Borgida e Richard Nisbett, "The Differential Impact of Abstract vs. Concrete Information on Decisions," *Journal of Applied Social Psychology* 7, no. 3 (1977): pp. 258-271.
23. Brian Mullen, Craig Johnson e Eduardo Salas, "Productivity Loss in Brainstorming Groups: A Meta-analytic Integration," *Basic and Applied Social Psychology* 12, no. 1 (1991): pp. 3-23.
24. Joseph Valacich, Alan Dennis e Terry Connolly, "Idea Generation in Computer-Based Groups: A New Ending to an Old Story," *Organizational Behavior and Human Decision Processes* 57, no. 3 (1994): pp. 448-467.
25. W. M. Williams e R. J. Sternberg, "Group Intelligence: Why Some Groups Are Better Than Others," *Intelligence* 12, no. 4 (1988): pp. 351-377.
26. Marc Gunther, "This Gang Controls Your Kids' Brains," *Fortune*, 27 October 1997, pp. 172-182, *passim*.
27. Vídeo da Interval Research.
28. Entrevistas na IDEO em Palo Alto, Califórnia, 21 April 1998.
29. Gene Bylinsky, "Mutant Materials," *Fortune*, 13 October 1997, p. 144.
30. Stephanie Forrest, citada em Gautam Naik, "Back to Darwin: In Sunlight and Cells, Science Seeks Answers to High-Tech Puzzles," *Wall Street Journal*, 16 January 1996, p. A1.
31. John Hiles, presidente da Thinking Tools, Inc., citado em Naik, "Back to Darwin."
32. Paul Kantor, citado em *EXEC* (verão 1998), p. 4.

33. Deborah Ancona e David Caldwell, "Bridging the Boundary: External Activity and Performance in Organizational Teams," *Administrative Science Quarterly* 37, no. 4 (1992): pp. 634-665.
34. Paul Horn, "Creativity and the Bottom Line," *Financial Times*, 17 November 1997, p. 12.
35. Hal Lancaster, "Getting Yourself in a Frame of Mind to Be Creative," *Wall Street Journal*, 16 September 1997, p. B1.
36. Citado em Shona L. Brown e Kathleen M. Eisenhardt, "The Art of Continuous Change: Linking Complexity Theory and Time-Paced Evolution in Relentlessly Shifting Organizations," *Administrative Science Quarterly* 42, no. 1 (1997): p. 9.
37. William Taylor, "The Business of Innovation: An Interview with Paul Cook," *Harvard Business Review* 68, (March-April 1990): p. 102.
38. Richard Nisbett e Timothy Wilson, "Telling More than We Can Know: Verbal Reports on Mental Processes," *Psychological Review* 84, no. 4 (1977): pp. 231-259.
39. Ver Dorothy Leonard-Barton, *Wellsprings of Knowledge* (Boston, Harvard Business School Press, 1995). Ver também Dorothy Leonard e Jeffrey Rayport, "Sparking Innovation through Empathic Design," *Harvard Business Review* 75 (November-December 1997): pp. 103-113.
40. Eugene Webb, Donald Campbell, Richard Schwartz e Lee Sechrest, *Unobtrusive Measures: Non-Reactive Research in the Social Sciences* (Chicago: Rand-McNally, 1972).
41. Comunicação pessoal com Curt Bailey, presidente da Sundberg-Ferar, Walled Lake, Michigan, 26 August 1998.
42. Ver Gerald Zaltman, "Rethinking Market Research: Putting People Back In," *Journal of Marketing Research* 34 (November 1997): pp. 424-437.
43. Dorothy Leonard e Jeffrey Rayport, "Sparking Innovation through Empathic Design," *Harvard Business Review* 75 (November-December 1997): pp. 103-113.
44. Gunther, "This Gang Controls Your Kids' Brains," p. 176.
45. Citado em Malcom Gladwell, "Annals of Style: The Coolhunt," *The New Yorker*, 17 March 1997, p. 78.
46. Roy Furchgott, "For Cool Hunters, Tomorrow's Trend Is the Trophy," *New York Times*, 28 June 1998, p. 10.
47. Gladwell, "The Coolhunt," p. 86.
48. Clayton Christensen e Dorothy Leonard-Barton, "Ceramics Process Systems Corporation," Case 9-691-028 (Boston: Harvard Business School, 1990).

4
Convergindo para as Melhores Opções

Larry estava se sentindo muito satisfeito com o progresso do grupo. As paredes eram um caleidoscópio de vários tons de Post-its e folhas de tabelas e gráficos. Evidentemente as três tardes de esforço concentrado de sua equipe tinham produzido um conjunto de opções criativas, muitas delas desenvolvidas e pormenorizadas. Boas opções, além disso. Era essencial que a agência da receita remodelasse radicalmente a maneira de fazer negócios com os contribuintes ou aquele comitê legislativo iria em cima dele antes que pudesse dizer "a verba do próximo ano."

"Bem, são 4:30 e acho que estamos conversados, mas precisamos conseguir completar isso em mais ou menos uma hora. Estou realmente impressionado com toda a criatividade usada para apresentar essas opções. Agora vamos usar o tempo remanescente reduzindo-as àquela com que podemos ir em frente. Gostaria ainda de um esboço de plano de ação que possa levar para o Chuck amanhã."

Mas o coro de protestos logo pôs um fim ao entusiasmo de Larry.

"Ei, isso é importante demais para pararmos agora. Tenho mais algumas idéias que gostaria de experimentar," começou Patrícia.

"Não acho que precisamos de mais idéias – não caberão nas paredes. Mas não sinto que tenha feito um trabalho muito efetivo defendendo meu plano. Em primeiro lugar..." continuou Ming, antes de ser interrompido por Boris.

"Como tentei explicar, obviamente faltando o vigor suficiente, acho que estamos na pista completamente errada. A questão não deve ser como deixar o público feliz – sempre haverá ignorantes por aí – deve ser a imagem! Há muito que podemos fazer para parecermos bons sem necessariamente mudar a maneira de fazer as coisas. Estamos bem como estamos."

> "Larry, estou com você," disse Ellen. "Acho que o plano que combina um novo treinamento de todos no modo de lidar com o público, junto com suas idéias de usar tecnologia da informação, é a maneira de prosseguir. Vamos em frente e chega de conversa."
>
> Nguyen foi o último a entrar na briga. "Ouçam, pessoal, sei que todos temos de voltar aos nossos trabalhos, mas acho realmente que preciso pensar mais sobre isso. Vamos suspender a sessão, tomar uns drinques e retomamos o assunto pela manhã."
>
> No silêncio que se seguiu à última sugestão de Nguyen, o único som, percebeu Larry, era o de seus dedos tamborilando na mesa.

Que decepção! A crença de Larry de que criatividade significa apenas gerar muitas opções novas tinha resultado em um grupo sem sustentação, rebelde, ainda que lhe tivessem dado justamente o que pediu. No Capítulo 3, vimos os perigos de precipitar um consenso prematuro e Larry foi conscencioso em permitir uma total exploração das idéias divergentes. Qualquer gerente sabe que chega a hora em que o processo de criatividade deve avançar do estágio divergente para o convergente. Mas quando Larry concedeu "mais ou menos uma hora" para convergência, depois de quase três tardes inteiras de pensamento divergente, foi meio parecido com planejar uma pescaria durante três dias e então passar uma hora no barco. Com o risco de sermos repetitivos: a criatividade é um processo, e deve-se dar atenção séria, substancial, a cada estágio do processo.

INCUBAÇÃO, OU "CONSULTAR O TRAVESSEIRO"

Por que dizemos às pessoas para "consultar o travesseiro"? Na Roma antiga, um rito de incubação (de *incubare*, "deitar sobre") envolvia deitar sobre uma esteira para se comunicar com as divindades do outro mundo através de sonhos. No processo criativo de cinco etapas, a incubação ocupa a etapa entre divergência e convergência. Durante esse período de fermentação – um tempo em que as várias opções ocupam as cabeças de cada um dos membros, mas sem discussão em grupo – essas cabeças continuam a trabalhar no problema, mas livres das restrições do pensamento consciente, racional, lógico – o tipo de pensamento que pode impedir a criatividade. Durante a incubação, podem surgir novas opções e também discernimentos repentinos de convergência. Esse estágio transitivo, ligando divergência e convergência, foi equiparado a um "ziguezague mental" pelo psicólogo Donald Campbell, que o considera

> uma das conveniências de ir a pé para o trabalho... Ou, se for de carro, não ligar o rádio... A reatividade tem que ser um processo profundamente esbanjador. E esse ziguezague mental, a mente divagando e assim por diante, constitui um processo essencial. Se permitir que essa atividade mental

seja guiada pelo rádio ou pela televisão ou por conversas com outras pessoas, está simplesmente diminuindo seu... tempo de exploração intelectual.[1]

Das pessoas do grupo de Larry, Nguyen parece ter uma das melhores idéias. Embora Larry esteja se esforçando ao máximo para apressar todo mundo para uma solução final, Nguyen percebe que é preciso algum tempo para reflexão, alguma divagação mental. Depois de um pouco de relaxamento – e sono – todos estarão em melhor forma na manhã seguinte para reavaliar as opções e dar início ao processo de convergência.

Na realidade, existem muitos exemplos de pesquisa sobre criatividade individual que sugerem o poder de recorrer ao inconsciente durante o sono ou em um estado relaxado. Elias Howe bateu Singer na patente da máquina de costura quando sonhou que estava em uma selva cercado de nativos segurando lanças, com buracos perto das pontas. Ele acordou com a percepção de que pôr um buraco para linha perto da ponta da agulha (em vez de na cabeça, como para costura à mão) daria certo. Alguns inventores se uniram ainda mais diretamente sua solução inconsciente de problemas. Sir Frederick Banting, procurando a causa da diabetes, teve um sonho que sugeria amarrar o pâncreas de um cachorro e monitorar a insulina produzida. Ele fez isso e aprendeu sobre o equilíbrio entre açúcar e insulina e a relação desse desequilíbrio com diabetes. Otto Loewi sonhou com um experimento com sapos para demonstrar a natureza química, e não elétrica, da transmissão dos impulsos nervosos. Acordando no meio da noite, ele rabiscou a idéia – mas não conseguiu ler sua anotação pela manhã! Na noite seguinte, teve o mesmo sonho e, dessa vez, felizmente, sua anotação estava legível. Como Banting, ele se tornou ganhador do prêmio Nobel.[2]

Entretanto, soluções aparentemente criativas não ocorrem apenas para gênios durante sua incubação noturna. Floyd Ragsdale, um funcionário da DuPont, estava tendo dificuldades com uma máquina que fabricava a fibra Kevlar, usada em coletes à prova de balas. O tempo de inatividade da máquina custava 700 dólares por minuto, portanto os melhores técnicos da DuPont tentaram, sem sucesso, resolver o problema. Ragsdale, um técnico sem ensino superior, teve um sonho em que viu os tubos de uma máquina e molas. No dia seguinte, ele foi trabalhar e contou a seu chefe, cuja reação foi ridicularizar. Depois que terminou o turno de Ragsdale, ele continuou mesmo fora do expediente, inseriu molas nos tubos e a máquina funcionou, economizando mais de 3 milhões de dólares para a empresa.[3]

Então sugerimos estimular os funcionários a dormirem no trabalho? Não, mas também não defendemos manter todos em um estado de alerta mental incessante. O ponto é que sonhar, meditar, tomar banho, dirigir para o trabalho, tudo pode contribuir para pensamento subconsciente, mas só se for dado tempo suficiente para essa reflexão dar frutos. E como veremos no Capítulo 5, muito se pode fazer para criar condições no trabalho para promover a reflexão e a incubação de idéias criativas. Os gerentes geralmente ficam relutantes em conceder esse tempo para a reflexão, em especial se eles próprios geralmente partem para a ação imediata. Randy Komisar, um "presidente de empresa virtual" que aconselha empresas novas no Vale do Silício na Califórnia, pensa que "muitas pessoas ficam bloqueadas pela incapacidade de evitar distrações e, por isso, não conseguem usar sua intuição. Estão sempre ansiosas sem ter as respostas. Para usar a intuição, você precisa relaxar, deixar a resposta chegar até você. As pessoas ficam desconfortáveis com isso; elas acham que têm de conseguir pensar até resolver. A análise pode ser altamente superestimada."[4]

A DINÂMICA DA INCUBAÇÃO

Houve muitas tentativas de entender a natureza misteriosa e inobservável da incubação. A receita freudiana tradicional é que as pessoas se debatem inconscientemente com conflitos sexuais reprimidos na infância, *sublimando*-os em produtos criativos. Poucas pessoas consideram essa visão particularmente útil – que o inovador aplicativo Windows representa de fato a solução de alguns desejos incestuosos da infância? Em vez disso, a maioria dos psicólogos adota algum tipo de método de *processamento de informações*. Fora da atenção consciente, o trabalho cognitivo não pára, mas as idéias começam a se associar ao acaso. Elas ficam livres das forças – lógica, convenção, hábito – que normalmente evitam a ligação desinibida de pensamentos e informações. A maioria das associações inconscientes resultantes não tem valor, podem ser incomuns, talvez, porém inúteis. Mas essas associações que "dão certo" podem subseqüentemente "pipocar" de volta na consciência, onde podem ser reconhecidas como discernimento criativo. Existe uma certa divergência sobre se a simples passagem do tempo é suficiente para produzir um discernimento criativo, ou se precisa haver algumas informações adicionais que disparem o discernimento,[5] mas está claro que o tempo longe da tarefa é crucial para o processo criativo.

Alguns indivíduos, talvez como Nguyen na vinheta inicial, têm preferência pela introversão para processar dados. Eles precisam de tempo para pensar sozinhos antes de comentar as opções. A escritora Harriet Doerr, que surpreendeu o mundo produzindo seu primeiro romance (*best-seller*) com 73 anos, explica, "Outras pessoas não precisam ficar tanto sozinhas com seus pensamentos. Eu meio que passo fome se não passar um tempo sozinha. Sinto-me como se não tivesse me encontrado. Existem pensamentos não pensados esperando para serem pensados. É por isso que gosto tanto de jardinagem. Faço meu trabalho de escritora melhor com o sol e as plantas.

Uma parte dele se perde, mas nem tudo."⁶ Para esses indivíduos, a incubação é parte importante de seu modo de pensar e fundamental para sua capacidade de contribuir. Entretanto, independente das preferências individuais pelo modo de pensar, a incubação é importante para a criatividade devido à oportunidade que proporciona a nosso subconsciente para continuar trabalhando em um problema.

No mundo atual do "preciso para ontem", a incubação pode parecer um ato antinatural. Mas, quando um grupo está correndo sem sair do lugar em vez de fazer progressos para a convergência, alguns gerentes acharam útil permitir, ou mesmo insistir em fazer uma pausa. Quando os funcionários da Nissan Design International estavam atolados no meio do projeto da Pathfinder, o então vice-presidente Jerry Hirshberg decidiu que todos "matassem a aula". No meio do dia, levou toda a empresa (incluindo os técnicos de modelagem da fábrica, as secretárias e a turma da manutenção) para assistir à estréia do filme *O Silêncio dos Inocentes*. Um escritor da revista *AutoWeek* que telefonou enquanto toda a empresa estava fechada, apenas para ser informado pela recepcionista temporária de que todos estavam no cinema, testou a própria capacidade inventiva de Hirshberg quando perguntou qual era a ligação entre assassinato em série e projeto de carros! E Kengo Ishida, o novo presidente da NDI no momento, perguntou por que todos estavam saindo quando a empresa estava tão atrasada no projeto. A explicação de Hirshberg? "Estamos indo agora, Kengo-san, *porque* estamos atrasados." E teve o efeito desejado? Hirshberg relata que "A tensão no prédio começou a se dissipar. Em alguns dias, as idéias começaram a fluir, áreas de problemas emaranhados se elucidaram e o projeto começou a conduzir os projetistas, um sinal seguro de que estava surgindo um conceito forte."⁷

"Em vez de 'aumentar' a pressão quando o pessoal está enfrentando dificuldades," escreve Hirshberg, "a *prioridade criativa* muitas vezes sugere uma diminuição da tensão e um *recuo* nos problemas imediatos como uma estratégia administrativa muito mais efetiva."⁸ Jerry Hirshberg explica sua sensibilidade à necessidade de "recuar" do quadro, do seu treinamento como artista, quando aprendeu que simplesmente trabalhar mais nem sempre resolvia o problema com que estava lutando. Entretanto, como todos os administradores, ele ainda fica tentado a lutar por soluções. Ele conta a história de seu grupo, quando na luta com o projeto do Sentra, os projetistas se reuniram com o Design Context Lab (um grupo de pesquisa de mercado não-tradicional da empresa) e surgiu o que parecia ser um forte consenso sobre a direção que o desenvolvimento deveria tomar. A "frase *produto direcionado* repercutiu com o grupo e persistiu como um grito de guerra em todo o projeto. Levou imediatamente a múltiplas imagens e opções novas. Sentindo alívio e considerável ânsia de me mexer, sugeri que agora nos fixássemos em algumas direções específicas de projeto.

" 'Errrrado!' entoou Nick Backlund, o gerente do Design Context Lab. '*Não* vamos nos fixar ainda. Vamos deixar para mais tarde.' Ele estava cem por cento certo e fizemos exatamente isso. Em minha pressa por uma resposta, estava quase fechando uma janela que tinha acabado de ser aberta."[9]

CONVERGÊNCIA

Quando o grupo pára de enfatizar o novo e começa a se concentrar no *útil*, alguns membros podem desejar cair fora. Acabou a graça, pensam, pois as decisões difíceis foram tomadas. Verdade, pode ser uma experiência sem importância trabalhar onde o pneu roda no ar em vez de onde roda na estrada, mas os grupos inovadores ficam satisfeitos com o avanço para uma meta. Os desafios para que os gerentes consigam esse avanço são numerosos e incluem os seguintes:

- trabalhar dentro de limites razoáveis;
- chegar a um conceito comum, compartilhado, da inovação;
- garantir que o processo não termine identificando tão fortemente vencedores e perdedores que os "perdedores" se retirem;
- ajudar o grupo a definir a meta com clareza e a manter os membros concentrados nessa meta. (É possível que os membros fiquem tão mergulhados nos detalhes que percam o objetivo de vista – o que um gerente que conhecemos chama de perder a visão da floresta e ficar "perdido na casca da árvore.")

Como nos capítulos anteriores, primeiro vamos discutir as questões gerenciais e então sugerir algumas técnicas específicas para estimular a convergência. Sugerimos uma hierarquia de limites que orientem à seleção de uma opção entre muitas, começando com as diretrizes mais amplas e menos limitadoras (cultura organizacional) e tornando-se cada vez mais específicas para o projeto (Figura 4.1).

Cultura organizacional

Como você descreveria uma cultura organizacional forte? Uma cultura em que os membros compartilham percepções sobre os critérios de tomada de decisões: o que é certo e errado, aceitável e não, estimulado e desencorajado. Poderia ser a National Rifle Association ou o Garden Club, os 127.000 funcionários da imensa corporação Hewlett-Packard ou os 25 em todo o mundo da pequenina iniciante CoWare. Obviamente, a cultura em geral pode favorecer ou inibir a criatividade e, no Capítulo 6, discutimos como os líderes conseguem planejar a cultura de suas organizações para promover a criatividade. Aqui, nosso interesse é mais específico: como os valores culturais de uma or-

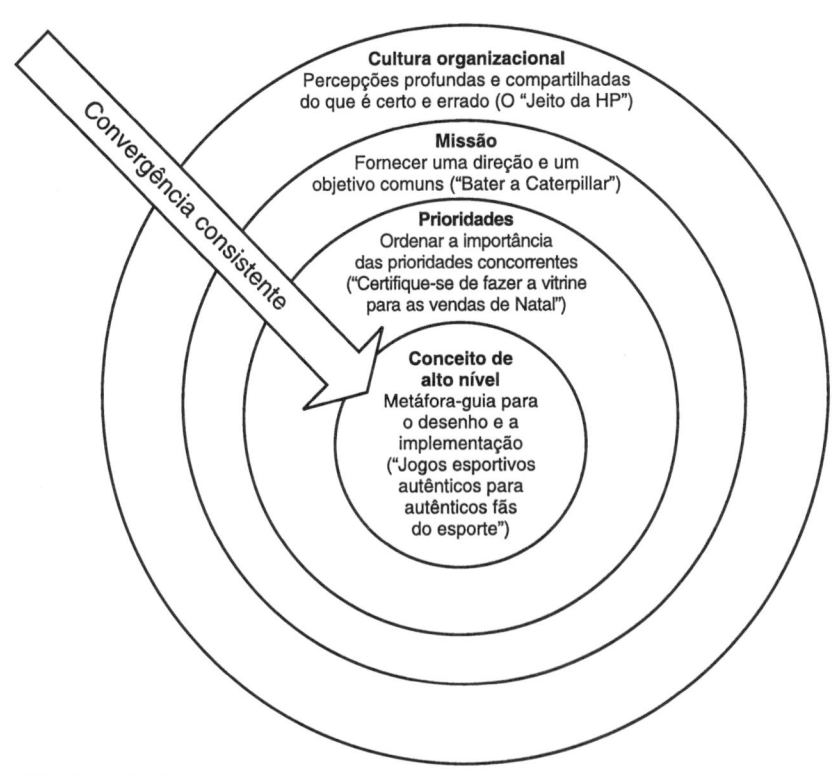

Figura 4.1 Níveis de limites.

Diagrama de círculos concêntricos (do exterior para o interior):
- **Cultura organizacional**: Percepções profundas e compartilhadas do que é certo e errado (O "Jeito da HP")
- **Missão**: Fornecer uma direção e um objetivo comuns ("Bater a Caterpillar")
- **Prioridades**: Ordenar a importância das prioridades concorrentes ("Certifique-se de fazer a vitrine para as vendas de Natal")
- **Conceito de alto nível**: Metáfora-guia para o desenho e a implementação ("Jogos esportivos autênticos para autênticos fãs do esporte")

Seta diagonal: *Convergência consistente*

CULTURA ORGANIZACIONAL E INOVAÇÃO

Usando a taxonomia do Departamento do Trabalho das características das organizações norte-americanas, Sharon Arad, Mary Ann Hanson e Robert Schneider analisaram as características que afetam a inovação. A análise de *valores* organizacionais relacionados com a inovação identificou quatro fatores: (1) orientação das pessoas (p.ex., colaboração, apoio, orientação da equipe), (2) aceitação de risco (disposição de experimentar, agressividade), (3) atenção para detalhes (precisão, orientação para resultados), e (4) estabilidade (segurança no emprego). Uma cultura organizacional que apóia a aceitação de risco, a colaboração, a qualidade e a segurança, sugerem esses resultados, provavelmente será inovadora e "de alto desempenho." Eles também descobriram que esses valores organizacionais se correlacionam positivamente com o uso de equipes e a partilha de informações, ambos os quais sugerem um alto nível de interação do grupo.[10]

ganização podem ajudar os membros de um grupo a convergirem para a melhor solução quando muitas são oferecidas?

Mesmo valores organizacionais de nível bem alto sobre o que é "certo" e "errado" podem influenciar decisões e, por conseguinte, a convergência. Em Los Angeles, a Castle Rock Entertainment tem reputação de conduta aberta, honesta e justa. Alan Horn, presidente e diretor executivo, acredita que os valores que ele e seus sócios fundadores partilhavam permearam a empresa "de cabo a rabo." Qualquer pessoa que não compartilhe a paixão pela honestidade, por lidar corretamente com as pessoas, fica logo desempregada. "Não poupamos esforços para não enrolar as pessoas," declara Horn. Ter reputação entre os empresários de talentos por dar respostas honestas – rapidamente – significa que os empresários vêem a Castle Rock como uma boa empresa com a qual trabalhar. E os empresários muitas vezes possuem a chave para atrair atores e diretores importantes para projetos criativos.[11]

Na CoWare, uma empresa com sede em Santa Clara, Califórnia, que fornece ferramentas completas de co-projeto de *software/hardware* para desenvolvedores de "sistemas em um *chip*," o co-fundador, presidente e diretor executivo Guido Arnout é apaixonado da mesma forma por valores corporativos. Algumas posições iniciais de apoio aos valores de comunidade e respeito já são lendárias na jovem empresa. Por exemplo, um cliente importante da CoWare quase foi "despedido" devido a um insulto étnico dirigido a um empregado. Somente após o representante do cliente pedir desculpas é que o negócio (crucial para a sobrevivência da CoWare) prosseguiu. Esse incidente demonstrou o compromisso dos fundadores com o valor do "respeito pelo indivíduo" acima de qualquer dúvida.[12] Como observa Rosabeth Moss Kanter, "os valores devem refletir compromissos duradouros, não noções efêmeras."[13]

Esses valores auxiliam a convergência, pois se qualquer solução sugerida para um problema violar as normas da comunidade, ela está claramente fora dos limites e pode ser rejeitada por isso. Existem outros benefícios intangíveis para uma cultura forte se os membros do grupo partilharem valores comuns: uma sensação de participação e confiança que estimula a comunicação aberta e a aceitação de risco, um entusiasmo pela organização. Isso será discutido no Capítulo 6. Mas vamos pensar naqueles momentos em que você precisa escolher entre opções específicas de projeto na criação de um novo produto. Você consegue pôr seu dinheiro não só onde está sua boca, mas onde está seu coração?

Considere o dilema seguinte na divisão Fisher-Price da Mattel. O mercado de bonecos de ação para garotos é um mercado *grande*, e a Fisher-Price está no negócio de brinquedos (entre outros). Mas, os valores da empresa, refletindo uma dedicação a agradar tanto à mãe compradora principal como à criança, incluem uma forte proibição contra brinquedos violentos. Então, como eles poderiam perseguir esse importante segmento de mercado sem produzir bonecos destruidores Rambo? Marilyn Wilson-Hadid, vice-presidente de *marketing* (a função dominante na Fisher-Price), e Peter Pook, vice-presidente de desenvolvimento de produto, discutiram longa e arduamente. Pook insistia que o segmento de mercado de bonecos de ação era fundamental. Wilson-Hadid sustentava firmemente que nenhum brinquedo da Fisher-Price poderia representar a violência de forma favorável. A cada conceito de produto que Pook oferecia, Wilson-Hadid se opunha com: "Como vamos falar com as mães sobre isso?"

As opções incluíam idéias tais como "homens-equipados" com ferramentas superpoderosas que eram um tipo de "não-arma," mas apelariam ao mesmo desejo de combate que os bonecos, com suas armas enormes. O posicionamento final? Heróis de Resgate: "sujeitos legais que são bons sujeitos": Billy Blazes, Bombeiro; Rocky Canyon, Guarda Florestal; Gil Gripper, Mergulhador; e Jack Hammer, "Especialista em Construções." Cada boneco está equipado com uma ferramenta especial que faz algo dramático quando se puxa, empurra ou desprende um gatilho. O policial tem um alto-falante e sirene barulhentos, a bombeira tem um machado cortante, o mergulhador tem uma tenaz e o especialista em construções tem uma britadeira. Os brinquedos têm sido um grande sucesso pois agradam tanto os desejos dos garotos por ação quanto a preferência da mãe de ser mais positivo que violento contra os outros. Na verdade (um pouco para surpresa dos projetistas), observa-se que as crianças se empenham em um "comportamento útil," como usar os brinquedos para "resgatar" outros bonecos em dificuldades imaginárias. O produto assim protege o que a equipe da Fisher-Price valoriza como vantagem distintiva: o "benefício da mãe."[14]

A questão da missão

Primeiro a má notícia sobre a "onipresente" Declaração de Missão. Embora a grande maioria das organizações tenha uma, ela tem má fama. Algumas são superficiais ou aplicadas inconsistentemente; outras são tão genéricas e não-distintivas que são quase imprestáveis. ("Em nossa universidade, daremos a nossos alunos o melhor ensino possível para prepará-los para a vida e o trabalho." Bem, sim, mas que universidade não faria isso?) Uma declaração de missão não resgatará uma empresa ou grupo em dificuldades, nem uma lista de coisas desejadas disfarçada de declaração de missão gera entusiasmo no funcionário. Mas a boa notícia é que uma missão séria, comum, serve mesmo para unir as pessoas. O objetivo de um grupo não deve ser formalizado em uma declaração com moldura dourada em toda a parede do escritório. Ele só precisa ser claro e partilhado para que os membros do grupo tenham critérios para tomar decisões a qualquer hora. O que é importante e o que não é? Que tipos de inovação servem ao objetivo do grupo e que tipos não servem?

John Browne, presidente da British Petroleum, observa:

> Um negócio precisa ter um objetivo claro. Se o objetivo não estiver absolutamente claro, as pessoas da empresa não entenderão o tipo de conhecimento que é crítico e o que eles precisam aprender para melhorar o desempenho... Nosso objetivo é quem somos e o que nos torna diferentes. É o que nós como empresa vivemos para atingir, e o que nós queremos ou não queremos fazer para atingi-lo.[15]

A missão ou o objetivo de um grupo, portanto, existe dentro do sistema de valor ou da cultura de uma organização. (Alguns autores fazem uma rígida distinção entre missão e objetivos; aqui estamos preocupados com alinhamento e convergência em uma direção comum. Deixamos para outros irem atrás das distinções.) A questão é que uma meta comum une os membros da equipe e lhes dá um sentido de objetivo. Uma missão de grupo ou corporativa pode servir como tal força de união.

Os grupos podem convergir em torno de uma bandeira de combate. O *slogan* da gigante de equipamentos de terraplenagem Komatsu foi durante algum tempo "Bater a Caterpillar." Rivais, inimigos ou ameaças comuns podem estimular a criatividade unindo pessoas que de outra forma evitariam trabalhar juntas. Durante a Segunda Guerra Mundial, os britânicos produziram radar, aviões mais rápidos e computadores em uma colaboração sem precedentes nascida da missão comum de derrotar Hitler. "Foram forjadas ligações fortes entre cientistas e engenheiros, entre laboratórios e as fábricas para produzirem suas invenções, entre projetistas e usuários militares dos novos dispositivos."[16] Quando venceram a guerra, a ciência, o governo e a mão-de-obra britânicos voltaram à disputa interna e tanto a inovação quanto a economia fraquejaram.

O "inimigo" não precisa ser um país ou uma empresa rival. No Northwestern Medical Hospital, perto de Chicago, os pacientes estavam morrendo de uma infecção hospitalar. Formou-se uma força-tarefa para combater a variedade identificada como bactéria *enterococcus*. Iniciada com dois especialistas em doenças infecciosas, a força-tarefa logo foi aumentada para incluir um farmacêutico, que descobriu que o germe na verdade crescia em antibióticos, técnicos em informática e funcionários da internação, que descobriram uma ligação com pacientes de ambulatório trazendo para dentro o agente patogênico, e até pessoal da manutenção, que identificou uma escassez de pias, resultando na readaptação de bebedouros para estimular a freqüente lavagem das mãos.[17]

Para muitas pessoas, lutar *por* um objetivo é mais estimulante que lutar *contra*. Na gigante de material de escritório Staples, Inc., o fundador Thomas G. Sternberg declarou a missão da empresa como "Cortar o custo e a chatice de administrar seu escritório!" e cada funcionário recebe um cartão do tamanho da carteira com essa missão inscrita nele.[18] A missão informal da Intuit (fabricante do *software* de planejamento financeiro Quicken) é igualmente simples: "fazer os clientes ficarem tão satisfeitos com o produto que sairão e dirão a cinco amigos para comprá-lo." Quando Steve Jobs e Steve Wozniak iniciaram a Apple Computer, sua meta era projetar e construir computadores pessoais com preço acessível.[19]

A WebTV Networks, Inc., tem uma missão um tanto parecida. Fundada em 1995 por Bruce Leak, Phil Goodman e o atual presidente Steve Perlman para fornecer um serviço de televisão aperfeiçoado e integrado com acesso à Internet, a visão corporativa da WebTV é "conectar pessoas comuns através de seus televisores." Essa visão tem sido uma força poderosa de convergência: podem se fazer acordos a tempo de se comercializar, custos e recursos, mas a visão nunca é violada. Isso não significa que a visão nunca pode ser mudada. Evolução acontece. "Ela pode ser modificada mais tarde, mas no momento todos nós marcharemos pelo mesmo tambor," diz Perlman.[20]

Portanto, as missões podem auxiliar a convergência e a escolha estipulando limites para a tomada de decisões. Se fôssemos a Komatsu, como os novos conceitos de produto que estamos considerando se comparam à linha de produtos da Caterpillar? Se fôssemos a Intuit, quais sugestões de aprimoramentos farão realmente o cliente se sentir bem quanto a pagar contas? Se fôssemos a WebTV, quais são as opções com custo suficientemente baixo e fáceis o suficiente para usar com a televisão que o pai e o filho de doze anos vão querer usar (e até o pai será capaz de descobrir *como*)?

Prioridades

A criatividade pode coexistir – de fato, diriam alguns, *deve* coexistir – com prioridades e limites. Quando Louis Gerstner veio da direção de empresas de cartão de crédito e bens de consumo para assumir o comando da IBM, cortou e reajustou a pesquisa da Divisão de Pesquisa da IBM, ganhadora do prêmio Nobel. Sua prioridade? Parar de deixar as outras empresas comercializarem a pesquisa da IBM antes. A decisão significou que os pesquisadores começaram a se concentrar, em seus projetos, no potencial de aplicações no mundo real. Prioridades globais claras fornecem muita orientação para a convergência em projetos individuais. O que é mais importante: fazer a exposição ou ter um lançamento visualmente mais instigante para um produto específico? Agradar o eleitorado político ou manter os custos baixos?

O presidente da WebTV, Perlman, dá a suas equipes uma lista para orientar suas decisões de projeto. Em ordem decrescente de importância, as prioridades são:

1. Visão ("Conectar pessoas comuns através de seus televisores.")
2. Programação ("Vitrines de feiras são fixas.")

3. Custo ("Há muita resistência do comprador acima de 199 dólares.")
4. Características ("Sinos e apitos são divertidos – e deixam os engenheiros felizes.")[21]

Os grupos criativos estão sempre tentados a enfatizar as Características mais que os outros aspectos, pois desenvolver novos recursos exercita o conhecimento técnico e a imaginação dos desenvolvedores. Entretanto, em muitas empresas, uma solução maravilhosa com um atraso de algumas semanas quase não tem valor. Deixe de aproveitar a temporada de Natal/Hanuká nas empresas de brinquedos, jogos ou computadores e você perderá a metade do seu lucro. Coelhos da Páscoa não entregam os mesmos tipos de presentes. E existem faixas de preços acima das quais certos produtos se tornam inviáveis, tornando o custo soberano. Para a WebTV em 1998, 199 e 299 dólares para seus dois níveis de interface de *hardware* com a televisão eram as faixas de preço críticas, acima delas o equipamento era um investimento grande demais para a família norte-americana média. Na empresa de jogos eletrônicos Electronic Arts, os artistas que constroem os ambientes imaginários em que as personagens atuam gostariam de criar simulações da realidade que se igualassem ao filme. Entretanto, detalhes custam dinheiro e os jogos precisam continuar a ter preço acessível. Por isso, os artistas são obrigados a criar imagens com o menor número possível de polígonos para ficar dentro dos limites do orçamento.

Randy Komisar conta a história de quando estabeleceu algumas prioridades rígidas, quando estava dirigindo a Lucas Arts em 1995. Ele estava certo de que a empresa realmente precisava de uma continuação do Rebel Assault (um jogo popular em 1993). Os desenvolvedores de jogos argumentaram que uma continuação não era criativa o suficiente e não corresponderia às expectativas estabelecidas pelo primeiro jogo de muito sucesso. As continuações, eles perceberam, conseguem em média apenas 70 por cento do negócio original e, embora houvesse menos risco de fracasso, havia menos chance de um ganho inesperado. Seguiu-se um grande debate interno sobre as prioridades: inovação *versus* programação e planejamento. Komisar decidiu que a continuação era boa demais para deixar passar. "A recompensa *versus* o risco era uma falta de juízo – mas a linha do tempo era a chave. "Um *dia* a mais pode significar um *ano* a mais quando o jogo chega à prateleira da loja, se você perder o Natal." Portanto, tinham de ser alocados recursos para esse projeto e os outros projetos seriam adiados. "Deixadas com os próprios planos," diz Komisar, "as equipes nunca teriam feito o mesmo balanço. Em vez disso, teriam insistido em fazer do Natal o prazo final para todos os projetos – e teriam perdido todos."[22]

Como demonstram esses exemplos, as prioridades muitas vezes *não* são decisões de consenso de membros do grupo, mas condições impostas pelos líderes dos grupos para dirigir a convergência.

Conceitos de alto nível

Que tal isso para um conceito de produto de um novo carro esporte: "Schwartzenegger – rude porém refinado"? Em 1994, a "Mustang Team" da Ford o usou para orientar decisões de projeto sobre o som do motor, a tapeçaria, os faróis.[23] Mesmo trabalhando dentro de diretrizes de cultura e missão, os membros do grupo ainda precisam de orientação para decisões específicas, geralmente pequenas, sobre o projeto e a implementação da inovação que estão experimentando. O todo precisa ser uma agregação harmoniosa das partes. Conceitos de produtos ou especificações de alto nível são mecanismos de convergência poderosos. Por exemplo, projetistas da Fisher-Price trabalhando em uma cozinha de brinquedo para meninas acharam útil ter em mente, "cozinha de brinquedo *realista* com água."[24]

Na Electronic Arts, a visão de seus jogos eletrônicos esportivos evoluiu com o tempo. "O conceito elevado original era simulações de esportes, um jogo de ação com estratégia e exatidão estatística. Até então os jogos esportivos tinham sido jogos de ação com os números dos jogadores nas costas das personagens. Tentamos criar jogos com ação esportiva mais real, com maior verossimilhança. Então, dissemos: 'Está bem, o que isso significa?' E sugerimos: Jogos Esportivos Autênticos para Autênticos Fãs do Esporte."[25] E esse conceito tem algum poder verdadeiro! Na época do antigo Apple II, a Electronic Arts assinou um contrato com o antigo treinador do Oakland Raider, John Madden, para usar seu nome em um jogo de futebol. Entretanto, quando o produto, "John Madden Football," foi apresentado a Madden, ele não permitiu que o jogo fosse distribuído, pois a memória disponível do antigo Apple limitava o jogo a sete jogadores de cada lado! Passaram-se mais dois anos na prancheta de desenho antes que o John Madden Football, fiel a "Jogos Esportivos Autênticos para Autênticos Fãs do Esporte," pudesse ser comercializado.[26]

A vantagem de conceitos de alto nível expressivos é que os membros do grupo são conduzidos na mesma direção, mas com uma autonomia considerável. Eles sabem para onde precisam ir, e podem decidir sozinhos como chegar lá. Uma das ironias da administração é que quanto mais você deseja (ou precisa) delegar, mais claro deve ser o objetivo. Suponha que concordamos em nos encontrarmos na Cidade de Nova York na esquina da Quinta Avenida com a Rua 48 exatamente daqui a um ano, às 4 da tarde. Supondo que temos os recursos para chegar lá, não é necessário que especifiquemos o meio de transporte exato, nem o caminho exato. Podemos decidir sozinhos. Obviamente, esse exemplo está supersimplificado, pois as equipes criativas operam com múltiplas restrições. Entretanto, o princípio é sólido. Quanto mais claros forem o destino e o programa, mais decisões sobre como se chegar lá podem ser delegadas. Embora estejam determinados, mas ainda sujeitos a alguma interpretação individual, os conceitos de alto nível deixam espaço para a criatividade e a interpretação em grupo. Em vez de restringir os membros do grupo, essa clareza os capacita a agirem por conta própria.[27]

CONVERGÊNCIA CONSISTENTE

A convergência em um determinado nível fica incompleta se a solução violar as suposições de um nível mais alto. Isto é, se o conceito de produto de alto nível atribuído a um projeto não se encaixar nas prioridades ou na missão organizacional, ou se violar a cultura da comunidade, é provável que qualquer convergência seja temporária, a menos que você pretenda rever um dos limites de orientação de ordem superior. Os Heróis de Resgate da Fisher-Price surgiram porque o conceito de produto de uma figura de combate de forma em que geralmente era personificada violava um valor organizacional de dar "benefícios para a mãe" e também valor para o filho, e por isso o conceito do produto precisou ser alterado. É claro que às vezes nascem empresas novas justamente ao se transgredirem diretrizes limitativas, mas os administradores precisam fazer esses movimentos deliberadamente.

PROTÓTIPOS

"Se puder escolher entre planejar e fazer protótipo fique com o último," diz Paul Horn, vice-presidente sênior e diretor da IBM Research.[28] O protótipo é um mecanismo atraente para auxiliar a convergência, pois é uma visão preliminar de uma inovação, corporificada segundo alguma forma ou configuração que pode ser compartilhada. Ele pode ser manuseado, examinado, experimentado ou discutido. Protótipos vêm em todos os tamanhos e formas, de desenhos bidimensionais a objetos totalmente funcionais em tamanho natural.

Costumamos pensar em protótipos como *hardware*. Muitos são. Ande por qualquer estúdio de desenvolvimento de produtos e você vai dar de cara com uma história visual da invenção, na forma de numerosos projetos experimentais – objetos que parecem estranhamente familiares e, ao mesmo tempo, diferentes porque o produto final evoluiu além do protótipo específico que você vê. Na firma de projetos e engenharia IDEO com sede na Califórnia, você vê *mouses* de computador e controles remotos de vídeo/televisão de vários tamanhos e configurações que se encaixam na mão diferentemente, partes de equipamentos médicos feitas de espuma e tubos, brinquedos de crianças. Cada protótipo corporifica uma idéia e, como os esqueletos de corais, é um lembrete mudo, porém poderoso, de um processo orgânico passado.

Mas, as simulações e os vídeos também podem funcionar como protótipos, assim como comportamentos que são apresentados em representações dramáticas informais. Talvez sua oportunidade de inovação seja uma mudança organizacional que é necessária, ou uma mudança de comportamento, ou um novo serviço. Podem-se fazer protótipos de tudo isso. A interpretação de papéis descrita no Capítulo 3 como uma técnica de divergência para expressar pontos de vista diferentes pode ser usada também para apresentar uma inovação para a

CONSISTÊNCIA DO VALOR

Às vezes, as organizações refletem os indivíduos em função de suas prioridades e de como lidam com contestações a essas prioridades. O trabalho do psicólogo social Milton Rokeach examinou o papel da *centralidade* (semelhante à importância) ao prever mudanças de atitude e de comportamento. Para os indivíduos, seu *sentido de individualidade*, isto é, as concepções de quem são (comparável à *cultura* organizacional), é o mais central. Os próximos itens mais centrais são os *valores*, aquelas crenças, tais como liberdade, igualdade e sabedoria, que as pessoas consideram essenciais como princípios orientadores em suas vidas (semelhante à *missão* organizacional). Nossas *atitudes* (gostos e aversões) em relação a políticas, pessoas, comidas, qualquer coisa, são menos centrais (como *prioridades* organizacionais, *conceitos de produto* e *especificações*).

Rokeach estava particularmente interessado em situações em que as pessoas vivenciaram inconsistências entre a personalidade, os valores, as atitudes e o comportamento. Por exemplo, se Joe se considera uma pessoa generosa, humana (auto-imagem) que considera a igualdade uma virtude social fundamental (valor), mas percebe que votou contra um candidato (comportamento) porque não achava que uma mulher pudesse controlar o cargo (atitude), então é provável que ele experimente alguma inconsistência séria. Segundo Rokeach, como o *conceito* e os *valores* são mais centrais que as *atitudes*, é provável que Joe mude sua atitude e seus comportamentos próprio para alinhá-los. Certamente, um executivo que percebe que a política da empresa (p.ex., sonegar benefícios para parceiros do mesmo sexo) está em conflito com sua cultura (o "Jeito da HP") estará motivado para mudar a política.

convergência. Os funcionários da Interval Research passaram dias observando um esteticista para descobrir como esse indivíduo, que considerava o computador um ábaco automatizado para emitir notas, poderia usar computadores e mídia para outras tarefas relacionadas mais diretamente com o trato dos cabelos. Depois de surgirem com várias idéias, eles montaram um sistema de protótipo que permitiria que um espelho fosse transformado em uma tela de televisão, uma vista ampliada de uma agenda ou um vídeofone, todos posicionados bem na frente do cliente sentado com o esteticista atrás da cadeira. Então, eles encenaram e simularam as interações do esteticista e os clientes com o sistema, usando interfaces de gestos para que ninguém tivesse de interromper as rotinas normais para tocar em qualquer coisa. A simulação sintetizou tudo o que eles tinham aprendido em suas observações em um salão de beleza com todas as soluções tecnológicas para as quais a equipe tinha convergido. Ela também comunicou graficamente o conceito aos demais.

Fazer protótipos como comunicação

Protótipos são ferramentas de comunicação inestimáveis, pois fornecem um foco para a discussão entre pessoas com perspectivas diferentes. Independente de sua preferência por modos de pensar ou formação profissional, todos os indivíduos tratam da mesma corporificação concreta de um conceito de inovação. O fato de *verem* o protótipo diferentemente não diminui sua utilidade. Na realidade, ser capaz de expressar essas visões diferentes a respeito do mesmo artefato auxilia muito a comunicação. A razão de cegos descrevendo um elefante de maneira diferente ser uma metáfora tão poderosa para perspectivas conflitantes é que todos eles estão descrevendo o mesmo animal. Bons protótipos incorporam o animal por inteiro, se bem que em forma primitiva.

Assim, o engenheiro trabalhando em uma nova televisão, digamos, concentra-se em seu funcionamento, enquanto o desenhista industrial também considerará como os controles são favoráveis ao usuários. Eles conseguem avaliar a ligação entre função e forma apontando para as várias partes do equipamento enquanto conversam. Um gerente de produto com uma equipe muito nova e um tanto inexperiente, encarregado de criar um produto altamente interativo baseado na Internet, achou útil montar um único computador em uma sala de reunião *diariamente* e reunir sua equipe em volta da única tela para discussão. "Dessa forma," explicou, "todos nós vemos exatamente como estamos evoluindo. O protótipo muda diariamente de modo lento e sutil, e cada um de nós precisa entender o que os outros estão fazendo."

Os protótipos são úteis não só para a comunicação entre desenvolvedores para ajudar na convergência, mas entre a equipe de criação e os usuários-alvo. Quando a inovação é tal que o público em geral entende, a observação de qualquer pessoa pode levar à mudança. Jerry Hirshberg da Nissan International Design conta a história de como a opinião da secretária de um executivo alterou o projeto do Cocoon. Todos da empresa estavam no pátio admirando o protótipo de um novo veículo quando Cathy Woo deu uma volta um pouco atrasada, tendo parado para pegar sua xícara de chá. Assim, não influenciada pela receptividade aconchegante da adulação de todos, ela foi a primeira e única a perceber que o imperador estava nu. "Bem, para mim, ele simplesmente parece gordo, bobo e feio!" disse ela, com uma franqueza incomum. No silêncio que se seguiu, os projetistas reconheceram a veracidade da observação que eles estavam escondendo de si mesmos, e "agora se sentiram à vontade para pegar os bisturis e fazer a importante cirurgia necessária [no projeto]."[29]

Uma palavra de cautela sobre mostrar protótipos para possíveis usuários: muitas pessoas não entendem o que é um protótipo e pensarão que você está mais perto de uma solução do que pode estar, se você mostrar seu progresso prematuramente. Larry Shubert da empresa de projetos IDEO observa: "Muitas vezes, após desenvolvermos um protótipo ou modelo, clientes sem muita experiência em desenvolvimento de produto querem começar a despachar o produto no dia seguinte. Eles não entendem a quantidade de tempo, esforço e energia que entra em toda a engenharia detalhada necessária para transformar o conceito em um produto real."[30] Engenheiros de *software* que trabalhavam em uma nova ferramenta de vendas em uma empresa importante de computadores pediram o apoio do vice-presidente de vendas demonstrando-lhe seu protótipo pouco antes do Dia de Ação de Graças (a terceira semana de novembro). Para sua alegria, ele adorou o conceito; para seu desânimo, ele anunciou que eles deveriam ter uma versão acabada na mesa de todo o pessoal de vendas até o Natal – um mês depois! A aquiescência relutante do líder do projeto a essa programação irrealista levou a um novo apelido para o projeto: O Peru de Natal. Eles tinham certeza de que seu "peru seria cozinhado" por perder o prazo.

Além disso, seu protótipo precisa incorporar aqueles aspectos da inovação que são realmente cruciais para os usuários. Quando um grupo criativo surgiu com um novo conceito de serviço de *home banking*, eles não conseguiam imaginar como explicar claramente a seus clientes atuais e potenciais como sua experiência mudaria. Eles podiam mostrar o *software* que o cliente usaria, mas não a facilidade com que o cliente também poderia entrar em contato com um representante instruído do serviço no banco. Por isso, fizeram um vídeo de seu novo conceito em ação e mostraram-no aos clientes. O vídeo mostrava um cliente primeiro acessando informações através do *software*, depois encontrando um problema, então telefonando para o banco e usando um telefone de teclas para lidar (na hora) com o novo menu de "tecle um para..." e contatar a pessoa melhor equipada para ajudá-lo. O protótipo foi bem recebido; os usuários fizeram pequenas sugestões e ajudaram imensamente o processo de convergência. Entretanto, os usuários ficaram muito descontentes quando o serviço real saiu diferente do protótipo em poucas – porém significativas – maneiras. Os usuários que ligavam para o banco ficavam esperando ouvindo uma música "horrível" enquanto uma mensagem gravada lhes garantia que o "próximo representante de atendimento ao cliente disponível" os ajudariam se ficassem na linha. Enquanto isso, a mensagem os algemava ao telefone dizendo-lhes que sua chamada seria respondida na ordem em que fora recebida! O que esses desenvolvedores esqueceram foi que, para conseguir dos usuários informações precisas sobre um protótipo, é necessário descrever as características mais importantes para eles – nesse caso, o tempo gasto esperando assim como o resto do conceito do serviço. Contudo, quando os possíveis usuários entendem o processo de criação e são confiáveis para distinguir um protótipo de um produto quase acabado, eles fornecem uma colaboração extremamente importante para o processo.

O protótipo como experimento

E se você não souber o que precisa saber? Protótipos também são úteis para fazer experimentos, para descobrir o que funciona antes de ir para o tamanho natural. Mais especialmente, quem tira proveito de experimentos com protótipos são as inovações nas organizações, pois a introdução de uma mudança organizacional pode afetar muitos outros aspectos da vida no trabalho além dos diretamente abordados. Nos anos 1980, os gerentes de uma empresa industrial que estavam mudando de desenhos em papel para desenhos no computador achavam que tinham duas opções: treinar seus engenheiros para fazerem os próprios desenhos auxiliados por computador ou treinar alguns desenhistas para servirem de auxiliares técnicos e continuarem a transformar os rascunhos dos engenheiros em plantas altamente especifica. Havia muitas variáveis a serem consideradas, do custo à disposição dos engenheiros para aprenderem engenharia auxiliada por computador (CAE – *computer-aided engineering*). Hoje a resposta parece óbvia, pois os engenheiros são treinados para usarem computadores desde a escola, mas na época a resposta não estava nem um pouco clara. A organização, portanto, decidiu tentar dos dois jeitos, em duas divisões diferentes. Eles logo descobriram que os indivíduos variavam tremendamente em sua boa vontade e capacidade para usar os computadores, mas que a idéia de um conjunto de técnicos treinados para fazer o trabalho também não era satisfatória. Continuavam a ocorrer muitos erros no processo de conversão. Além disso, surgiram questões de remuneração que contestavam as classificações de funções correntes. Os sindicatos se envolveram. Logo ficou claro que ter um conjunto central de técnicos somente *parecia* mais fácil do que persuadir os engenheiros a aprenderem CAE, pois, verdade, seria mais barato elaborar incentivos atraentes para os engenheiros aprenderem CAE que criar uma nova classe de funcionários.

Seja o protótipo social, comportamental ou físico, abordagens "rápidas e sujas" geralmente podem produzir informações suficientes para serem extremamente úteis. A miniusina altamente inovadora Chaparral Steel é famosa por sua capacidade de conseguir muita informação a custo baixo. Quando os funcionários decidiram que proteções metálicas ao longo do curso dos lingotes incandescentes de ação seria uma idéia boa, eles primeiro usaram protótipos de compensado encharcado de água para determinar a melhor altura e o ângulo das placas. Gastaram muito compensado, mas foi muito mais barato do que trabalhar com ligas metálicas especiais! Esses experimentos fornecem tanta informação ao grupo que os membros conseguem convergir rapidamente para o projeto final.

TÉCNICAS DE CONVERGÊNCIA

Cultura, missão, prioridades e conceito de alto nível, todos estabelecem os limites em que a criatividade pode florescer. Dentro desses limites, existem muitas técnicas além de fazer protótipos para ajudar os grupos a atingirem a convergência. Eis uma amostra de algumas dessas técnicas mais importantes.

Capacidades essenciais e forças motrizes

Bolas de cristal e pranchetas Ouija podem ser tecnologias ultrapassadas, mas mesmo assim gostaríamos de ver o futuro. Como um grupo existente pode convergir para mudanças em sua missão exigidas por um ambiente alterado ou por um novo grupo com um objetivo direcionado? Ou, como um grupo criativo pode convergir para um novo empreendimento, uma nova linha de produtos, enfim, qualquer coisa que envolva dar uma boa olhada na estratégia? Uma técnica é uma combinação de dois exercícios: estabelecer as capacidades essenciais da organização e identificar as principais forças motrizes que afetam o ambiente em que a organização opera. Esses exercícios podem levar algumas horas ou alguns anos, dependendo de quão superficial ou profundo você deseja ser. A descrição seguinte lhe dará uma idéia de como esse exercício funciona. Entretanto, "não tente isso em casa" é um aviso razoável. Você pode precisar de facilitadores experientes para ajudá-lo a fazer um plano estratégico baseado nos exercícios.

As *capacidades essenciais* de uma organização são um sistema de ativos de conhecimento interdependentes que proporcionam vantagem competitiva.[31] Em suma, em que somos melhores que qualquer outro. Identificar as capacidades essenciais de sua organização pode parecer fácil, mas, na verdade, é extremamente difícil. Se você apresentar mais de cinco, as chances são de que elas não sejam essenciais! Trabalhando em nível de unidade *operacional* (ou unidade de negócio) e envolvendo uma fatia vertical de indivíduos (i.e., alguns representantes de todos os níveis organizacionais), você consegue determinar suas capacidades essenciais fazendo as perguntas-chave:

- Que conhecimento possuímos que tem se *desenvolvido com o tempo*, que *não é imitado facilmente* e que é *altamente valorizado* por nossos clientes ou fregueses?
- Esse conhecimento é *superior* (não apenas equivalente) ao das outras organizações em nosso campo?
- Podemos *basear muitos produtos ou serviços* nesse sistema de conhecimento?

E a pergunta mais difícil de todas para responder:

- É provável que esse conhecimento *continue valioso* no futuro? (O exercício das forças motrizes o ajudará a responder a essa pergunta.)

As capacidades essenciais podem basear-se em tecnologia (p.ex., conhecimento de abrasivos e revestimentos na 3M) ou podem ser capacidades operacionais incomuns (p.ex., distribuição na Dell ou Gateway Computers, ou a capacidade do Banco Mundial de trabalhar com múltiplas clientelas em todo o mundo).

Eis uma maneira de fazer o exercício: cada membro individual do grupo escreve várias sugestões de capacidades essenciais, uma por ficha de arquivo ou "adesivo." As pessoas, então, se revezam colando suas idéias em uma parede e agrupando-as com outras idéias que já estão lá. (Isso pode ser feito em silêncio ou com discussão.) Em seguida, cada agrupamento de sugestões é etiquetado com uma declaração da capacidade essencial e os membros escolhem de três a cinco principais para serem usadas no exercício. As capacidades essenciais são postas de lado enquanto o grupo volta sua atenção para identificar as forças motrizes.

Forças motrizes são mudanças no ambiente – sociais, políticas, físicas, técnicas – que podem afetar seu objetivo e sua direção organizacionais. O advento da Internet, por exemplo, influencia as operações de quase toda organização do mundo desenvolvido, desde escolas até bancos, ou mesmo floriculturas. O objetivo desta parte do exercício é identificar de três a cinco forças motrizes que você considera mais prováveis de afetarem suas operações organizacionais. O processo de convergência é o mesmo que o descrito para as capacidades essenciais, começando com as sugestões individuais escritas em fichas ou adesivos e agrupando essas idéias até que haja algum consenso em torno das três a cinco forças motrizes mais importantes.

Agora vamos para a diversão de fato. Combine os dois exercícios, com as forças motrizes anotadas no eixo vertical à esquerda e as capacidades essenciais listadas no alto, para que a intersecção das duas forme uma matriz de células (Figura 4.2). Cada célula representa a interação de uma capacidade essencial com uma força motriz. Enquanto discute a célula, você pode descobrir que sua organização está pronta para aproveitar a força motriz (oportunidade), ou a força pode representar uma ameaça que precisa ser considerada. Mais tipicamente, entretanto, a análise de uma determinada célula revelará tanto oportunidades como ameaças (ver Figura 4.2).

Você também pode achar que uma determinada capacidade essencial parece mais uma rigidez essencial[32] ao considerar uma força motriz. Por exemplo, uma faculdade comprometida com a atenção individualizada, que você via como uma capacidade essencial, pode não ser uma vantagem se vocês pretendem promover mais aprendizado à distância. Ou, analise uma empresa de diagnósticos médicos com uma capacidade essencial de fazer exames de determinadas doenças rápida e precisamente em pacientes que contraíram a doença. Mas, agora a empresa prevê uma força motriz poderosa – o término do Projeto do Genoma Humano. Sua capacidade, como conseqüência, pode ficar ultrapassada, pois a capacidade de identificar indivíduos com alto risco para certas doenças se torna possível.

Capacidades essenciais

	Ex-alunos leais e envolvidos	Orientação internacional e línguas estrangeiras	Atenção individualizada
Forças Motrizes			Ameaças / Oportunidades
Tecnologia da informação			
Preparo no trabalho ("Relevância")			
Custos crescentes da faculdade			

Atenção individualizada/Tecnologia da informação

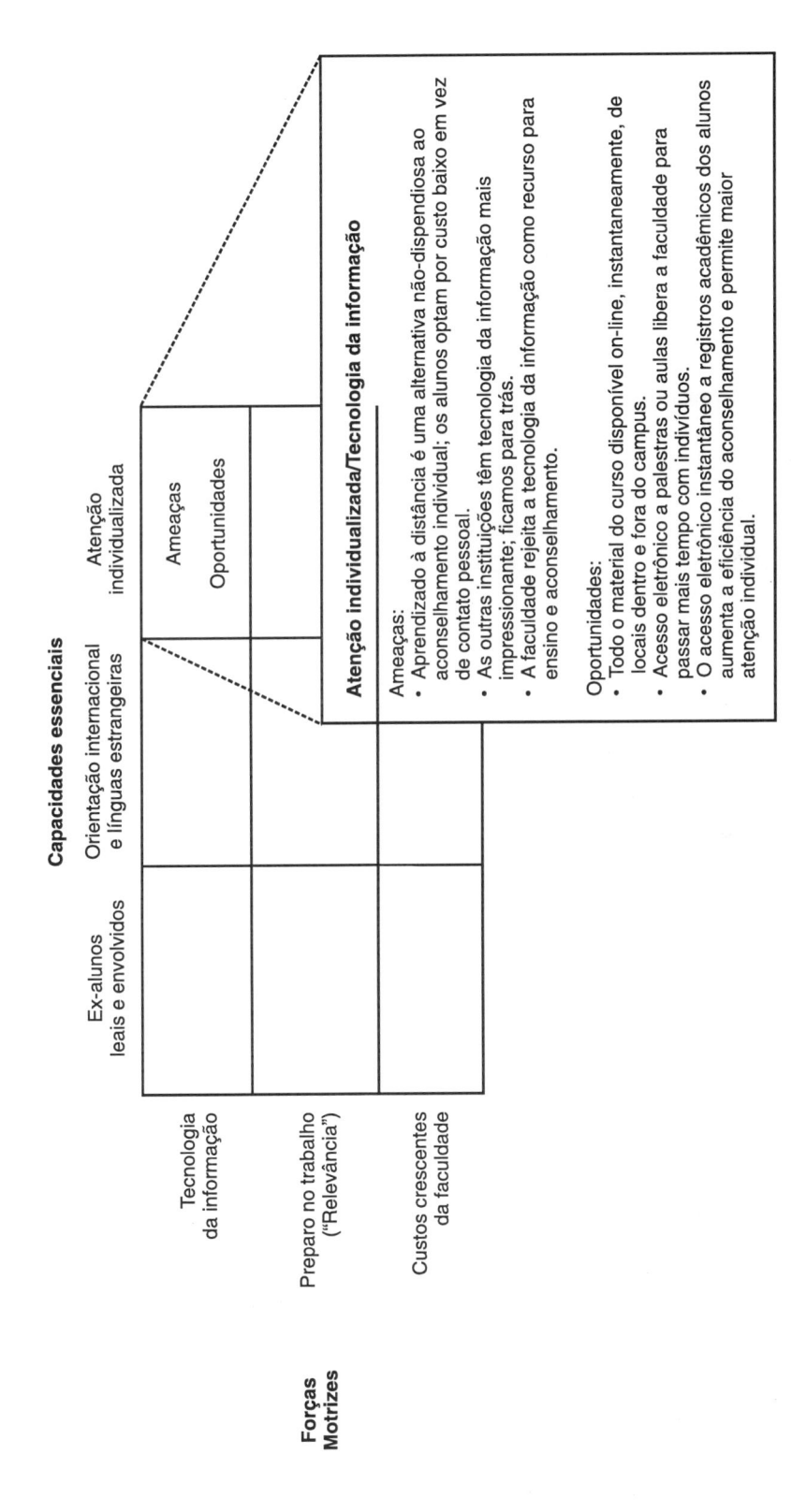

Ameaças:
- Aprendizado à distância é uma alternativa não-dispendiosa ao aconselhamento individual; os alunos optam por custo baixo em vez de contato pessoal.
- As outras instituições têm tecnologia da informação mais impressionante; ficamos para trás.
- A faculdade rejeita a tecnologia da informação como recurso para ensino e aconselhamento.

Oportunidades:
- Todo o material do curso disponível on-line, instantaneamente, de locais dentro e fora do campus.
- Acesso eletrônico a palestras ou aulas libera a faculdade para passar mais tempo com indivíduos.
- O acesso eletrônico instantâneo a registros acadêmicos dos alunos aumenta a eficiência do aconselhamento e permite maior atenção individual.

Figura 4.2 Análise das capacidades essenciais e forças motrizes.

E se você tiver a experiência bem perturbadora de descobrir que sua missão ou outros limites direcionais são contestados pela análise? Nossa faculdade hipotética, cuja força reside no ensino direto, pode ter de repensar e redirecionar essa missão em face de prováveis desenvolvimentos em tecnologia. E que tal a força motriz da crescente globalização dos mercados? Talvez os serviços existentes precisem ser repensados, por exemplo, fornecendo aos alunos treinamento prático em sensibilidade cultural.

Cenários futuros e reversão

Acabamos de ir para o futuro. Agora vamos tentar voltar *do* futuro, usando uma técnica chamada de reversão. Imagine, se assim quiser, dois cenários futuros (digamos, daqui a cinco anos) para o ambiente em que sua organização estará operando. Um desses cenários poderia ser muito vantajoso e o outro desastroso. Trabalhando de trás para diante, qual é uma provável cadeia de eventos conduzindo a cada cenário? Que eventos podem ser previstos, alterados, ignorados e influenciados?

Pense em um grupo de administradores da Cozy College reunindo-se para desenvolver um conjunto de planos estratégicos. A escola está em boa forma, com uma boa verba e cinco candidatos para cada vaga na classe dos calouros. Cozy tem um conjunto de valores e competências essenciais: atenção individualizada, forte orientação internacional e em língua estrangeira e ex-alunos leais e envolvidos. Também há interesse em algumas tendências observadas no ensino superior: aprendizado à distância através da Internet, custos crescentes da faculdade e a necessidade de preparar os alunos para trabalharem imediatamente após a formatura. O grupo acaba de concluir um exercício de capacidades essenciais/forças motrizes (ver Figura 4.2) em que extrapolaram o presente em direção a algum ponto no futuro. Eles concluíram que, enquanto a economia permanecer forte, a Cozy será capaz de explorar com sucesso suas capacidades essenciais como uma vantagem competitiva sobre instituições concorrentes. A ameaça do aprendizado à distância deve ser levada em conta, é claro, e devem-se tomar providências apropriadas para garantir que os futuros alunos apreciem as vantagens do ensino personalizado.

Agora o grupo resolve adotar a técnica da reversão. Eles tentam visualizar o mundo daqui a cinco a sete anos: o aprendizado à distância evoluiu na medida em que "salas de aulas virtuais" se tornaram comuns, com capacidades interativas e "expediente" com professores pela Internet. As habilidades necessárias para empregos de alto nível mudaram dramaticamente. O inglês se tornou cada vez mais a língua franca em grande parte do mundo. E os custos de tecnologia, subsídio financeiro e salários continuaram a subir no dobro da proporção das receitas das famílias médias. Aonde a Cozy quer estar nesse ambiente? Do que ela deseja se livrar ou escapar?

Imagine dois cenários: o futuro positivo é aquele em que investimentos sensatos, uso estratégico de recursos e ex-alunos agradecidos tornaram possível que determinados departamentos, particularmente os que enfatizam os estudos internacionais, se expandissem. Foram montados *campi* via satélite na América Latina, no sul da Ásia e no leste da África. A secretaria está na agradável posição de matricular um aluno para cada dez candidatos.

No futuro negativo, muitos alunos decidiram transferir-se para um *campus* virtual, no qual seu diploma custará uma fração de um obtido na Cozy. Professores e administradores estão sendo despedidos e, devido a um sério declínio em matrículas em língua estrangeira, esses departamentos estão sendo reorganizados para um único departamento menor. Agora dois alunos se candidatam a cada vaga disponível. A faculdade deve repensar seus valores mais importantes.

Como é possível prever resultados tão radicalmente diferentes? Bem, esse não é realmente o intento do exercício. Ao contrário, a reversão permite que o grupo faça a engenharia reversa das etapas através das quais cada resultado poderia ter evoluído, que etapas são controláveis e como elas poderiam ser cumpridas para alcançar o cenário positivo e mudadas para evitar o cenário negativo. Por exemplo, no cenário negativo, os alunos estão se transferindo em grandes números. Como essa hemorragia poderia ser estancada? Eles estão saindo por razões puramente financeiras, achando que o valor agregado fornecido pela Cozy é superado pela economia financeira? Nesse caso, a tecnologia pode ser melhor incorporada ao ensino, com benefícios para os alunos e para a instituição? Pode-se dar o caso dos "diplomas virtuais" não estarem valendo os *pixels* que os compõem? O ensino personalizado que a Cozy valoriza pode ser promovido com mais vigor para alunos em perspectiva, talvez através de uma firma de relações públicas?

Que providências provavelmente levarão a um aumento da presença internacional da Cozy no cenário positivo? Os *campi* via satélite podem ser considerados uma força educacional ou um ativo financeiro até mesmo (ou, talvez, especialmente) em uma economia em baixa? Que ativos precisariam ser gerados ou desviados para criar esses *campi*? Qual será o impacto sobre outros programas, talvez igualmente necessitados? Cada uma dessas perguntas traz o grupo mais longe do futuro, de volta ao presente.

A criação de cenários e a reversão consomem tempo e esforço consideráveis. Mas, quando combinados com o exercício das forças motrizes/capacidades essenciais, o grupo pode ganhar tanto uma visão altamente focalizada das forças, fraquezas, oportunidades e desafios da organização, como uma perspectiva do quadro geral de como ela está posicionada para satisfazer o futuro. O perigo é que o exercício se concentre apenas no positivo e os membros saiam com uma convergência fincada na irrealidade. Devido a essas complexidades, pode ser sensato trazer de fora um facilitador experiente.

Facilitação

Imagine o seguinte: é uma reunião importante e o atrito criativo é provável. Temos folhas de tabelas e gráficos e lousas brancas e dezesseis cores de canetas. Temos pilhas de fichas e fita crepe suficiente para prender folhas de tabelas e gráficos na parede para circundar o prédio. Nossos lápis e mentes estão apontados. Estamos *prontos*! E agora, quem vai completar nossas idéias e nos ajudar a convergir para uma solução? Um dos gerentes sêniores na sala? Vamos analisar o que define um bom facilitador: capacidade de estruturar uma discussão, sintetizar comentários, captar idéias em texto e gráficos informais. Os gerentes podem estar aprovados até aí, embora seja improvável que tenhamos um Picasso em nosso meio para criar bons gráficos. Mas, que tal o resto das qualificações? Objetividade, paciência, extraordinária capacidade de ouvir, capacidade de sondar e questionar suposições? Talvez – mas algumas das mesmas qualidades que ajudaram esses indivíduos a se tornarem gerentes de alto nível, tais como a determinação, dificultam sua habilidade em facilitar a criatividade do grupo. Além disso, eles podem achar difícil serem absolutamente objetivos, comparados a alguém que não esteja envolvido em um determinado resultado, mas só em chegar a um acordo.

Há diferenças culturais interessantes entre as organizações nessa questão. Em algumas, os grupos têm como certo que terão um facilitador para apressar as coisas e manter as questões impessoais. Em outras, envolver um facilitador experiente é visto como fraqueza.

Suponhamos que a decisão esteja tomada. Essa reunião precisa de um facilitador. A decisão seguinte é trazer alguém de fora ou usar um talento da casa. Você provavelmente tem especialistas, talvez em recursos humanos, mas se não tiver, talvez tenha que trazer um profissional de fora e possivelmente investir tempo para instruir esse indivíduo sobre seu negócio. Vale o esforço? Muitos gerentes corporativos acham que sim. Por exemplo, a Quantum Corporation, fabricante de unidades de disco, usou esses indivíduos rotineiramente para ajudarem as equipes de desenvolvimento de novos produtos a chegarem a um consenso.

Mas, você pode desejar levar em conta um membro da organização, alguém que esteja intimamente familiarizado com suas operações, para facilitar. Na verdade, discussões sobre "trazer ou não alguém de fora" geralmente giram em torno dessa mesma questão: devemos trazer um profissional que não sabe nada a nosso respeito, mas que sabe como dirigir uma reunião? Ou perdemos muito não tendo alguém de dentro da organização? E se for de dentro, pode ficar mais ou menos neutro? Todos podem confiar nele? Essas são perguntas importantes que precisam ser analisadas claramente. Mas, é provável que as organizações tenham talentos próprios com duas habilidades particularmente valiosas.

Em primeiro lugar, você pode ter pessoas com habilidades em forma de T.[33] Esses indivíduos têm uma profunda especialização em uma função ou profissão (o eixo do T) e uma capacidade de utilizar sua especialização em uma ampla variedade de situações em suas operações (a travessa do T). Eles são capazes de enunciar como seus diferentes segmentos de clientes, ou localizações geográficas, ou parcerias industriais, interagem com sua base de conhecimento específica. Assim, um executivo financeiro com habilidades em forma de T pode mostrar como as relações financeiras afetariam determinados grupos ou linhas de produtos. Um engenheiro com habilidades em forma de T pode explicar como uma determinada tecnologia poderia ser usada em muitos produtos ou segmentos de mercado. Experiência em várias equipes multifuncionais desenvolve habilidades em forma de T. Entretanto, trabalhar exclusivamente nessas equipes, sem oportunidade de renovar a especialização funcional, pode reduzir muito a utilidade de uma habilidade em forma de T. (Isto é, o eixo do T é diminuído, deixando apenas uma base rasa de conhecimento especializado.) Um indivíduo é um tradutor valioso enquanto tiver uma base de conhecimento razoavelmente atual. Por essa razão, algumas organizações deliberadamente alternam indivíduos com várias habilidades entre atribuições de trabalho em equipe e baseadas na função.

Outro tipo de facilitador natural é o conciliador de limites que fala múltiplas linguagens disciplinares – talvez finanças e *marketing*, ou suporte técnico e projeto. São eles que ajudam o avanço da discussão traduzindo entre as diferentes profissões ou modos de pensar, dizendo, "Acho que o que Joe quer dizer é..." Eles quase sempre trabalharam em mais de uma função na organização ou têm uma mistura de educação formal que permite que vejam qualquer problema a partir de mais de uma perspectiva. Esses indivíduos são inestimáveis para ajudar os grupos a avançarem para o consenso. Um gerente os chamou de "a cola" que mantém suas equipes unidas. Uma gerente que tinha realizado essa função se apresentou como "a cerca." "Quando estava no desenvolvimento [de *software*], eu era a única pessoa que podia conversar com o

---

CONCILIADOR DE LIMITES

Tom Corddry, que na época era gerente de produtos de multimídia para a família, estava particularmente impressionado com pessoas com múltiplos talentos.

Fico realmente fascinado quando descubro que alguém já fez uma mudança consciente [na carreira]. Que eles cruzaram a linha. Que eles começaram como um artista e acabaram como um cientista da computação, ou começaram como músico e então acabaram como cientista da computação, ou começaram como cientista da computação e então acabaram como pintor. Conheço bem essas pessoas. Sei que elas existem. E você realmente procura por elas porque podem não fazer o máximo no seu trabalho, mas se as tiver em número suficiente, elas de certo modo colam as coisas. Elas explicam as pessoas umas para as outras.[34]

pessoal de *marketing*, e quando estava no *marketing* era a única que podia conversar com o pessoal do desenvolvimento."[35] Entretanto, na maioria das empresas com sede nos Estados Unidos, o caminho para a sala da diretoria é através da especialização, e poucas empresas estimulam um plano de carreira que passe por mais de uma disciplina.

Um vocabulário comum

Como todo viajante em um país estrangeiro sabe, comunicar-se através de intérpretes é menos desejável que partilhar uma linguagem comum. Grupos compostos de membros intelectualmente diversos podem achar que vale a pena despender tempo para desenvolver um vocabulário compartilhado. Susan Schilling do Lucas Learning sabia que precisava ajudar os diferentes membros do seu grupo a desenvolverem um vocabulário comum, pois eles vinham de várias empresas de jogos e entretenimento e também de ensino. Ela fez uma série de quatro reuniões de duas horas em que pediu aos membros para descreverem sua mais recente experiência em desenvolvimento de produto – quais foram os acontecimentos importantes, como tomaram decisões de projeto, o que constituiu um teste "alfa" e um teste "beta." "Estávamos articulando um modelo de como trabalhar em conjunto," explica ela. Ela também organizou seminários sobre a teoria do aprendizado para que todos pudessem entender e falar sobre as bases psicológicas de seus produtos educativos. "Um artista é bem-vindo para participar dessas sessões para se instruir sobre teoria do aprendizado," ela observa. "Não é uma diversão, mas uma parte essencial do seu trabalho."[36]

Normalizando os encontrões

Betsy Pace, presidente da OnLive!, empresa novata da Internet, descobriu que os projetos em seu ambiente altamente imprevisível passavam por várias fases previsíveis. Até perceber que o processo era inerentemente cíclico, ela ficou estarrecida quando seu grupo, aparentemente coeso e compatível, de repente se desintegrou quando o produto estava quase acabado e os membros começaram a "rever os resumos." Isto é, as diferentes funções começaram a acusar-se mutuamente por inadequações do produto. Subitamente, o pessoal do *marketing* começou a questionar a competência de seus colegas da engenharia, e os engenheiros começaram a duvidar (em voz alta) da confiabilidade da inteligência do *marketing* na condução do projeto. Com mais azedume que atrito criativo ocupando os corredores, ela pensava no que fazer. Sua solução foi extraordinariamente simples e efetiva. Ela "normalizou" (como diriam os psicólogos) os pontos acidentados no processo fazendo uma exposição do processo para o grupo ver, mas não com termos de engenharia (Figura 4.3). A "Fase do Enguiço" estava, de fato, afetando a

CENTELHAS INCANDESCENTES **119**

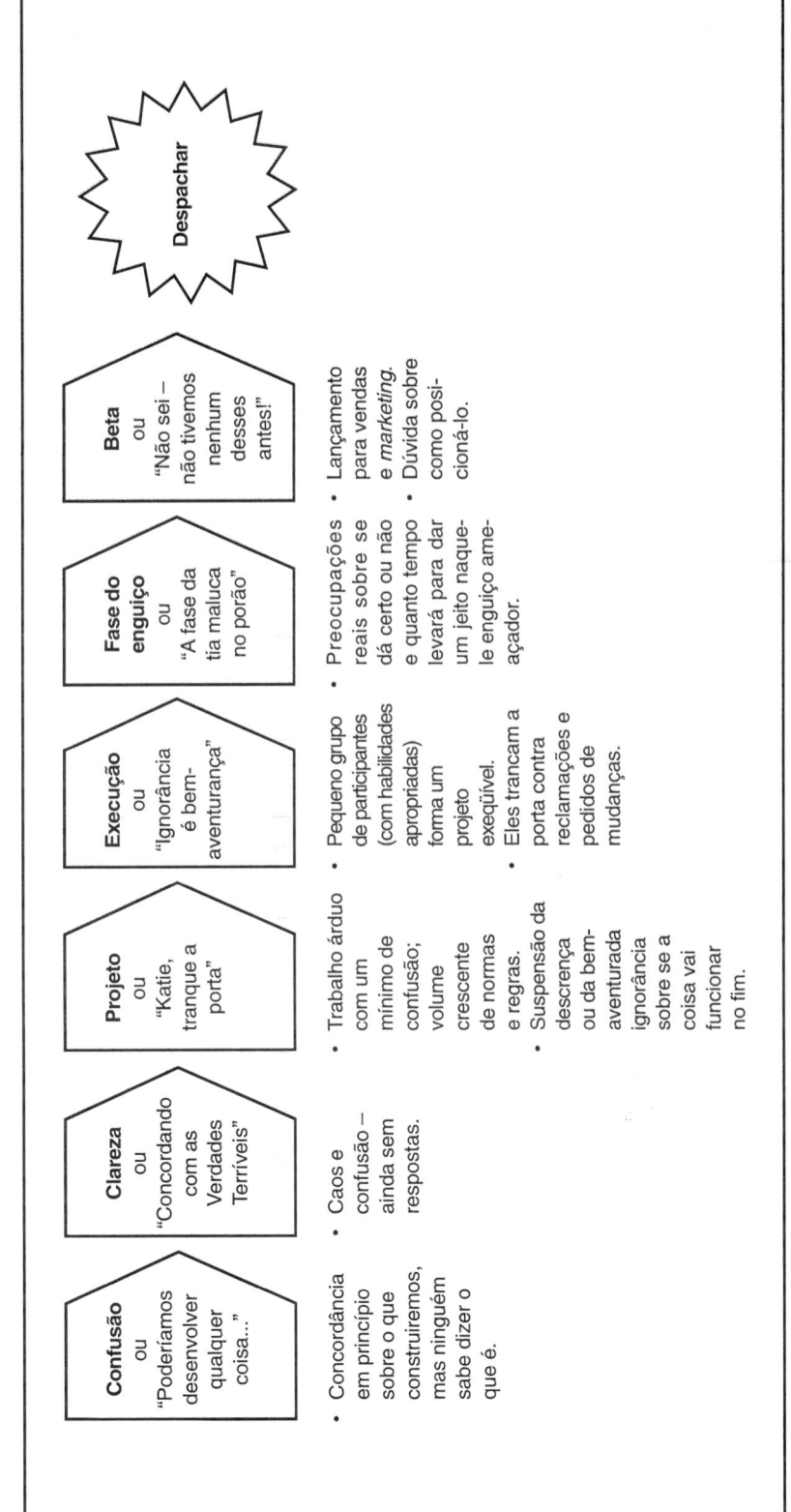

Confusão ou "Poderíamos desenvolver qualquer coisa..."	**Clareza** ou "Concordando com as Verdades Terríveis"	**Projeto** ou "Katie, tranque a porta"	**Execução** ou "Ignorância é bem-aventurança"	**Fase do enguiço** ou "A fase da tia maluca no porão"	**Beta** ou "Não sei – não tivemos nenhum desses antes!"	**Despachar**
• Concordância em princípio sobre o que construiremos, mas ninguém sabe dizer o que é.	• Caos e confusão — ainda sem respostas.	• Trabalho árduo com um mínimo de confusão; volume crescente de normas e regras. • Suspensão da descrença ou da bem-aventurada ignorância sobre se a coisa vai funcionar no fim.	• Pequeno grupo de participantes (com habilidades apropriadas) forma um projeto exeqüível. • Eles trancam a porta contra reclamações e pedidos de mudanças.	• Preocupações reais sobre se dá certo ou não e quanto tempo levará para dar um jeito naquele enguiço ameaçador.	• Lançamento para vendas e *marketing*. • Dúvida sobre como posicioná-lo.	

Figura 4.3 Normalizando o conflito em grupo: estágios do processo de lançamento da OnLive!.

todos. Era "como se houvesse uma tia maluca no porão, batendo no teto com um cabo de vassoura" e lançando os ocupantes da casa acima em total desordem com o barulho, a confusão e a raiva. (Não, também não temos muita certeza de por que era uma *tia* – apenas um dos pequenos pedaços de humor organizacional idiossincrático.) Felizmente, tornar o processo visível ajudou muito. Reconhecer que as tensões e o estresse estavam *sempre* altos nesse ponto do processo despersonalizou o conflito. Além disso, os membros do grupo reconheceram que isso também passaria; como a descoberta de uma criança da palavra "não," foi apenas uma fase.[37]

Use a escada da inferência[38]

Como nossa capacidade de absorver tudo a nossa volta é necessariamente limitada, aprendemos cedo na vida (como todo pai sabe) a nos concentrarmos seletivamente em algumas coisas e ignorar outras. Um dos nossos traços peculiarmente humanos é tirar conclusões com a agilidade de um Ninja. Essa agilidade é eficiente e geralmente essencial; não podemos parar e labutar em cada etapa de pensamento que leva a uma decisão. Entretanto, como tiramos conclusões automaticamente, em geral confundimos inferência com fato. Veja o que acontece na conversa seguinte entre os três participantes de nossa vinheta inicial, enquanto se dirigem ao bar.

> "Essa coisa de lidar com o público é importante, eu sei," disse Patrícia. "Mas estou impressionada com o fato que, enquanto 83 por cento das pessoas entregam suas declarações do imposto de renda, 17 por cento costumam não entregar. Fico pensando, o que podemos fazer a esse respeito?"
> "Oh, isso é falta de juízo," desdenhou Bóris. "Precisamos de cumprimento mais rigoroso das leis, e se isso não adiantar, devemos fazer leis mais duras. Penso que uma agência especial de cobrança poderia ser a maneira de fazer isso, um tipo de SWAT para transgressores."
> "Isso parece um pouco severo," respondeu Ming. "Parece-me que se a legislatura fizesse leis tributárias mais simples e nós fizéssemos formulários de impostos mais simples, conseguiríamos uma conformidade muito maior. Talvez se taxássemos as pessoas em 3 por cento ou 4 por cento ou quanto for em seus impostos federais, elas ficariam mais inclinadas a pagar."

Vamos examinar essas duas sugestões um pouco mais detalhadamente, seguindo cada um dos "dados" brutos – a observação de Patrícia sobre a conformidade dos contribuintes – até as duas conclusões muito diferentes que eles tiraram (Figura 4.4).

		Bóris	Ming
	Decidir o que fazer	Criar uma agência especial de cobrança.	Simplificar o processo de cobrança.
	Entender/avaliar que está acontecendo	As pessoas não pagarão a não ser que sejamos duros com elas.	As pessoas pagarão se facilitarmos o processo para elas.
	Especificar os dados	Muitas pessoas são transgressoras desonestas.	A maioria das pessoas é honesta e cumpridora das leis.
	Parafrasear os dados	Muitas pessoas não pagam seus impostos.	A maioria das pessoas paga seus impostos.
	Selecionar os dados	17% não entregam.	83% entregam.
	"Os dados"	83% das pessoas entregam seus formulários de impostos; 17% não entregam.	

Escada da inferência

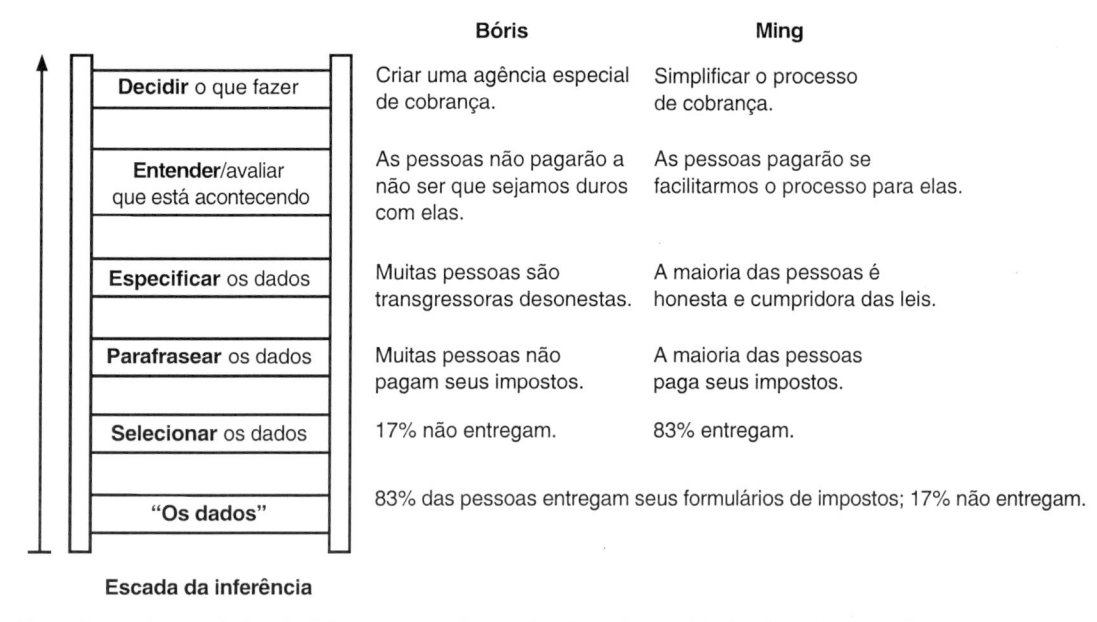

Fonte: Baseado no trabalho de Cris Argyris em *Reasoning, Learning and Action: Individual and Organizational* (San Francisco: Jossey-Bass, 1982).

Figura 4.4 A escada da inferência.

Primeiro, Bóris: ele se concentrou nos 17 por cento de pessoas que não cumpriram a lei. Sua inferência automática é que essas pessoas são transgressoras de leis, que estão deixando de pagar seus impostos de propósito. Sendo esse o caso, elas devem estar sujeitas a toda a gama de penalidades por violar a lei. E em sua cabeça surge a opção de ter algum tipo de agência "especial" de cobrança para descobrir os infratores.

Ming tem uma receita diferente. O que ele ouviu foi que *algumas* pessoas poderiam estar evitando deliberadamente o cobrador de impostos, mas que a grande maioria das pessoas são cumpridoras das leis. Ele supõe que muitas dessas pessoas que não estão pagando sua parte justa estão apenas confusas com a complexidade do código de impostos, não entendem os formulários e talvez não possam arcar com um preparador de declarações. As pessoas são basicamente boas, querem fazer a coisa certa, mas não sabem como. Portanto, facilite o pagamento de seus impostos – talvez indexando impostos estaduais a impostos federais – e eles serão pagos.

As conclusões a que esses dois chegaram parecem óbvias para eles; não percebem que eles *interpretaram* a realidade, subindo a escada rapidamente, dos dados até a inferência final. De suas perspectivas, o que cada um interpretou *é* realidade. Há duas maneiras de usar a escada da inferência para ajudar um grupo a convergir.

Construindo escadas. Um grupo pode concordar em subir as escadas da inferência aberta e conscientemente. Se todos entenderem que essas escadas existem e que as subimos em segundos, geralmente suprimindo tudo menos a etapa final para uma decisão, então o grupo pode concordar em ser mais explícito sobre como eles tiram conclusões. Eles podem discutir se os outros têm dados diferentes ou se interpretam os dados diferentemente, e pedir-lhes para ilustrarem as conclusões. Susan Schilling do Lucas Learning usou a escada da inferência para ajudar os membros do seu grupo a entenderem que conversas externas com outros da equipe são sempre acompanhadas por diálogos mentais internos, e que é importante colocar essas duas conversas "em sincronia" para que a convergência seja real.

Reconstruindo escadas. Os membros do grupo podem fazer a engenharia reversa da escada, repassando a lógica quando acabarem em total desacordo sobre alguma decisão, começando pelos dados mantidos em comum:

- Nos termos mais objetivos possíveis, *o que* foi dito, ou feito, ou observado?
- O que cada pessoa *ouviu* (ou viu, ou observou), com suas próprias palavras? (Que dados cada uma selecionou como importantes?)
- Que *generalizações* foram feitas a partir dos dados selecionados?
- Como cada pessoa *especificou* os dados (i.e., categoriza ou rotula o que aconteceu)?
- Que tipo de *avaliação* ou *conclusão* foi tirada?
- Finalmente, como cada pessoa resolveu *agir* com base na avaliação ou conclusão?

Quando as partes tiverem passado por essas etapas, torna-se claro por que cada uma chegou a uma determinada decisão. Entretanto, mais importante, quando a base racional subjacente à decisão é revelada, as pessoas geralmente vêem onde suas inferências diferem, e podem debater com base nessas interpretações e nessa lógica em vez de apenas fazê-lo com base na decisão final.

A escada da inferência não é apenas uma ferramenta para reduzir conflitos. No exemplo acima, as conclusões tiradas por Bóris e Ming sugerem duas inovações muito diferentes, uma focada em um cumprimento melhor, a outra em alterar os processos internos da agência. Se o grupo analisar as duas abordagens – "lei e ordem" e "simplificar" – então desejará seguir toda a gama de inferências levando a cada abordagem e dela resultando.

Neste capítulo e no anterior, analisamos como compor um grupo para criatividade, como estimular a divergência e como administrar a convergência. Esse processo criativo acontece em um contexto, um ambiente, tanto físico como psicológico. Nos dois próximos capítulos, analisaremos como planejar circunstâncias físicas e a cultura de toda a organização de forma a construir uma *ecologia criativa*, ou seja, um sistema interdependente que, com o tempo, dá suporte ao processo criativo.

> **Dez dias se passaram e Larry está se sentindo bem melhor:**
>
> Combinar para o grupo voltar a se reunir um outro dia na próxima semana para elaborar uma proposta final foi uma boa idéia. Chuck não ficou muito feliz com o atraso, mas concordou quando lhe disse que a equipe lhe entregaria resultados melhores um pouco atrasados em vez de uma conclusão errada na hora certa. E eu nem teria acreditado, mas aquele facilitador trazido pelo RH foi bem útil. Eu estava cético sobre os exercícios que fizemos, mas eles realmente nos ajudaram a avançar; surpreendente, também, como um pouco de talento para desenhar pode ajudar todo o mundo a ver como tudo se encaixa, tratando os contribuintes como clientes, revendo os formulários, as entregas eletrônicas. Aposto que facilitamos tanto que ficaremos apenas com os transgressores assumidos. Daí nós mandaremos o Bóris em cima deles! O importante é que a equipe sente realmente algum domínio sobre a proposta e eles sabem que podem trabalhar nas mudanças que pretendemos a sua maneira. Não creio que Bóris realmente acredite que ainda podemos ter sucesso, mas até ele comentou como o processo era bom. Por isso acredito que ele fará o melhor que puder. Agora temos de ajudar o Chuck a vender o plano em toda a agência.

PONTOS-CHAVE

- Depois que um grupo gerou opções, os membros precisam de tempo para a incubação, para permitir que ligações e elaborações sejam feitas subconscientemente.
- As soluções criativas são orientadas por uma hierarquia de limites da organização e do grupo:
    - a cultura organizacional estabelece as restrições mais amplas: qualquer solução deve ser consistente com os valores essenciais da organização;
    - missões sérias fazem o grupo concentrar-se na convergência, tanto através de sua união contra uma ameaça comum, como através do trabalho para um objetivo comum;
    - as opções ficam mais limitadas pelas prioridades ordenadas do grupo;
    - conceitos de alto nível proporcionam um foco bem definido e vívido para a tarefa de convergência, ao mesmo tempo em que dão autonomia considerável sobre como será realizada.

- Entretanto, ainda existem oportunidades de criatividade em inovação. Dentro dessa hierarquia de limites, os gerentes devem usar várias técnicas para auxiliar a convergência:
    - os *protótipos* são versões preliminares de uma inovação. Eles fornecem um foco concreto para pessoas de diferentes formações discutirem o produto ou serviço. Eles também fornecem informações sobre como – ou se – a inovação funcionará de verdade;
    - exercícios de capacidades essenciais e forças motrizes podem ser combinados para revelar oportunidades, ameaças e principal rigidez;
    - a reversão capacita um grupo a trabalhar de trás para frente, partindo de um futuro projetado, de forma a fazer a engenharia reversa das etapas que levaram o grupo até lá;
    - fortes habilidades de facilitação podem ser essenciais para fazer um grupo convergir. Os facilitadores podem vir de fora ou de dentro da organização. Os facilitadores da casa são particularmente valiosos se possuírem *habilidades em forma de T* (especialização profunda com a capacidade de aplicar essa especialização através de situações) ou se forem *conciliadores de limites*, capazes de falar múltiplas linguagens disciplinares.
- Pode-se lidar com os conflitos que atrapalham a convergência demonstrando aos membros que os encontrões comuns na estrada são esperados, previsíveis e normais.
- Fazer os membros subirem a "escada da inferência" também pode normalizar o conflito que surge de diferenças na maneira das pessoas saltarem dos dados para a solução final, além de auxiliar a convergência.

NOTAS

1. Citado em Mihalyi Csikszentmihalyi, *Creativity: Flow and the Psychology of Discovery and Invention* (New York: Harper Collins, 1996): p. 99.
2. Sandra Weintraub, "Cultivate Your Dreams to Find New Solutions," *R&D Innovator* 4, no. 10 (1995): pp. 1-3.
3. Weintraub, "Cultivate Your Dreams."
4. Randy Komisar, entrevista, 15 June 1998.
5. Colleen Seifert, David Meyer, Natalie Davidson, Andrea Patalano e Ilan Yaniv, "Demystification of Cognitive Insight: Opportunistic Assimilation and the Prepared-Mind Perspective," em *The Nature of Insight*, ed. Robert Sternberg e Janet Davidson (Cambridge, Mass.: MIT Press, 1995), pp. 66-124.
6. Yvonne Daley, "Writer Relies on Memory as Sight Fails," *Boston Sunday Globe*, 28 June 1998, p. A8.
7. Jerry Hirshberg, *The Creative Priority, Driving Innovative Business in the Real World* (New York: HarperBusiness, 1998), pp. 88-89.
8. Hirshberg, *The Creative Priority*, p. 88.
9. Hirshberg, *The Creative Priority*, p. 82.

10. Sharon Arad, Mary Ann Hanson e Robert Schneider, "A Framework for the Study of Relationships between Organizational Characteristics and Organizational Innovation," *Journal of Creative Behavior* 31, no. 1 (1997): pp. 42-58.
11. Alan Horn, entrevista, 27 July 1998.
12. Guido Arnout, entrevista, 18 June 1998.
13. Rosabeth Moss Kanter, *On the Frontiers of Management* (Boston: Harvard Business School Press, 1997), p. 275.
14. Marilyn Wilson-Hadid e Peter Pook, entrevistas, 2 June 1998.
15. Steven E. Prokesch, "Unleashing the Power of Learning: An Interview with British Petroleum's John Browne," *Harvard Business Review* 75 (September-October 1997): p. 150.
16. J. F. O. McAllister, "Civil Science Policy in British Industrial Reconstruction, 1942-51" (tese de doutorado, Oxford University, 1986), p. 27.
17. Thomas Petzinger, Jr., "A Hospital Applies Teamwork to Thwart an Insidious Enemy," *Wall Street Journal*, 8 May 1998, p. B1.
18. Chana R. Schoenberger, "Mission Statements Are Job 1 – For Some," *Boston Globe*, 14 July 1998, pp. D1, D7.
19. Jim Billington, "The Three Essentials of an Effective Team," *Management Update* 2, no. 1 (1997): p. 4.
20. Steve Perlman, entrevista, 19 June 1998.
21. Steve Perlman, entrevista, 19 June 1998.
22. Randy Komisar, entrevista, 15 June 1998.
23. Dorothy Leonard-Barton, *Wellsprings of Knowledge* (Boston: Harvard Business School Press, 1995), pp. 86-87.
24. Lisa Mancuso, entrevista, 3 June 1998.
25. Bing Gordon, diretor de criação, entrevista, 19 May 1998.
26. Bing Gordon, entrevista, 19 May 1998.
27. Ver J. Richard Hackman, "Why Teams Don't Work," em *Applications of Theory and Research on Groups to Social Issues*, ed. R. S. Tindale, J. Edwards e E. J. Posavac (New York: Plenum, 1998).
28. Paul Horn, "Creativity and the Bottom Line," *Financial Times*, 17 November 1997, p. 12.
29. Hirshberg, *The Creative Priority*, p. 58.
30. Larry Shubert, diretor de desenvolvimento de produto da IDEO, entrevista, 21 April 1998.
31. Para mais informações sobre capacidades essenciais, ver Leonard-Barton, *Wellsprings of Knowledge*. Ver também Gary Hamel e C. K. Prahalad, *Competing for the Future* (Boston: Harvard Business School Press, 1994).
32. Leonard-Barton, *Wellsprings of Knowledge*.
33. Ver Marco Iansiti, "Real-world R&D: Jumping the Product Generation Gap," *Harvard Business Review* 71 (May-June 1993): pp. 138-147.
34. Tom Corddry, entrevista na Microsoft, 28 February 1994.
35. Susan Schilling, entrevista, 12 December 1997.
36. Susan Schilling, entrevista, 12 December 1997.
37. Betsy Pace, entrevista, 5 February 1998.
38. Baseado no trabalho de Chris Argyris. Ver Chris Argyris, *Reasoning, Learning, and Action: Individual and Organizational* (San Francisco: Jossey-Bass, 1982).

5
Planejando o Ambiente Físico

Assim que os grupos de desenvolvimento de produto se mudaram para o novo prédio, a vice-presidente de desenvolvimento de produto Amanda Sturbridge começou a receber reclamações. Parecia um banco, disseram alguns. Havia muitas paredes e poucos espaços abertos. Os banheiros eram localizados no contorno externo e só os executivos da empresa tinham janelas. A cozinha era muito pequena e não havia jeito de bater um papo dentro dela. "Pensei que este lugar fosse para 'trabalho em equipe,' declarou um engenheiro – "senão por que o chamamos de Centro das Equipes?" Ao mesmo tempo em que algumas pessoas estavam reclamando dos obstáculos para a conversação, outras estavam se queixando da falta de privacidade. "Não consigo pensar nestes malditos cubículos," declarou um projetista. "Posso ouvir cada palavra que o cara do escritório ao lado diz." Um profissional de marketing, recém-chegado de uma firma iniciante do Vale do Silício na Califórnia, disse "Como se pode esperar criatividade se não existe uma sala de jogos? Na minha antiga empresa, tínhamos mesas de jogos eletrônicos nos saguões, uma mesa de pingue-pongue, uma sala de vídeo... aqui não vai acontecer nada legal! Quem diabos projetou este prédio, afinal de contas? Algum burocrata?"

Stan, o burocrata em questão, sentado à sua mesa na Gerência de Instalações, refletia sobre todos os e-mails e correios de voz descontentes que Amanda tão atentamente havia lhe encaminhado. "Ora bolas, onde estavam todas essas sugestões e idéias quando estávamos construindo?", ele se perguntava. "Pedi a Amanda para analisar todas as plantas do Centro das Equipes e ela não mencionou nada disso. Lembro-me de que estava terrivelmente ocupada para perder tempo comigo. Por isso, tive de construir exatamente igual ao último prédio que levantamos – e este foi até mais barato. Oh, bem, eles calarão a boca em algumas semanas e se acalmarão."

O que o ambiente físico tem a ver com criatividade? Muito pouco, diretamente, mas muito indiretamente. As organizações precisam de ecologia criativa, ou seja, um sistema interdependente, interativo, auto-sustentável e reforçador que inclua não somente pessoas e processos mas também cenários. Arquitetura, uso do espaço interno, acústica, ou até mesmo os móveis não podem tornar, por si mesmos, os grupos mais criativos – mas todos esses aspectos com certeza podem e conseguem *apoiar* ou *inibir* a criatividade. Os tipos errados de ambientes consomem energia na medida em que os grupos enfrentam barreiras físicas às principais atividades grupais e individuais. Os tipos certos possibilitam o processo criativo: canais de comunicação abertos entre os membros do grupo, locais bem planejados para sessões de *brainstorming* e divergência ruidosa, espaços reservados à incubação e reflexão, locais de reunião facilmente acessíveis e bem-equipados para a convergência, áreas flexíveis que estimulem a reconfiguração pelos membros do grupo para atividades criativas e tecnologia da informação acessível unindo pessoas e idéias.

O ambiente do escritório também faz uma afirmação poderosa do valor que a organização dá à criatividade. Quando o simbolismo inerente no espaço absorve a missão e os valores organizacionais, essa concordância pode aumentar a motivação do funcionário e se traduzir em maior criatividade. Metáforas como "aldeia medieval altamente centrada," ou "praça de cidade norte-americana do século 19," ou "grupo de peritos do *campus*" sugerem uma cultura baseada na comunidade e, quando a organização cumpre o prometido, cria um sentido de inteireza para todos que nela trabalham.[1] Por outro lado, uma declaração de missão que trombeteia a importância da comunicação e da igualdade é efetivamente anulada pela "batida" das pesadas portas de carvalho quando todos trabalham fechados em escritórios privativos. Neste capítulo, exploramos o ambiente *físico* que sustenta uma ecologia de criatividade; no próximo, discutiremos o ambiente *cultural e psicológico* que alimenta a criatividade e como esse ambiente pode ser administrado mais efetivamente.

Ao contrário dos nossos outros capítulos, este se baseia mais em experimentos realizados por profissionais liberais em pesquisa científica. Além disso, não tentamos incluir algumas filosofias com forte embasamento na prática sobre a ligação entre o ambiente físico e os fluxos de energia, tais como o *feng shui*. A ligação direta entre o projeto do espaço físico e a criatividade não é comprovada, daí a *advertência ao leitor*. Essa pesquisa confiável, da forma em que é feita, tende a se concentrar em facilitar a comunicação em vez de aumentar diretamente a criatividade. Entretanto, qualquer configuração do ambiente físico que elimine as barreiras à divergência, à incubação e à convergência provavelmente será útil. Por isso, nós lhe apresentamos algumas práticas de organizações que os gerentes acreditam auxiliarem a criatividade (ou ao menos esperam que o façam).

Os objetos físicos (inclusive os prédios) falam conosco, e bem alto, se não verbalmente. As primeiras impressões, talvez permanentes, tanto de ocupantes regulares como de visitantes, baseiam-se na distribuição do espaço e das pessoas. A arquitetura revela ego e identidade. Se já esteve em um banco de investimento ou em uma companhia de seguros que não tenha sido reformada recentemente, você sabe isso. Os escritórios dizem mais sobre a cultura organizacional que artigos, páginas da Internet e declarações. O chefe fica com o escritório do canto com a vista, certo? Peões no centro do andar não têm necessidade de pedir uma janela. Espere vinte anos e pode conseguir uma quando for promovido a vice-presidente. Não um escritório tão grande quanto o de um vice-presidente *executivo*, observe bem. A hierarquia rígida embutida nesses símbolos físicos traz prejuízos à criatividade de três maneiras (no mínimo). Primeiro, é difícil mudar escritórios com paredes fixas. Imagine que se contrate alguém em alto nível: isso provoca um jogo de dominó no escritório, conforme cada indivíduo na hierarquia tromba no de baixo para abrir espaço. Ou, se houver necessidade de salas de reuniões: que departamento cede o espaço do escritório privativo? A mudança é cara. Segundo, a síndrome do escritório de canto sinaliza a importância da desigualdade – e insinua os perigos de pensar de outra forma. Terceiro, os escritórios constituem um tipo de percurso de risco para as comunicações, que têm de fluir em caminhos quase sempre artificiais em volta de obstáculos físicos tais como paredes, escadas e portas. Como a comunicação é a mãe da criatividade, esses espaços criam órfãos da inovação.

Por outro lado, aqueles incômodos viveiros de coelhos de cubículos idênticos, sem portas, simbolizam o tédio sem inspiração, igualitário. E, às vezes, níveis de ruído insuportáveis. Para onde um indivíduo pode fugir com o intuito de refletir? Onde uma equipe pode se reunir para ter interação barulhenta sem incomodar os outros? E a igualdade promove a criatividade? O presidente da Intel, Andy Grove, trabalha fora de um cubículo no meio do próprio viveiro de coelhos; Paul O'Neill, presidente da Alcoa, também; e o escritório do presidente da eternamente inventiva Chaparral Steel, Gordon Forward, fica ao lado dos armários onde os funcionários pegam seus capacetes antes de irem para a usina. Nessas organizações, as hierarquias são desfeitas e a comunicação flui muito mais facilmente, mas será que isso é suficiente para acelerar a criatividade?

Os ambientes físicos transmitem atitudes presumidas da administração. Em que você acredita, no que o *prédio* diz ou no que o *chefe* diz? Na vinheta no início do capítulo, Amanda com certeza queria um ambiente baseado em equipe, criativo (além de querer responsabilizar as equipes por sua inovação), mas estava "ocupada demais" para se envolver no projeto do novo prédio e agora este clama por "conformidade." Ela terá de conviver com um prédio que inibe, em vez de estimular, a criatividade porque delegou o projeto ao departamento de Gerência de Instalações da empresa, cuja prioridade era custo, não criatividade. Com demasiada freqüência, as organizações transformam o pensamento dos projetistas de que a "forma segue a função" na sua idéia: a forma dita a função, porque as pessoas são quase obrigadas a se comportarem como manda a arquitetura.

A criatividade é um processo que utiliza energia, que permite que o conhecimento flua. Desejamos ambientes físicos que possibilitem esses fluxos. O conhecimento, como a água, flui pelas linhas de menor resistência. Entretanto, conforme observamos nos capítulos anteriores, a criatividade envolve tipos diferentes de interação, tipos diferentes de fluxos de conhecimento. Portanto, é desejável projetar ambientes físicos que não somente acomodem mas auxiliem as várias atividades no processo criativo: o pensamento divergente, a incubação e a convergência. Antes de sugerirmos maneiras genéricas, relativamente fáceis, de aperfeiçoar seu ambiente para a criatividade, vamos dar uma olhada em algumas abordagens com base industrial usadas por algumas organizações bem diferentes. Exemplos extremos ajudam a ampliar nossa noção de onde ficam os limites.

MANEIRAS DE PROMOVER O PROCESSO CRIATIVO

Entre na Idea Factory em São Francisco e você não saberá se está em um depósito, um hangar de aviões reformado, um estúdio de cinema ou um parque de diversões. Uma variedade de áreas está disposta embaixo do teto em uma única sala cavernosa: um pequeno teatro incluindo equipamento de iluminação e um semicírculo de arquibancada modular de madeira com alças embutidas para facilidade de movimentação; um cubículo de canto separado por divisória onde um programador de *software* senta-se atento a sua tela; prateleiras metálicas de livros e revistas com um toque de biblioteca para consultas e algumas prateleiras hospedando um estoque de pequenos bonecos de plástico e o que parece mobília ou equipamentos de casa de bonecas. À sua direita, fica uma sala de reuniões sem paredes – um semicírculo de 270° de pranchetas de projetistas ligeiramente inclinadas, cobertas com papel para esboços e construídas para uso em pé ou sentado, ou fechadas e retiradas inteiramente do caminho. Esse semicírculo de espaço de desenho está na frente de duas lousas brancas enormes montadas sobre polias para levantar e abaixar; no centro desse semicírculo, fica uma mesa sobre rodas em forma de ameba, rodeada por banquetas e colocada sob uma estrutura de arame e tecido que abafa o som, lembrando uma cartola branca em cima da qual alguém se sentou. O "escritório" do presidente John Kao é um canto da sala demarcado por biombos, dois sofás grandes e uma mesa. Cada peça do equipamento ou mobília em todo o enorme espaço parece um "acampamento" temporário em sua posição atual, pronto para ser movimentado a qualquer momento.

O objetivo é ser capaz de transformar esse espaço em qualquer cenário que ajude os clientes da Idea Factory a *viverem* criativamente o passado, o presente ou o futuro de suas próprias organizações, seja dirigindo e/ou participando de "peças" improvisadas, visitando mundos microcósmicos feitos de compensado e tinta, e animados com vídeo ou através de exercícios de grupo criando imagens com figuras e acessórios em miniatura em areia sobre uma bandeja. Dentro dos generosos limites do amplo salão, quase nenhuma característica arquitetônica ou estrutural limita o fluxo de idéias, comunicação e ação. É um cenário de Hollywood, para ser desmontado, mudado e recriado semanalmente, senão diariamente, para satisfazer as necessidades do momento.

Na costa oposta dos Estados Unidos, e com intenção muito menos consciente, o Instituto de Tecnologia de Massachusetts (MIT) em Boston antigamente se gabava de um prédio que era quase tão maleável. O "Prédio 20" era uma estrutura "temporária" construída durante a Segunda Guerra Mundial como um laboratório para pesquisa de radar e demolido em 1988! Muita tristeza acompanhou seu fim, pois ele era proclamado como tendo "gerado, por critério unânime, mais ciência criativa – muito mais – que qualquer outro prédio de seu tamanho na história dos Estados Unidos. Como era feito completamente de madeira, era fácil personalizar e adaptar – bastava fazer um buraco em uma parede ou no chão para acomodar uma nova peça do equipamento."[2] E havia tanto equipamento! Os pesquisadores se deleitavam nas pilhas de sucatas deixadas, jogadas em volta de experimentos anteriores e as pirateavam para sua própria pesquisa. Não havia disputas de posse, pois a "posse" em si era tão deplorável. Por isso, prevalescia um grande espírito de colaboração, geralmente entre alunos formados e ganhadores do prêmio Nobel, unidos por um domínio comum de espaço superficialmente inútil.[3]

DISTÂNCIA E COMUNICAÇÃO

Thomas Allen estudou os efeitos da disposição física sobre a probabilidade de interação em sete laboratórios de pesquisa. Durante vários meses, perguntou-se periodicamente a 512 respondentes com quais colegas na organização eles haviam interagido em assuntos técnicos e científicos. A relação entre a probabilidade de duas pessoas interagirem e a distância física entre elas era fortemente negativa ($r = -0,84$). Mais surpreendente, porém, foi a descoberta de Allen de que a probabilidade de interação se aproximava de zero em cerca de 25 metros. Embora esse estudo fosse realizado antes do advento do *e-mail*, a importância da questão da proximidade para facilitar essa comunicação multicanal mais rica chamada de "face a face" provavelmente não mudou.[4] Essas descobertas influenciaram muito o projeto do Decker Engineering Building para a Corning Glass Works: ótima visibilidade em todos os andares, rampas, escadas e escadas rolantes colocadas estrategicamente para estimular a movimentação vertical e arquitetura aberta com locais para reuniões informais.

Muito bem, então mudar-se para um depósito abandonado ou localizar um prédio decrépito para entregar aos funcionários não é exatamente prático a menos que você seja uma empresa iniciante. Que tal isolar alguma seção de um prédio que possa ser adaptada pelo grupo que a ocupa? Uma nova equipe de desenvolvimento de produto na firma de projetos e engenharia IDEO tirou partido incomum da ordem recebida de arrumar o espaço que lhes fora alocado. Eles decidiram que a asa de um velho avião daria um suporte ideal para todos os fios conectando suas redes locais de computadores, e eles trataram não somente de localizar uma, meio enterrada nas areias do sul da Califórnia, mas de transportá-la até o norte para seus escritórios de Palo Alto. Depois de instalada, a asa constituiu uma parte relativamente inflexível do ambiente, mas a equipe apreciou a liberdade de dar forma a sua própria redondeza.

A Oticon, empresa dinamarquesa de aparelhos auditivos, tem outra abordagem da flexibilidade. Eles mantiveram o controle da arquitetura e dos blocos de edifícios de escritório nas mãos da organização, mas permitiram que os grupos trabalhando em conjunto em projetos configurassem seu local de trabalho com aqueles elementos genéricos. Quando o presidente Lars Kolind assumiu a organização, esta estava sendo complacentemente levada para níveis cada vez mais pobres de participação no mercado. A sacudida vigorosa que ele deu na organização envolveu muito mais do que mudar a infra-estrutura física, mas uma das muitas mudanças radicais que fez foi acabar com os escritórios confortáveis em que os indivíduos se escondiam e planejar uma arrumação móvel para o escritório. Foi dado a cada indivíduo um arquivo sobre rodas, com duas gavetas para guardar os arquivos pessoais. Todo o resto da papelada era encaminhado ao último andar do prédio, onde era escaneado em um computador para ser compartilhado – e a seguir era picado. (Um símbolo potente da dedicação a uma existência sem papéis é um grande tubo transparente que vai do último andar à lata de lixo no subsolo. Todo dia, uma nevasca de papel picado, muito visível, cai em cascata através do tubo, totalmente à vista dos funcionários na lanchonete.) Os funcionários que trabalham em conjunto em um determinado projeto empurram seus arquivos para uma das mesas em qualquer parte do prédio e se estabelecem temporariamente ao redor da estação de trabalho na mesa contendo todas as informações de que poderiam precisar de qualquer banco de dados.[5]

O conceito de projeto que espelha mais explicitamente as etapas no processo criativo é o de *zonas*. No começo da década de 90, o sexto andar da sede da Arthur Andersen Consulting em Londres foi esvaziado e totalmente redesenhado. Foram-se os escritórios privativos circundando a parte externa e os cubículos preenchendo os espaços centrais. Saíram as salas da diretoria. Não mais computadores de mesa – só *laptops*. Há uma abundância de quadros brancos interativos e eletrônicos, que permitem fazer *downloading* para os *laptops*. O andar foi equipado com uma estrutura destinada a facilitar a interação criativa. A zona do "Caos", separada do resto do andar por divisórias decoradas com fotos vermelhas brilhantes de fios e cabos elétricos, destina-se a facilitar o pensamento divergente. Tudo é portátil, por isso mesas e equipamentos podem ser girados quando as pessoas precisam se reunir. Uma sala vermelha de *brainstorming* pretende animar a criatividade presa, enquanto salas azuis e verdes mais tranqüilas podem ser usadas para atividades mais contemplativas. No outro extremo do andar, fica a zona "Zen" para incubação. Os painéis que separam essa área têm cenas da natureza. Uma tabuleta informa, "Sem reuniões. Sem telefones. Sem interrupções." Entre o Caos e o Zen se estende um corredor chamado de "Linha de Gol", onde há locais de trabalho em que os funcionários podem se sentar, ligar telefones e computadores e trabalhar por algum tempo.[6]

COR E ESTIMULAÇÃO

A pouca pesquisa científica que foi realizada sobre os efeitos da cor em reações fisiológicas e psicológicas está mais ou menos de acordo com a sabedoria convencional. Alguns experimentos usaram luz colorida projetada diretamente nos olhos das "cobaias," enquanto em outros elas foram colocadas em salas pintadas de uma determinada cor. Nos dois tipos de estudos, verificou-se que o vermelho era excitante, com aumentos de pressão arterial, pulso, atividade cortical visual e dores de cabeça relatadas. Algumas pessoas informaram que se sentiram superestimuladas e tiveram dificuldade de trabalhar na sala vermelha. O azul é associado com os efeitos opostos: queda dos níveis de excitação, diminuição da pressão arterial e da pulsação e uma tranqüilidade geral.[7] Claro, poucas pessoas pintariam salas totalmente com o vermelho berrante dos carros de bombeiros, e descobriu-se que os motivos predominantemente azuis causam tédio. Portanto, é difícil generalizar esses resultados. Talvez seja mais seguro concluir que os extremos devam ser evitados, pois os usos criteriosos das cores podem promover uma gama de níveis de excitação que podem ser conducentes tanto à interação quanto à incubação.

A Sun Microsystems em Menlo Park, Califórnia, também fez modificações importantes em seu espaço para aumentar a colaboração e a interação informal. Os consultores haviam percebido que os engenheiros costumavam reunir-se rapidamente em vãos de portas e cozinhas e então separar-se. Essa observação sugeriu que deveriam se projetar espaços que estimulassem as conversas informais, mas que desencorajassem a dispersão. Agora os espaços "Fórum" se propagam das cozinhas (onde muitos de nós parecem conversar mais à vontade) como áreas abertas destinadas a estimular reuniões informais, casuais. Perto, há salas de reunião disponíveis para reuniões não-programadas. Do lado de fora, a Sun colocou cinqüenta bancos, mesas e cadeiras de madeira para reflexão e trabalho sossegado. As "salas Sun" são projetadas mais reservadamente para incubação. Todas têm vista externa; algumas têm mesas de pingue-pongue, outras equipamentos estéreos. Todas se destinam ao relaxamento (embora todas tenham lousas brancas – por via das dúvidas.)[8]

O que esses exemplos (alguns extremos) têm em comum é uma tentativa da administração de dar apoio às atividades criativas através de duas dimensões: (1) comunicações não-planejadas entre os participantes do grupo e (2) a capacidade desses participantes configurarem ou controlarem seus ambientes físicos para corresponder às atividades cognitivas desejadas (Figura 5.1). O objetivo é fazer a forma (da arquitetura e da ambiência) se ajustar à função (a atividade mental).

UM CIENTISTA CONFIGURA SEU ESPAÇO

O físico Freeman Dyson, ganhador do prêmio Nobel, tem um conceito claro de como o espaço precisa ser configurado diferentemente para a divergência e a convergência: "A ciência é um negócio muito sociável. É essencialmente a diferença entre ter esta porta aberta e fechada. Quando estou fazendo ciência, eu deixo a porta aberta... Você quer estar, todo o tempo, conversando com as pessoas. Até certo ponto você gosta de ser interrompido, pois é apenas interagindo com outras pessoas que se consegue fazer algo interessante... Mas, é claro, escrever é diferente. Quando estou escrevendo, mantenho a porta fechada."[9]

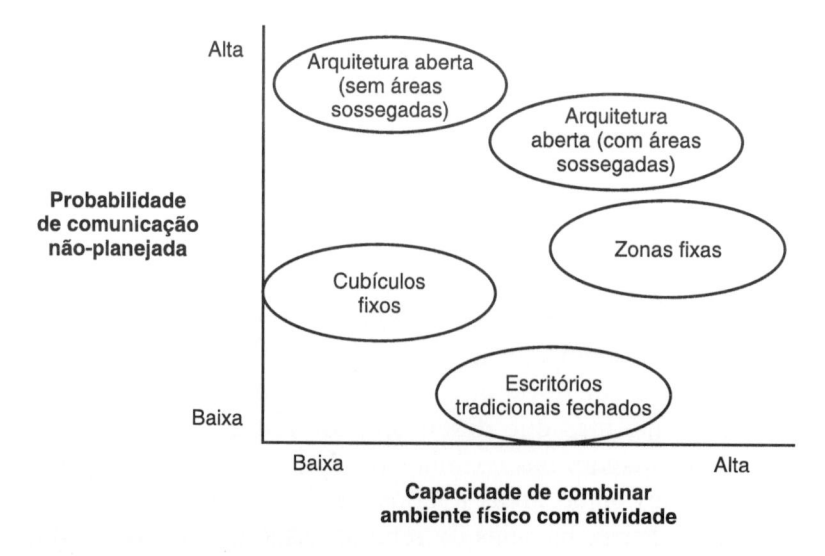

Figura 5.1 Planejando o ambiente físico para a criatividade.

ESPAÇO – A ÚLTIMA FRONTEIRA

Na maioria das organizações, "espaço livre" é uma contradição de termos. Espaço é quase tão precioso e raro quanto tempo. Entretanto, se nosso objetivo é a criatividade, precisamos encontrar e proteger um pouco de ambos. Como os membros do seu grupo podem fazer experiências, protótipos e jogar com ambientes físicos a menos que haja algum espaço não-territorial que possa ser ocupado para um objetivo criativo? A mera presença de espaço aberto provavelmente inspirará alguma experimentação. Espaço expansivo pode se traduzir em pensamento expansivo. Um instrutor de escultura ficou surpreso com a mudança no trabalho dos alunos quando mudou de um local confinado, com teto baixo, em que tinha ensinado durante anos, para um estúdio novo, muito maior, com teto alto. As esculturas apresentadas pelos membros da classe eram duas a três vezes maiores no estúdio novo![10] De modo semelhante, espaço flexível e criativo pode se traduzir em atividade criativa. Quando os funcionários têm acesso disponível a espaços que promovem divergência, incubação e convergência, e quando controlam com tranqüilidade a capacidade de mudarem de um para outro, eles experimentarão a sensação de liberdade e autonomia que está no centro do processo criativo. O ambiente criativo é realmente um sistema ecológico em que espaço, pessoas e comportamento criativo estão entrelaçados.

Agora vamos dar uma olhada mais sistemática em cada um dos três estágios do processo criativo descrito nos capítulos anteriores – divergência, incubação e convergência – e analisar maneiras de poder aperfeiçoar a infra-estru-

---

PESSOAS CRIATIVAS, ESPAÇO CRIATIVO

Nos anos 60, o professor de arquitetura Leonard Eaton estudou as características da personalidade de indivíduos que tinham encomendado casas a Frank Lloyd Wright no início de sua carreira em Chicago – na época em que Wright era visto como um revolucionário e antes dele se tornar totalmente aceito. Como difeririam esses indivíduos daqueles que se tornaram clientes de um arquiteto conservador (Howard Van Doreen Shaw) na mesma época e lugar? Com base em entrevistas e arquivos, Eaton descobriu duas diferenças básicas entre os dois grupos de clientes do sexo masculino. Em primeiro lugar, os clientes de Wright eram muito mais artísticos, particularmente como músicos. Em segundo, quase 30 por cento dos clientes de Wright eram inventores, comparados aos 2 por cento dos clientes de Shaw. O uso inovador do espaço, por Wright, repercutia com os criativos clientes do sexo masculino que desejavam viver rodeados por aquele espaço. Muitos deles tinham oficinas no porão onde projetariam e fariam protótipos de suas invenções. Assim, o espaço também facilitava o processo criativo.[11]

tura física para apoiar cada um deles. Novamente, nós nos baseamos mais na prática que na teoria.

INTENSIFICANDO O PENSAMENTO DIVERGENTE

Estímulos gerais

Apesar do fato de nós humanos sermos criados com cinco sentidos e múltiplas capacidades em nossos cérebros, geralmente usamos apenas dois sentidos e uma pequena parte de nossos cérebros enquanto estamos no trabalho. Muitos de nós estamos proveitosamente empregados em um mundo preto e branco, baseado em textos, onde som quer dizer barulho e os cheiros são geralmente os mesmos. Temos *muitos* estímulos à nossa volta, mas eles costumam ser todos de um tipo. Talvez não seja surpreendente, então, que gerentes concentrados em criatividade planejem com diferentes estímulos – visões, sons, até cheiros em alguns exemplos extremos – para aumentar a probabilidade de que seus funcionários penetrem em partes diferentes do cérebro ou façam ligações incomuns entre a ação e o que seus sentidos identificam.

ESTIMULAÇÃO MULTISENSORIAL E CRIATIVIDADE

Um grupo de jovens adultos extremamente brilhantes (Q.I. médio de 158) participou de um estudo para determinar os efeitos de múltiplos tipos de estimulação sensorial sobre a criatividade. Durante cinco semanas, as "cobaias" experimentais ficaram sentadas em uma sala escura e foram estimuladas com sinais de alta freqüência de um oscilador, uma espiral giratória, incenso, um vibrador no assoalho e música alta. Toda semana, antes e depois de serem estimulados, eles tinham cinco minutos para desenhar uma figura de um vaso de flores, usando lápis e giz de cera. Um grupo de artistas considerou os desenhos feitos depois da estimulação mais criativos que os feitos antes. Claro, seria arriscado fazer muitas generalizações a partir desse único estudo, especialmente porque as cobaias eram extraordinariamente inteligentes (e jovens), mas ele realmente sugere que a estimulação sensorial pode ter efeitos benéficos sobre a criatividade.[12]

Até o clima do escritório médio saturado de textos pode ser enriquecido, e de forma relativamente barata. A maioria dos escritórios tem alguns estímulos visuais. As ilustrações nas paredes, esculturas, aquários, tudo pode ser planejado para estimular, acalmar ou inspirar. Loraine Waller, diretora dos serviços de recursos humanos da Bupa, passou vários meses selecionando mais de 150 trabalhos de arte moderna para sua sede em Londres. O resultado? "Uma força de trabalho criativamente mais estimulada, satisfeita e motivada," pensa ela.[13] Algumas organizações convidam artistas iniciantes de escolas primárias ou secundárias locais para exporem seu trabalho em base rotativa. Arte visual é de fato bastante fácil de obter.

Uma maneira de aumentar o nível geral de estímulos ao redor dos membros do seu grupo é aumentar a gama de publicações deixadas sobre as mesas onde as pessoas se reúnem. Se suas áreas de recepção são como a maioria, as publicações refletem a perspectiva dominante da organização. Na maior parte economistas? Com certeza você tem *The Economist*. Trabalha em uma universidade? Então você assina *The Chronicle of Higher Education*. Que tal algumas revistas incomuns que ninguém em sua organização traz para o trabalho? Imagine o consultório dentário se encontrar com o laboratório nacional, ou a Mensa encontrar Hollywood. *Modern Drumming* e *Southern Living*. Ou *Arizona Highways* e *Asimov's Magazine of Science Fiction*. O *Suplemento Literário do Times* e *Dirt Wheels*. Por que não? O público que essas revistas atraem não são pessoas com quem seus funcionários conversam regularmente, mas sua visão de mundo provavelmente é inteiramente diferente – um tanto "estranha" e, ora, estimulante! Um de nós tem um colega que nunca diz não a uma assinatura experimental de quatro semanas, oferta "sem compromisso." Por isso, a recepção do escritório oferece uma miríade de leituras muito incomuns que estão sempre mudando.

No Centro do Futuro da Skandia, ao norte de Estocolmo, o segundo andar está impregnado com o cheiro de pão quente. Por quê? Porque o vice-presidente de Capital Intelectual, Leif Edvinsson, acha que o aroma está associado nas mentes das pessoas com conforto, lar e comida gostosa. Da mesma forma que muitos intelectuais consideraram as casas de café adequadas para o pensamento criativo, uma sensação de conforto através de odores e outros "ícones" também pode "fomentar a quebra de regras inovadoras" no escritório.[14] Certamente, essas suposições são altamente etnocêntricas. Ande em uma praia na Tailândia e seu nariz será atacado por um cheiro de lulas secas ao sol, assando sobre carvão. Esse aroma estimula as papilas gustativas dos naturais do sudeste da Ásia, mas geralmente deixa o nariz dos ocidentais indiferente, senão melindrado. Os cheiros não têm apenas implicações étnicas ou nacionais, mas podem ter algumas altamente individuais. Alguém criado por uma cozinheira maravilhosa mas em uma família severa, sem imaginação, poderia não associar assar pão com uma oportunidade criativa!

Entretanto, o objetivo pretendido por Edvinsson é atingido se seus funcionários europeus forem motivados a apreciar o trabalho e a colocar suas mentes no modo relaxamento. Os praticantes de "aromaterapia" argumentam que as ligações mente/cheiro são mais vívidas do que geralmente reconhecemos, talvez porque os aromas, ao contrário das outras sensações, vão direto para a corrente sangüínea em vez de serem filtrados pelo cérebro. Por exemplo, na

Kajima Corporation em Tóquio, vários cheiros são transmitidos pelo sistema de ar-condicionado rigorosamente de acordo com as teorias de como os odores podem estimular o cérebro. O ciclo começa com citrus para refrescar, então fragrâncias para promover concentração, com um remate de floresta de pinheiros para relaxar antes do ciclo recomeçar. Até agora, a utilidade dos cheiros para estimular a atividade criativa é conjectura e não certeza. Entretanto, pelo menos, é uma hipótese razoável de que, se outras formas de estímulos alimentam o pensamento criativo, uma variedade de aromas e sons pode fazer o mesmo.[15]

Que tal o sentido do tato? Algumas organizações até enriquecem o potencial criativo do ambiente do escritório através de estimulação cinestésica. O Banco NMB, ao sul de Amsterdã, na Holanda, é uma construção influenciada pela filosofia de Rudolf Steiner, que defendia o desenvolvimento de emoções como uma base para o intelecto. Em vez dos corrimãos sólidos normais, existem canais de cobre através dos quais a água flui, por isso você pode mergulhar seus dedos na água enquanto anda pelo prédio.[16]

No Skandia Center, Edvinsson também acha que música clássica dentro e os sons das ondas do mar do lado de fora contribuem para uma sensação de ritmo, e ritmo está associado a muitas formas de expressão criativa além da música. Poesia e pintura, por exemplo. Entretanto, o gosto individual difere novamente. A música "rap" é muito rítmica, mas dada a pressa com que observavamos as pessoas acima dos vinte e cinco anos fecharem as janelas de seus carros quando um veículo utilitário pulsando com *rap* passa ao lado, não pensamos que todos achem que ela é atraente, muito menos conducente ao pensamento criativo. Parece improvável – e provavelmente indesejável – que os membros do grupo tendam para um único gosto musical. Além disso, mais uma vez, fases diferentes do processo criativo requerem diferentes tipos de

---

RUÍDO E CONTROLE PESSOAL

Psicólogos ambientais há muito conhecem os efeitos nocivos físicos e cognitivos do ruído imprevisível e com volume alto. A exposição contínua pode levar a pressão arterial alta, úlceras e doenças cardíacas.[17] Em experimentos em laboratório, pessoas expostas a eclosões de 110 decibéis de barulho desordenado foram subseqüentemente prejudicadas em sua capacidade de resolver problemas. Entretanto, quando as "cobaias" conseguiam prever quando as eclosões ocorreriam ou tinham capacidade de acabar com o barulho com um "botão de pânico" (ainda que não o usassem) os efeitos negativos desapareciam.[18] Com certeza muito, se não a maior parte, do ruído que suportamos não é previsível nem controlável, mas quando achamos que temos capacidade de escapar ou evitá-lo, o ruído perde seu poder de nos afetar.

estimulação musical. As questões são acesso e controle. Os membros do grupo têm algum acesso a estímulo musical quando e onde desejarem? Se o espaço físico for dividido em zonas, e cada uma delas for designada para um tipo específico de atividade, então o fundo musical de cada uma pode ser planejado da mesma forma que os móveis e os revestimentos da parede e do piso.

Mas, e quando a estimulação se torna uma agressão? Nem sempre temos a felicidade de desfrutar de um ambiente de trabalho livre de poluição sonora, gases nocivos ou ar viciado. Ter de lutar contra o ambiente, seja ele quente, cheio de gente ou barulhento, drena energia que poderia ser dedicada a atividades criativas. E quando sentimos que estamos perdendo controle sobre nossos ambientes, ficamos mais vulneráveis à ansiedade e ao desempenho insatisfatório. A criatividade prospera quando as pessoas sentem que estão no controle, quando elas têm a capacidade de mudar de um lugar barulhento para um mais contemplativo, onde elas podem personalizar seus espaços de "incubação," ou onde sabem que o ar que estão respirando é saudável.

Auxiliando a interação entre indivíduos e grupos diversos: poços e trilhas de safari

O melhor estímulo para o pensamento divergente é a comunicação direta e interativa entre diversos indivíduos. Face a face, se possível, ou mediada, caso contrário. Sem dúvida, como descrito no Capítulo 2, as pessoas diferem em suas preferências pelo modo de pensar e, por isso, alguns tipos prefeririam "conversar" por *e-mail* ou em salas de bate-papo da Internet, qualquer que seja a tarefa. Entretanto, a pesquisa sugere que a maioria das pessoas preferiria comunicar-se face a face para tarefas complexas, e os estágios divergentes do processo criativo certamente se qualificam como complexos.[19]

Além disso, conforme discutido com mais detalhes no Capítulo 6, uma das (muitas) funções que você desconhecia e assumiu quando se tornou gerente é possibilitar descobertas casuais felizes (serendipismo). Por definição, o serendipismo envolve ligações inesperadas, seja entre pessoas, entre eventos ou entre idéias. Para possibilitar mais ligações inesperadas entre pessoas, precisamos ter mais *comunicação não planejada*. Essa comunicação depende de (1) quem está por perto (daí a necessidade da composição cuidadosa dos grupos e da exposição a divergentes conforme descrito nos Capítulos 2 e 3) e (2) da *facilidade* dessa comunicação ocorrer (daí a necessidade da atenção para possibilitar, em vez de atrapalhar, a comunicação não-planejada).

Em um poço na África, vêem-se grupos de animais que não teriam nenhum outro motivo para aproximar-se – gazelas com girafas, zebras com elefantes. Se a seca que os faz se juntarem for bastante severa, o gnu pode até se arriscar a beber quando os leões estiverem do outro lado da água. Os poços da organização são as cozinhas e os bules de café, as salas de correspondência, enfim qualquer instalação localizada centralmente que atrairá pessoas de forma propositai, informal e inerentemente imprevisível. No térreo do prédio do escritório central da faculdade Harvard Business School, geralmente acontecem discussões informais no vestíbulo fora dos banheiros localizados centralmente!

Como nos deslocamos mentalmente para a África, vamos ficar por lá um pouco e pensar nas trilhas de safári – rotas que otimizam a chance de conhecer muitos animais diferentes e suas atividades. Em nossos locais de trabalho, também podemos aumentar a probabilidade de ligações casuais prestando atenção às "trilhas" que as pessoas seguem rotineiramente. Na Oticon, as escadas são muito mais largas que o necessário, para que as pessoas possam parar e bater um papo sem interromper o tráfego. Na Procter & Gamble, as escadas rolantes substituíram aquele grande anestésico da comunicação aberta, o elevador. As conversas podem continuar em relativa privacidade enquanto se vai de andar em andar. Corredores que se dirigem a várias áreas de trabalho servem quase ao mesmo objetivo (embora esperemos que de forma menos incômoda) que as rotas tortuosas construídas através das lojas de departamento dos Estados Unidos. Se você tiver que contornar as camisas masculinas para alcançar a escada rolante que desce, talvez se lembre de que o Dia dos Pais está chegando e pare para comprar. As trilhas de safari no trabalho servem a objetivos semelhantes de exercícios mentais. Na IDEO, não existe um percurso direto da rua para a mesa de um projetista, mas os funcionários vêem pequenas reuniões e colegas trabalhando enquanto andam. A visão geral resultante das atividades dos colegas atende a várias finalidades simultâneas. Muitos projetos de escritórios novos incluem uma "Rua Principal," uma passagem, geralmente com sofás e quadros brancos de um lado, para estimular a interação enquanto permite que o tráfego flua. Não que esses projetos sejam todos tão novos. Quando a Steelcase construiu um centro de desenvolvimento corporativo em 1989, a arquitetura interior incluiu "vizinhanças" e "praças" destinadas a estimularem as pessoas a se relacionarem. "Estamos tentando maximizar o serendipismo," explicou um psicólogo organizacional da Steelcase.[20]

Ver o trabalho em andamento, especialmente na forma de protótipos e esboços, estimula o pensamento e oferece a possibilidade desse "ah!" mágico quando alguma conexão imprevista dá um "clique" na mente – o que o projetista Peter Pook da Fisher-Price chama de "passeio para captar idéias."[21] Aquele conector no equipamento médico que Joe está projetando simplesmente poderia funcionar no bagageiro da bicicleta em que você está trabalhando. O passeio até a cozinha poderia oferecer uma oportunidade de conversar com alguém que você já está tentando alcançar há alguns dias, e os quadros brancos eletrônicos ali instalados garantirão que qualquer idéia criativa possa ser baixada (*download*) instantaneamente. E, finalmente, ver todas as atividades acontecendo proporciona um tipo de visão geral das atividades da organização. Uma razão pela qual colocar equipes multifuncionais de desenvolvimento de novos produtos ganhou tanta popularidade nos últimos anos é que ver (e geralmente ouvir) as questões que os colegas de outras funções tratam é uma educação em todo o processo de desenvolvimento de novos produtos.

Ser capaz de ver seus colegas depende, pelo menos, de portas abertas, é claro. Quando o comissário do Serviço da Receita Federal, Charles Rossotti, assumiu seu cargo pela primeira vez, descobriu que as portas abertas não eram exatamente uma regra organizacional. Por isso, adivinhe que infra-estrutura ele decidiu que era tão crucial que investiu seu próprio dinheiro para fornecê-la? Não, nenhum dispositivo de comunicação computadorizado de alta tecnologia. Ele comprou... seguradores de porta!

AUXILIANDO A INCUBAÇÃO

Antes, durante e depois dos períodos de pensamento divergente vem o olho do furacão – momentos de reflexão e períodos dedicados à incubação. Não somente a incubação constitui uma parte integrante do processo criativo, como um período de tranqüilidade é essencial por algumas outras razões. Como observamos em nossa discussão sobre os modos de pensar, os indivíduos que têm forte preferência por uma abordagem de Introversão para reunir e avaliar informações desejam pensar sobre o problema antes de se comprometerem com uma solução ou mesmo de proporem uma idéia. Essas pessoas contribuirão mais se tiverem uma oportunidade de trocarem idéias em paz consigo mesmas. E finalmente, mesmo os Extrovertidos exuberantes precisam, de vez em quando, de uma folga da interação constante – especialmente se o processo criativo teve atritos.

Portanto, todos precisamos de santuários de vez em quando. Em seu zelo de proporcionar o livre fluxo de comunicação (e, sejamos honestos, de economizar), as organizações investiram em cubículos "móveis" que na verdade são reconfigurados quase tão freqüentemente quanto a Grande Muralha da China. Muitos administradores, suscetíveis às necessidades de seus funcionários, muitas vezes se vêem recriando o escritório com paredes. Na Fisher-Price, um funcionário pode solicitar uma porta tipo biombo para um cubículo de outra forma aberto, para dar um pouco de proteção contra invasões em momentos indesejáveis. Em um dos escritórios da IDEO, os cubículos se parecem muito com baias, com uma "porta de estábulo" que pode ser deslizada para o lado para abrir uma parede para o corredor ou fechada para privacidade. O Institute for Research on Learning in Menlo Park, Califórnia, colaborou com a Steelcase para fazer experiências com cubículos privativos cercados, vagamente parecidos com cápsulas espaciais, com áreas para um computador, alguns arquivos e local de trabalho tranqüilo. A porta desliza pelo lado curvo da cerca para permitir a exposição externa desejada. Conforme descrito acima, a Arthur Andersen em Londres tem uma área inteira "Zen" reservada para meditação e trabalho tranqüilo. E, claro, muitos patrões a contragosto (ou pelo menos sem interesse pelos estágios do processo criativo) proporcionam tempo de incubação estimulando seus funcionários a trabalharem enquanto estão presos a poltronas minúsculas, encapsulados a 35.000 pés em um escritório que depende, com fé absoluta, do princípio de Bernoulli para continuar nas alturas. A maioria dos aviões dificilmente proporciona condições ideais para incubação, devido a sua atmosfera parecida com um jardim zoológico, mas pelo menos as pessoas estão livres por algumas horas da interação com seus colegas. Portanto, elas podem relaxar, confortados ao saber que ninguém em terra conseguirá alcançá-las durante algumas horas e que podem deixar seus pensamentos incubarem.

A incubação exige uma mudança de ritmo do intenso trabalho necessário para criatividade. Mas, as vizinhanças criadas para essa mudança de ritmo não devem ser apenas para reflexão tranquila, do tipo Zen. Ambientes criativos geralmente incluem áreas de lazer, para descanso, exercício e socialização como auxílios à incubação. Em climas amenos, essas áreas de lazer podem incluir quadras de voleibol e *badminton* durante o ano todo. O estúdio de animação da Nickelodeon em Burbank, Califórnia, tem um campo de golfe em miniatura com um "buraco em Walt" (Disney).[22] Mas onde o bom tempo ou as temperaturas agradáveis são escassos (ou não existe espaço ao ar livre), a atenção deliberada a áreas de lazer é ainda mais crucial. Não somente os grupos precisam mesmo de uma pausa de vez em quando, mas a sensação de recreação está ligada nas mentes das pessoas com informalidade, energia, aceitação de risco, entusiasmo, trabalho que é diversão.

ACENTUANDO O PENSAMENTO CONVERGENTE

O pensamento convergente, como o pensamento divergente, pode ocorrer em qualquer parte de um prédio. É igualmente provável que duas ou três pessoas conversando na cozinha cheguem a um acordo sobre ações a empreender quanto que apresentem novas opções. Portanto, as mesmas características arquitetônicas que possibilitam o pensamento divergente também podem estimular a convergência. E, graças à tecnologia da informação, os membros do grupo não precisam se reunir pessoalmente para convergir para uma solução. Entretanto, mais uma vez, o projeto insatisfatório do espaço físico pode criar barreiras ao processo criativo. Se não houver um espaço conveniente adequado para comportar todos os membros do grupo simultaneamente, a convergência será mais árdua.

O espaço não precisa ser a sala de reuniões tradicional, embora seja útil ter uma sala apropriada ao tamanho do grupo e com algo além de paredes revestidas com papel para se escrever em cima. Parece óbvio? Então, por que se marcam algumas reuniões importantes de convergência em salas que são projetadas para desencorajar qualquer consenso? Uma biblioteca é ótima para a leitura, mas paredes cheias de livros não dão espaço para escrever. As desvantagens de locais pequenos, com falta de oxigênio, são óbvias, mas um auditório imenso apenas estimula uma perspectiva totalmente enganada, facilitando o isolamento em vez do engajamento criativo. Costumamos considerar os ambientes físicos de uma reunião menos importantes que a qualidade do café disponível. Certamente, alguns gerentes concluíram que é muito mais provável que a convergência seja rápida se o local da reunião for extremamente desconfortável. Faça uma reunião em uma sala sem cadeiras, então os participantes deverão ficar em pé, o raciocínio irá embora e as decisões serão tomadas rapidamente. Esse projeto ajudará a eficiência, talvez – mas não a criatividade. Conforme observado antes, a convergência prematura é inimiga da inovação.

Ao planejarem o espaço físico, os gerentes de equipes interfuncionais enfrentam um dilema básico, irreconciliável. Os membros da equipe desejam e precisam de uma localização próxima para acessar os pontos de vista divergentes tão fundamentais para se criarem opções. Mas, ao mesmo tempo, precisam de acesso a seus colegas de função para reforçar ou contestar a representação que eles fazem de suas disciplinas. "Eu quero poder pedir a opinião de meus colegas projetistas," explicou um projetista da Fisher-Price. "E os engenheiros e o pessoal de *marketing* se sentem do mesmo jeito." As funções são a fonte de conhecimento disciplinar profundo. Na verdade, se os participantes de uma equipe interfuncional perdem suas ligações com essa comunidade, eles se tornam menos valiosos para a equipe. Ao mesmo tempo, conforme observado no Capítulo 4, a proximidade de localização ajuda muito a rápida tomada de decisões e a convergência.

Em organizações relativamente compactas, uma solução é dispor as disciplinas em torno de algumas áreas comuns criadas em sua intersecção. Essas áreas auxiliam tanto o pensamento divergente quanto o convergente, mas mais especialmente o último, pois é conveniente fazer reuniões deliberadas nos pontos importantes da organização e as junções simbolizam a disposição de todas as partes de ouvir as perspectivas mútuas. Na Fisher-Price, um grupo de desenvolvimento trabalhando em brinquedos para meninas decidiu criar uma área aberta na junção dos grupos de projeto, engenharia e *marketing* – e mobiliá-lo com sofás, em vez de cadeiras, e uma mesa de sala de reuniões. A ambiência informal de uma sala de estar (se bem que com tabelas e gráficos) simbolizava o sentido de equipe e de família que eles queriam incentivar. A Nissan International Design é suficientemente pequena para as disciplinas estarem entrelaçadas, mas ninguém está a mais de alguns minutos de caminhada dos outros engenheiros ou projetistas ou modeladores. Na IDEO, os escritórios espalhados em torno de Palo Alto são pequenos o suficiente para as disciplinas estarem misturadas. Entretanto, algumas funções têm apenas um ou dois representantes em um determinado escritório e os colegas estão em outros prédios; por isso, especialistas em recursos humanos, por exemplo, têm reuniões face a face a cada duas semanas para dividir seu conhecimento disciplinar.

Em empresas do tamanho da Nortel, engenharia de projeto, fabricação e vendas costumam localizar-se em cidades diferentes, a milhas de distância. A localização próxima não se obtém facilmente. Nesses casos, os gerentes têm de despender muito tempo e raciocínio em como planejar tecnologia da informação e meios (incluindo videoconferência) para a formação de equipes virtuais. Se o projeto for bastante importante, as empresas incorrerão em enorme despesa para colher os benefícios da localização próxima. A Chrysler provou que o desenvolvimento de carros poderia encurtar a média da indústria de cinco anos quando apresentou o Neon em apenas trinta e um meses. Com certeza houve muitas mudanças responsáveis por essa redução do tempo até o mercado, mas um fator útil foi o fato de que uma equipe interfuncional (que envolve centenas de pessoas no caso do desenvolvimento de carros) estava localizada sob um teto único em um Centro de Tecnologia de ponta. Na época, era a única instalação assim concentrada no mundo.[23]

ÍCONES FÍSICOS

Objetos físicos, velhos e novos, incorporam conhecimento. Eles são os fósseis deixados para trás para nossa análise quando o organismo criador já partiu faz tempo. Geralmente estão carregados de emoções, evocando lembranças pessoais, o sentido de uma era, ou a percepção de uma cultura. Ou simbolizam quem somos, nossas crenças, nossas aspirações. Assim, os objetos físicos criam uma atmosfera que afeta os que nela trabalham. Os grupos criativos costumam cercar-se de *coisas* interessantes – coleções de objetos, às vezes divertidos, às vezes sérios, mas que sempre provocam pensamentos. Por conveniência, pensamos nesses objetos como divisíveis em Ícones de Conhecimento, Ícones Culturais e Objetos Divertidos.

Ícones de conhecimento. Ícones de conhecimento são pedaços de pensamentos, congelados no tempo. Dê uma volta em qualquer área dominada por projetistas – IDEO, GVO, Nissan Design Center – e você terá de passar com dificuldade entre uma fantástica variedade de objetos, muitos deles protótipos, ou seja, projetos iniciais rejeitados no caminho para o produto final. Você vê uma dúzia de receptores telefônicos de estilos diferentes montados em uma parede, uma parte de equipamento para diagnosticar amostras médicas, uma guitarra elétrica de criança ou um *trackball* de oito polegadas para futuros *nerds* de computador da pré-escola com a motricidade fina ainda não desenvolvida. Conforme discutido no Capítulo 4, os protótipos traçam a evolução do produto de sucesso. Por que os projetistas guardam essas expressões prematuras? Elas são tanto história quanto estímulos, lembrando os projetistas dos dilemas resolvidos e das idéias fascinantes que não deram certo – para aquele problema específico. São uma biblioteca visual, um menu de possibilidades, lembretes de um determinado mercado. Os projetistas usam essas sugestões visuais da mesma forma que a Caixa de Tecnologia da IDEO descrita no Capítulo 3: para estimular a mente consciente e a inconsciente. Quando uma projetista estiver trabalhando no desenvolvimento de uma cadeira de escritório, por exemplo, ela passará os olhos nos protótipos de uma versão anterior para se lembrar por que certas características foram rejeitadas. Entretanto, se ela estiver na IDEO, poderá também tomar emprestadas idéias de algo tão longe de sua aplicação imediata quanto a mecânica complexa incorporada na baleia robótica desenvolvida para o filme *Free Willy*. Uma válvula projetada originalmente para um coração artificial, por exemplo, se revelou um mecanismo formidável para a tampa de uma garrafa para ciclistas!

Os produtos dos concorrentes servem a um objetivo parecido. Na Fisher-Price, prateleiras em volta de uma área comum de reunião estão forradas de brinquedos de outros fabricantes. Não somente os projetistas emprestarão e rejeitarão idéias com base no exame da concorrência, mas estar rodeado de personificações de inteligência competitiva dá uma certa motivação saudável para evitar o destino de Custer quando ele estava cercado da mesma forma, e portanto manter-se em movimento.

Ícones culturais. Os saguões das organizações são geralmente como as casas das pessoas. Eles nos dizem muito sobre a cultura e os valores dos habitantes. Na IDEO, o saguão de uma das principais oficinas de projeto em Palo Alto exibe orgulhosamente a caixa de sabão laranja brilhante que ganhou o Derby Sandhill local, calorosamente disputado, um evento anual que faz firmas de capital de risco e empresariais competirem umas contra as outras. O visitante também vê no saguão outros produtos refletindo os talentos ecléticos de projeto da firma: molinetes e equipamentos de pesca, o recipiente de um bebedouro para refrigerante, computadores. Naturalmente, também estão espalhados objetos por todo o prédio, alguns deles ligados diretamente à história organizacional e outros refletindo atitudes em relação ao mundo. No Skandia Center, objetos tais como uma roda do leme de um navio e velhas máquinas de escrever estão colocadas por toda parte como lembranças de explorações e invenções passadas. Essas demonstrações são o equivalente corporativo da porta da geladeira doméstica, pois elas ajudam a instilar orgulho na organização e em suas realizações e reforçam o tipo de ambiente psicológico (discutido no próximo capítulo) que é tão importante para a criatividade. O que seu saguão ou sua área de grupo diz sobre a cultura de sua empresa?

Objetos divertidos. Decorações de brincadeira simbolizam diversão, significam não se levar muito a sério, um lugar para alegria. No escritório de um vice-presidente da Chaparral Steel, um jacaré parece estar saindo do tapete verde de um lado da sala. É realista o suficiente para inspirar uma segunda olhada rápida na cabeça semi-submersa e nos olhos pequenos, redondos e brilhantes. Na Electronic Arts (ou em qualquer empresa que trabalha com jogos ou entretenimento), os cubículos se parecem à manhã seguinte de uma festa do Dia das Bruxas particularmente inventiva e estridente: desenhos de criaturas espaciais, carros esportes inflados com quatro pés, bonecos grotescos, cérebros plásticos, gorilas empalhados. Algumas áreas imitam o mundo do cliente, como por exemplo, um Bar Esportivo real na Electronic Arts, completo, com bancos de bar e um espelho com decalques, para a equipe de produtos do John Madden Football. Pesquisadores que estudavam a capacidade de várias equipes administrativas gerenciarem conflitos descobriram flamingos de plástico rosa dados a uma empresa por um cliente para embelezar "a sede impecavelmente decorada de forma diferente" da corporação.[24]

INFRA-ESTRUTURA DE TECNOLOGIA DA INFORMAÇÃO

Por que toda esta ênfase na proximidade física para a criatividade?, você pergunta. Espere um pouco! Esta é a era da informação, a era da eletrônica, a era das operações sete dias, vinte e quatro horas em todo o globo. Desenvolva o *software* nos Estados Unidos, programe o código na Índia, fabrique os *chips* na Coréia. Quem precisa de localização próxima? Temos o Lotus Notes, e videoconferência, e quadros brancos compartilhados eletronicamente, e linhas T3 capazes de transportar mais *bits* e *bytes* do que a quantidade de areia e de bichos-de-pé do litoral. Temos máquinas de inferência e mecanismos de buscas poderosos para percorrer bancos de dados para informações críticas. Temos sistemas especializados que ensinam e algoritmos genéticos que aprendem. Temos simulações que podem reproduzir sensações assim como visões e sons. Temos *sites* na Internet usando Virtual Reality Modeling Language (VRML – Linguagem de Modelagem de Realidade Virtual) para ajudar a nos apresentarmos mutuamente como avatares em três dimensões e infinitas variações de cor.

Sim. Verdade. Mas precisaríamos de outro livro para explorar todas as maneiras em que os computadores e a tecnologia da informação potencialmente afetam o processo criativo. A infra-estrutura da tecnologia da informação é extraordinariamente importante. A maioria dos ambientes criativos que descrevemos dependem muito de ligações eletrônicas e de memória de computador. E, como observamos antes, muitas organizações não têm alternativa a não ser contar com redes eletrônicas para conectar suas extensas operações.

Entretanto, achamos que toda a tecnologia do mundo não substitui – pelo menos ainda, e talvez nunca – o contato face a face quando se trata de *brainstorming*, de inspirar paixão ou de possibilitar muitos tipos de descobertas casuais. Um estudo de equipes de desenvolvimento de novos produto geograficamente dispersas verificou que participantes da equipe que realizavam tarefas complexas *sempre* teriam preferido um meio "mais rico" (isto é, um meio apoiando mais canais e mais interativo) ao que tinham de usar realmente.[25] O fax é bom para uma comunicação unilateral; o *e-mail* para uma comunicação bidirecional, assíncrona e relativamente sem emoção (onde letras maiúsculas são "gritos," e portanto tabu); o telefone, para comunicações que não exigem recursos visuais; e a videoconferência, se não for necessária sutileza na linguagem corporal. Mas, a comunicação face a face é o meio mais rico e de multiplos canais, porque possibilita o uso de todos os sentidos, é interativa e imediata.

Aperfeiçoar o processo criativo depende de fornecer o meio mais rico que puder. Se você tem um grupo fisicamente disperso, desejará reunir os participantes sempre que possível, não somente para que eles se tornem suficientemente familiarizados para sobreviver às inevitáveis (e desejáveis) divergências intelectuais inerentes ao processo, mas também para que possam desenvolver o tipo de entusiasmo e energia em torno de seu projeto gerado por ser membro de um grupo coeso. Quando a proximidade física é impossível, é possível se utilizar a videoconferência. Sabemos de grupos que não apenas fazem *brainstorming* juntos, mas fazem festas e festejam acontecimentos importantes juntos – por vídeo. Se o vídeo estourar o orçamento, então você pode ter de voltar aos telefones e quadros brancos eletrônicos compartilhados. Uma coisa é certa: a comunicação é importante demais para ser deixada para especialistas técnicos. O gerente precisa planejar a estrutura de comunicação do grupo com o mesmo cuidado que tem na composição do grupo.

DE VOLTA A STAN E AMANDA...

Amanda estava "presa" ao prédio de forma geral. E a reclamação não parava. Ela não tinha percebido como poderia ter sido importante sua colaboração no projeto. Em desespero, ela importou alguns jogos de fliperama, mas não havia espaço para eles – até que ela ficou radical e tomou posse de uma das salas de reunião. Tiraram a longa mesa polida e puseram os jogos, e mais os "quadros para rabiscar", como as equipes começaram a chamar, os quadros brancos, em todas as paredes. Apareceram alguns grafites bem surpreendentes. Em seguida, ela conseguiu montar uma sala de estar informal no meio do mar de cubículos. Poltronas confortáveis e mais quadros brancos! Seu maior golpe foi persuadir a administração a terceirizar a função de escritório patrimonial, para que ela pudesse assumir dois grandes depósitos antes cheios de estoque de mesas, cadeiras e computadores. Essa mudança poupou o dinheiro da corporação e liberou espaço precioso para atividades criativas. Felizmente, um ficava perto da cozinha, para que pudesse ser transformado em um "Café das Idéias" para reuniões informais durante refeições leves. O segundo estava disponível para "informances" de grupo ou outros exercícios experimentais. "Nada mal para uma readaptação," pensou ela. "Mas se, algum dia, eu tiver oportunidade novamente de ajudar a projetar um prédio para o trabalho criativo, encontrarei tempo para me envolver!"

PONTOS-CHAVE

- O espaço bem planejado estimula a criatividade facilitando o pensamento divergente, a incubação e a convergência. Um espaço mal-planejado pode inibir a criatividade, bloqueando a comunicação e impedindo a incubação.

- O projeto do espaço de trabalho reflete a missão e os valores da organização, incluindo a importância da criatividade, mais eloqüentemente que uma declaração formal de missão.
- As organizações que têm o luxo de poder projetar para a criatividade podem incluir espaços para estimular o atrito criativo, possibilitar a incubação e promover convergência efetiva.
- Mesmo quando o espaço é muito valorizado, ainda pode ser possível readaptar áreas existentes para a criatividade. Conservar algum espaço aberto, não-estruturado, disponível para atividades experimentais é particularmente desejável.
- Podem-se promover ligações inesperadas, casuais, facilitando a comunicação não-planejada.
- A criatividade pode ser aumentada através da estimulação dos sentidos. Entretanto, os indivíduos devem sentir controle sobre os estímulos, devem ser capazes de acessá-los e interrompê-los.
- É altamente desejável se planejar um espaço para que equipes interfuncionais possam interagir. Entretanto, os participantes também precisam estar bem próximos das pessoas de suas próprias disciplinas.
- Os grupos criativos costumam cercar-se de objetos interessantes – ícones físicos – que simbolizam diversão, cultura e antigos projetos. Esses ícones podem ajudar a criar um ambiente estimulante, divertido e criativo.
- Para tarefas complexas, a interação face a face é mais desejável. Quando o face a face é impossível, planeje ligações de tecnologia da informação o mais "ricas" possível.
- Não existe substituto para a interação face a face.

NOTAS

1. Fritz Steel, *Making and Managing High-Quality Workplaces: An Organizational Ecology* (New York: Teachers College Press, 1986): p. 55.
2. Robert Campbell, "End of the 'Magic Incubator,'" *Boston Globe*, 5 June 1998, p. D1.
3. Campbell, "End of the 'Magic Incubator,'" p. D1.
4. Thomas J. Allen, *Managing the Flow of Technology* (Cambridge, Mass.: MIT Press, 1977), pp. 235-240.
5. John Kao, "Oticon (A)," Case 9-395-144 (Boston: Harvard Business School), 1995.
6. Meg Carter, "Design: The Office – It's a Place to Relax; Arthur Andersen's Sixth Floor Offers a Glimpse of How Tomorrow's Workspaces Will Be Designed," *The Independent* (Londres), 26 March 1998.
7. Frank H. Mahnke, *Color, Environment and Human Response: An Interdisciplinary Understanding of Color and Its Use as a Beneficial Element in the Design of the Architectural Environment* (New York: Van Nostrand Reinhold, 1996).
8. Michael A. Veresej, "Welcome to the New Workspace," *Industry Week*, 15 April 1986, pp. 24-27.

9. Citado em Mihaly Csikszentmihalyi, *Creativity* (New York: Harper Collins, 1966), p. 66.
10. Descrito em Franklin Becker, *The Successful Office: How to Create a Workspace That's Right for You* (Reading, Mass.: Addison-Wesley, 1982), p. 115.
11. Leonard K. Eaton, *Two Chicago Architects and Their Clients* (Cambridge, Mass.: MIT Press, 1969).
12. Irving A. Taylor, "Creative Production in Gifted Young (Almost) Adults Through Simultaneous Sensory Stimulation," *Gifted Child Quarterly* 14, no. 1 (1970): p. 46-55.
13. Jilly Welch, "Creature Comforts: Innovations in Office Design," *People Management*, 19 December 1996, p. 42.
14. Georg von Krogh e Philipp Käser, "Knowledge Navigation for Future Earnings Capabilities" (documento não-publicado), p. 4.
15. Welch, "Creature Comforts," p. 20.
16. Franklin Becker e Fritz Steele, *Workplace by Design* (San Francisco: Jossey-Bass Publishers, 1995).
17. S. Cohen e N. Weinstein, "Nonauditory Effects of Noise on Behavior and Health," *Journal of Social Issues* 37 (1981): pp. 36-70.
18. David Glass e Jerome Singer, "Experimental Studies of Uncontrollable and Unpredictable Noise," *Representative Research in Social Psychology* 4, no. 1 (1973): pp. 165-183.
19. Dorothy A. Leonard, Paul A. Brands, Amy Edmondson e Justine Fenwick, "Virtual Teams: Using Communications Technology to Manage Geographically Dispersed Development Groups," em *Sense and Respond*, ed. Stephen P. Bradley e Richard L. Nolan (Boston: Harvard Business School Press, 1998), pp. 285-298.
20. Citado em Gregory Witcher, "Steelcase Hopes Innovation Flourishes Under Pyramid," *Wall Street Journal*, 26 May 1989, p. B1.
21. Peter Pook, entrevista, 3 June 1998.
22. Marc Gunther, "This Gang Controls Your Kids' Brains," *Fortune*, 27 October 1997, pp. 172-182, passim.
23. Becker e Steele, *Workplace by Design*.
24. Kathleen M. Eisenhardt, Jean L. Kahwajy e L. J. Bourgeois III, "How Management Teams Can Have a Good Fight," *Harvard Business Review* 75 (July-August 1997): p. 81.
25. Leonard, et al., "Virtual Teams."

6
Planejando o Ambiente Psicológico

Apesar de que mais champanha escorria por suas bochechas do que descia por sua garganta, Ted estava se sentindo eufórico. Enquanto olhava em volta para o grupo que, celebrando estridentemente, tinha acabado de despejar em sua cabeça uma garrafa da cara bebida, ele rememorou as muitas tentativas e triunfos anteriores da Equipe Fox [Raposa]. Seu lema, "Além do máximo," tremulando em uma bandeira no alto, captava o espírito que tinha entrado na produção da primeira bota leve de caminhada, para qualquer terreno. Não somente a força de vendas estava reportando uma resposta entusiástica ao primeiro lote no mercado, mas a equipe tinha acabado de ganhar o cobiçado prêmio "Primeiro, Melhor" da empresa.

"Nunca pensei em mim como líder," refletiu Ted. Mas este projeto tinha exigido mais que as habilidades administrativas comuns, por importantes que fossem. Em primeiro lugar, todos da equipe já tinham opções de ações e um salário razoável. Por isso, Ted não poderia contar com dinheiro para que ficassem realmente motivados. Levá-los para visitar clubes de caminhada tinha sido uma boa idéia – visitar os clientes tinha produzido muito entusiasmo e sugerido algumas idéias bem radicais. A grande idéia, claro, foi a sola fina, amortecedora, que os engenheiros inicialmente tinham dito que era muito arriscado produzir, mas que protegia o pé enquanto dava aos caminhantes uma "sensação" real do terreno. E os membros da equipe que ele havia escolhido certamente passaram um tempo agradável juntos, tanto trabalhando quanto se divertindo, apesar de um começo difícil. Mas, o que deixou Ted muito orgulhoso foi a maneira da equipe se unir depois que tiveram a má notícia de que seu projeto inicial da língua da bota arranhava o pé – por isso eles tiveram de voltar às pranchetas de desenho. Esperava ter contribuído para sua atitude positiva apresentando a má notícia como um desafio, o qual ele estava confiante de que poderiam enfrentar e com o qual poderiam aprender. Que bom que ele estava certo. Trabalhar no redesenho da língua tinha ainda sugerido várias mudanças no calcanhar.

O projeto também tivera sorte. Se Joe não tivesse ido acampar exatamente naquele fim de semana, e se não tivesse contado ao resto da equipe sobre como as cordas da barraca se agarravam de forma que ele não conseguia desmonta-la, o grupo nunca poderia ter pensado nos ilhóses, agora patenteados, que impediam que os laços da bota escorregassem. "Mas talvez eu tenha ajudado isso a acontecer também," pensou Ted. "O grupo nunca perceberia, é claro, mas se eu não tivesse feito as reuniões das segundas-feiras de manhã de 'mostre e conte'... ou se não tivesse insistido exatamente naquela sexta-feira em que todos deixássemos o problema do maldito ilhós para resolver na segunda-feira... Na verdade,..." pensou Ted, com o sorriso matreiro que tinha inspirado o nome da equipe, "estou ficando muito convencido com minha parte neste projeto. Mas, eles farão isso voltar ao normal no churrasco desta noite, tenho certeza."

LIDERANDO UM GRUPO CRIATIVO: O QUE É DIFERENTE?

"*Os grupos criativos* são feitos, não nascem." Quando lhe perguntaram como sua responsabilidade pela criatividade havia mudado depois que seu empreendimento empresarial virou um gigante de *software*, o presidente da Oracle, Larry Ellison, respondeu que sua função agora era desenvolver um ambiente conducente à criatividade.[1] É mais provável que um grupo de pessoas "comuns" e inteligentes em um ambiente criativo faça inovações do que um grupo de pessoas "criativas" em um ambiente sufocante. A liderança faz a diferença. Ted mereceu sua "vaidade".

Administrar através de números (p.ex., os relatórios financeiros da organização) é fácil comparado a liderar pessoas através de regras e comunicação – especialmente se seu modo de pensar preferido o leva a enrolar-se com uns belos relatórios, com análises e dados detalhados. Além disso, na gestão da criatividade, você é responsável por inspirar paixão e possibilitar serendipismo. Não está na descrição de sua função? Quase nada *importante* está! O item realmente crucial é difícil de descrever. No Capítulo 5, enfatizamos o efeito do ambiente *físico* sobre a criatividade. Neste capítulo, discutiremos a importância do ambiente *psicológico* e *social*. Nós o convidamos a pensar em como você pode tornar seguro, desejável e até fácil para os membros do seu grupo externarem sua criatividade.

ACEITAÇÃO DE RISCO E PROVEITO NO INSUCESSO

Lembre-se nossa discussão sobre regras nos Capítulos 3 e 4. O jeito aceitável "como fazemos as coisas aqui" tem um efeito profundo – tanto positivo quanto destrutivo – sobre o processo de grupo. Os grupos criativos requerem valores e regras diretivos que canalizam a energia individual sem contrariar. Parece complicado? Ou pior, vago? Existem literalmente dezenas de valores e regras adotados por grupos. Os membros os absorvem, em geral de forma inconsciente. (Os peixes não investigam a água em que nadam.) Neste momento nos concentramos em duas regras de comportamento que diferenciam as ecologias criativas das não-criativas: aceitação de risco e a capacidade de tirar proveito do insucesso.

Aceitação de risco

Dick Liebhaber, vice-presidente executivo da MCI, observou: "Não despedimos as pessoas que cometem erros. Despedimos as pessoas que não assumem riscos."[2] Sugerir que existe uma ligação entre a aceitação de risco e a criatividade não é sugerir que todos os pára-quedistas são criativos ou que todos os indivíduos criativos gostam de viver no limite do perigo. Aventureiros radicais individuais aparentemente têm uma propensão inata, provavelmente baseada em sua química, para o risco pessoal, mas não há motivo para esperar que eles expressem mais ou menos criatividade que a regra. Levar os membros do grupo para saltarem de uma grande altura (*bungee jumping*) como forma de estimular seus humores criativos, portanto, provavelmente não ajudará. A inovação, contudo, exige uma certa tolerância frente ao risco porque, por definição, fazer algo criativo significa fugir do habitual. Toda idéia criativa substitui alguma coisa – algum conceito, método ou técnica – que provavelmente estava com um desempenho bastante satisfatório. Substituir isso por algo "novo e melhorado" necessariamente acarreta risco. Portanto, indivíduos e grupos criativos devem arriscar seus pescoços, meter-se em apuros, quebrar os ovos *e* vencer obstáculos difíceis para cumprir metas criativas. As regras organizacionais sobre a aceitação de risco (incorporadas nas ações da alta administração) tanto podem estimular idéias radicais e direcioná-las para canais úteis quanto obstruir completamente a corrente.[3] Na firma de biotecnologia Genzyme Corporation de Massachusetts, a vice-presidente de Assuntos Reguladores Alison Lawton diz que aprendeu novas regras de comportamento quando veio para a Genzyme. "A menos que se conteste o sistema e se tente inovar, não se sabe o que se pode conseguir."[4]

Todos nós ouvimos histórias de administradores que desencorajam a aceitação de risco, mas o seguinte presidente de empresa pode ser o vencedor na categoria "reação conservadora à nova tecnologia." Ele estimulou sua alta administração a apresentar idéias para realçar a imagem da empresa. Pensando em surpreender agradavelmente seu chefe, um ativo vice-presidente da empresa pôs-se em ação imediatamente e criou uma página na Internet para a empresa. Para a grande surpresa do vice-presidente, o presidente abriu a reunião de diretoria seguinte vociferando "Que diabo, quem colocou nossa empresa na Internet? Vocês não sabem que ela não é usada por mais ninguém a não ser viciados em drogas ansiosos por sexo?" O vice-presidente infrator contou que se sentiu inclinado a "escorregar para baixo da mesa e rastejar para a porta." Depois de confessar sua culpa e defender a página na Internet como um quadro de avisos legítimo para o mundo, o vice-presidente foi recompensado com uma transferência para um local em um país estrangeiro – uma transferência que ele entendeu como punição por assumir um risco. Obviamente, esse é um exemplo extremo, se verdadeiro. Você nunca se comportaria como esse presidente. Mas, mesmo uma censura educada, como "Não deveríamos gastar dinheiro nesse tipo de canal não-experimentado," poderia ter quase o mesmo efeito amortecedor.

Em contraste, considere a seguinte situação. Dave Fournie era superintendente da Medium Section Mill Chaparral Steel quando defendeu uma serra elétrica em arco de 1,5 milhão de dólares para aparar vigas acabadas de aço (um investimento enorme para essa miniusina relativamente pequena). Originalmente foi feito um protótipo nas instalações do fornecedor, e então a serra foi trazida às instalações da Chaparral no Texas para fazer testes reais nas condições da produção. A serra em arco teve um espetacular fracasso.

> Os campos magnéticos atraíam pequenos pedaços de metal soltos (incluindo relógios e canetas), transformando-os em projéteis, e os engenheiros nunca conseguiram aperfeiçoar o equipamento para a condição de operação efetiva. Depois de um ano de consertos mal-sucedidos, a serra foi substituída. Subseqüentemente promovido a vice-presidente de operações, Fournie se diverte um pouco quando encontra pessoas de fora que "não conseguem acreditar que se pode cometer um erro como esse e não ser crucificado."[5]

Ele tinha sido autorizado a assumir um risco identificado. Ele tinha outros sucessos a seu favor e se a serra tivesse dado certo, teria sido muito valiosa para a empresa.

Imagine quão diferente você se sentiria sobre a aceitação de risco, dependendo de em qual dessas duas organizações você trabalhasse.

Gerentes que estimulam a aceitação de risco também são cuidadosos com a forma de dar um *feedback* negativo. "Você está em uma espiral descendente" não inspira (ou instrui!). Entretanto, mesmo o *feedback* negativo pode motivar, se for dado cuidadosa e construtivamente. Pessoas envolvidas em uma

> ## SEGURANÇA PSICOLÓGICA
>
> Amy Edmondson estudou os efeitos da "segurança psicológica" em um grande número de equipes em uma empresa de fabricação de móveis de escritório. A segurança psicológica "é caracterizada por uma crença compartilhada de que uma ação bem-intencionada não levará a punição ou rejeição." Ela foi medida com um instrumento de pesquisa que incluía itens, tais como: "É seguro assumir um risco nesta equipe." Edmondson determinou que a segurança psicológica sentida pelos membros da equipe influenciou o comportamento de aprendizado (isto é, o grau em que a equipe se comunica proativamente dentro e fora do grupo para aumentar seu aprendizado), o qual, por sua vez, afetou o desempenho da equipe. Igualmente importante, Edmondson descobriu que a liderança da equipe é crucial para criar o clima de aceitação de risco que leva ao desempenho melhorado.[6]

jornada intelectual de fato precisam saber como estão indo. Um *feedback* sincero não precisa ser brutal. Alan Horn, presidente e diretor executivo da Castle Rock Entertainment, constantemente recebe idéias criativas: roteiros, primeiros cortes de um filme, idéias de comercialização. É fundamental, diz ele, ter "um respeito sincero, internalizado, pelo que essas pessoas fazem." Quando elas chegam para apresentar uma idéia inovadora, "procuro me lembrar de que estão *completamente* vulneráveis naquele momento. Minha função não é destruí-las e sim encontrar as partes brilhantes, criativas, especiais de sua proposta e enfocar primeiro essas, para diminuir sua ansiedade, fazê-las se sentirem menos vulneráveis. Então tenho de encontrar uma maneira amável para as partes que precisam melhorar do que eles trouxeram."[7] Dada assim, a má notícia é tão importante quanto a boa para promover o processo criativo.

Proveito no insucesso

Sempre que um de seus milhares de experimentos dava errado, Thomas Edison se perguntava o que o insucesso havia revelado e registrava entusiasticamente o que tinha aprendido. Ele encheu infinitos cadernos, incluindo resultados de seus experimentos malogrados em psicocinese. Quando um assistente lhe perguntou por que continuava tentando descobrir um filamento duradouro depois de tantos fracassos, Edison, segundo se conta, disse que não entendera a pergunta. Pelos seus padrões, ele não tinha falhado absolutamente. Ao contrário, tinha descoberto milhares de coisas que não funcionavam. Sua persistência foi recompensada com a patente número 251.539 da lâmpada elétrica.

Os gerentes modernos precisam adotar uma atitude semelhante. Stanley Gault, quando era presidente da Rubbermaid, disse, "No mundo atual, você simplesmente não tem condições de ser muito conservador."[8] Por *conservador*, ele quis dizer ter um índice de sucesso de 100 por cento em novos produtos. Uma empresa ou um grupo inovador inevitavelmente experimentará algum fracasso, ou não está sendo suficientemente inovador, ou seja, não está assumindo riscos suficientes. Um clima que apóia risco deve encarar os fracassos como oportunidades de crescimento. Entretanto, existem fracassos inteligentes e erros estúpidos. O proveito no insucesso envolve reconhecer a diferença.

Com certeza, todos nós cometemos erros estúpidos – idéias arriscadas, negligentes, mal-concebidas com conseqüências previsíveis. Nós, humanos falíveis, erramos de fato. Se tivermos suficiente prestígio no grupo, podemos até ser levados para o lado e recebermos um encantador tapinha de perdão nas costas. A menos que o tapa nas costas simplesmente nos incentive a repetir o erro, aprendemos. Mas, ele ainda foi estúpido, e há limites para o número desses erros que um grupo pode absorver.

Proveito no insucesso não significa felicitar as pessoas por erros estúpidos. Isso só leva a mais fracasso.

Fracassos inteligentes. Proveito no insucesso implica em fracassos inteligentes. Os *fracassos inteligentes* resultam de assumir riscos conhecidos (ou previstos), e não de cometer erros repetidos. É de se esperar que os riscos sejam admitidos pela alta administração e tenham algum potencial para um desfecho inovador. Os fracassos mais inteligentes são tentativas honestas e bem-baseadas, incluindo fundos para trazer talento especializado, se necessário. Indivíduos que falham inteligentemente também dispõem de planos de contingência adequados para a possibilidade de não alcançarem as metas estabelecidas. Se o produto ou serviço não justificar a comercialização, talvez haja algum conhecimento que possa ser licenciado, vendido, cedido por benefícios fiscais – ou reutilizados em um produto diferente. Por exemplo, nos anos 80, o cientista de pesquisas da IBM, Bernard Meyerson, ajudou a desenvolver semicondutores que combinavam germânio com o silício habitual para produzir um *chip* que poderia conduzir eletricidade muito mais eficientemente. Seu plano de incorporar o novo produto em computadores *mainframes* foi sufocado quando foi introduzida uma tecnologia de *chip* superior. Mas, em vez de seguir algum dos conselhos para passar para outra coisa, ele formou uma equipe para redesenhar seu produto para telefones celulares e outros aparelhos sem-fio, onde a tecnologia do germânio oferecia vantagens. Em 1998, a IBM estimou ganhos de um bilhão de dólares em cinco anos para o novo negócio.[9]

Aprendendo com a experiência. Com o proveito no insucesso, a organização (não apenas os indivíduos envolvidos na tentativa mal-sucedida) aprende com a experiência. A maioria das organizações enterra seus fracassos rapidamente, antes que alguém possa pedir uma autópsia. Aprender com o fracasso requer um exame honesto do que foi bem e do que não foi. Embora devam ser feitos relatos de projeto para *todos* os projetos, eles são essenciais para os "fracassados." Bons relatos de projeto não são fáceis. Primeiro, você precisa de todas as partes relevantes presentes, não apenas as que por acaso estão no escritório naquele dia. Claro, a maioria dos membros se mudaram para o desafio seguinte. Uma empresa leva essas reuniões tão a sério que um membro da equipe baseada nos EUA voltou de avião de seu novo projeto no Japão para estar presente. Segundo, aqui se aplicam as mesmas regras usadas para qualquer reunião de grupo: sinceridade, avaliações impessoais, foco em aprendizado e não em culpa. Enfocar *o que aconteceu* em vez *de quem fez o quê* ajuda a evitar que se apontem dedos. Organizações que exigem que os funcionários que assumiram o risco cometam *sati** na pira do fracasso não verão muitos voluntários para o próximo projeto incomum. É muito proveitoso fazer com que os membros da equipe desçam a escada da inferência, mencionada no Capítulo 4, para rastrear as origens de certas decisões.

Entretanto, relatos de projetos, especialmente de empreendimentos fracassados, costumam resultar em uma extensa lista de mudanças desejadas. Os membros da equipe, vendo essa ladainha de desgosto, geralmente decidem que há coisa demais para alterar e, como avestruzes, afundam suas cabeças resolutamente na areia. Um grupo de funcionários de uma empresa de instrumentação trabalhou dois dias em uma análise dos dois últimos projetos de desenvolvimento de novo produto, sendo que os dois não tinham alcançado os objetivos desejados. No fim dos dois dias, a sala apertada em que tinham feito suas deliberações estava revestida com folhas de tabelas e gráficos, cada uma contendo vários problemas sugeridos ou especificados. Os membros da equipe sentaram-se novamente em suas cadeiras, atordoados pela magnitude da mudança necessária. Durante dez minutos ninguém falou nada. Finalmente, o facilitador sugeriu encontrar uma lista das "vinte mais." A partir dela, a equipe foi para uma das "dez mais" e, enfim, separou com alguns detalhes cinco mudanças a serem feitas. Mais criticamente, deram a cada mudança um prazo e pessoas responsáveis pela implementação. O grupo avançou da paralisia para a ação. Sua seleção de mudanças a fazer incluía as pretendidas para melhorar o desempenho (a proximidade dos membros da equipe para incentivar uma comunicação melhor e mais imediata entre as disciplinas profissionais envolvidas) e aquelas para evitar problemas (incluindo um representante técnico como membro do grupo de projeto para proporcionar alguma segurança contra a introdução de problemas de instalação no projeto). A organização havia aprendido, e seus próximos projetos de inovação foram melhorados. O fracasso inteligente inclui esse tipo de conduta ativa para evitar os mesmos tipos de erros no futuro.

---

*N. de R.: Suicídio que as mulheres cometem na cremação de seus maridos, na India.

COMUNICAÇÃO

A comunicação interativa é a força vital da criatividade. Líderes que desejam estimular fluxos de comunicação estão constantemente removendo entulho dos canais, derrubando barragens e até instalando bombas para arrancar informações das profundezas da organização. Eles precisam de quatro habilidades: ouvir, apresentar, relacionar-se com os demais para ter idéias e oferecer comunicação sincera. Das quatro, só a habilidade de apresentação é *ensinada* (e geralmente mal).

Habilidades de ouvir

Na MTV, a rede de vídeo de música a cabo, duas assistentes de produção de vinte e cinco anos, ambas chamadas Melissa, escreveram um memorando que chocou a organização: "Detonem as imagens piegas fúnebres e reaprendam o que significa rir. Queremos uma MTV mais limpa, mais brilhante e mais divertida." Felizmente para elas, a presidente da MTV, Judy McGrath, e o presidente executivo da MTV Networks, Tom Freston, consideraram o memorando útil.[10]

Os membros de organizações e grupos criativos precisam ter liberdade de expressar suas idéias – mesmo se elas nem sempre fizerem efeito. Acolher a discordância e ouvir as novidades das pessoas, boas e más – especialmente as más! – faz parte de uma ecologia para estimular o risco e o proveito no insucesso que alimentam a criatividade. Você sabe como é tentar se comunicar com alguém cujos olhos vidrados estão contemplando a resposta ao enigma da vida aparentemente mostrada sobre seu ombro esquerdo. Muitos de nós usam fones de ouvido mentais grande parte do tempo. E "escuta ativa" significa mais do que simplesmente tirar esses fones – embora isso seja um começo. "Não quero ouvir isso" deveria estar no alto da lista de declarações tabus para um grupo criativo, substituída por "O que você acha – *de verdade*?" Os líderes devem se ajustar ao fato de que ouvir não é um esporte passivo, que a criatividade prospera em um clima de total exposição e completa exploração de opções. Jeffrey Beir, vice-presidente da Lotus Development Corporation, comenta sobre grupos criativos: "você precisa envolver toda a equipe. Aqui, não estou me referindo a democracia – você não precisa fazer uma votação, porém precisa ouvir de verdade."[11]

Ouvir também envolve criar um fórum para manifestações abertas. Nos laboratórios de pesquisa da Hewlett-Packard, o chefe dos laboratórios corporativos, Joel Birnbaum, costumava manter "conversas no café", transmissões que, como as conversas ao pé do fogo do Presidente Roosevelt, eram comunicações unidirecionais, embora informais. Nos últimos anos, Birnbaum mudou para um modo muito mais participativo. Suas "reuniões na cidade" ainda continham algumas informações transmitidas, mas a maior parte do tempo dessas reuniões interativas era usado para ouvir.[12]

Habilidades de apresentação

Esqueça a Regra de Ouro; ela não se aplica em comunicação com membros do grupo. Você *não* deve se comunicar com os outros como gostaria que eles se comunicassem com você, mas de preferência como eles querem que você se comunique com eles! Lembra-se da explicação das diferentes preferências por modos de pensar do Capítulo 2? Você pode ter uma forte preferência por dados – muitos deles. Fatos, números, porcentagens até a terceira casa decimal. Mas, alguns de seus colegas preferiram ouvir experiências anteriores – estudos de casos, histórias, soluções comprovadas com progressão lógica de detalhe em detalhe. Outros ainda desejam histórias pessoais, experiências completadas com o impacto sobre vidas e família. E há os que prefeririam imagens a palavras.

Então, suponha que você quer lançar um desafio a seu grupo – talvez a oportunidade de inovação seja que vocês são consultores a quem foi solicitado que ajudassem a redesenhar os processos operacionais de uma firma. Qual é a melhor maneira de você apresentar o problema para que cada indivíduo do seu grupo entenda sua essência e fique igualmente motivado a pensar nele antes que todos se reúnam? A apresentação normal do problema provavelmente incluiria dados e descrições escritas da empresa do cliente, suas operações correntes, suas finanças. Isso é bom para pessoas de "cérebro esquerdo" (raciocínio detalhado, analítico e lógico). Mas, se você quer engajar todo mundo, poderia pensar em acrescentar uma história específica ilustrando os problemas que o cliente enfrenta. Que tal algumas fotos do pessoal, ou da confusão no escritório, ou na fábrica, para familiarizar visualmente seu grupo com a empresa? Talvez pudesse compartilhar alguns trechos de entrevistas dadas por representantes da empresa do cliente. Como sugerido no Capítulo 2, se o seu grupo tiver tão pouca diversidade de modos de pensar que essas abordagens diferentes sejam desnecessárias, também pode faltar variedade intelectual suficiente para sustentar a criatividade! Parte de seu trabalho é inspirar paixão nos membros do grupo pelo projeto, e isso ajuda se você conseguir se conectar com os mapas mentais individuais de experiência que eles carregam em suas mentes em vez de tentar conseguir que eles entendam o seu mapa. Ajustar seu próprio estilo de comunicação é um exemplo importante para o grupo. A criatividade será possibilitada ainda mais se você incentivar um ambiente em que todos os membros do grupo entendam e respeitem a interação sutil dos meios e dos modos de pensar preferidos das mentes individuais.

Conectividade

Luís XI era "o rei-aranha," não devido a qualquer apêndice aracnídeo, mas porque era muito bem conectado – em toda parte. Sua rede de espionagem era a Internet da época, com nós em todo país importante. Embora não recomendemos os métodos do rei Luís, realmente admiramos sua conectividade, sua capacidade de sondar o ambiente em busca de idéias e opções. Ligar pessoas e idéias é decisivo para a criatividade. Barbara Waugh, gerente de pessoal mundial, usa a linguagem de engenharia que a cerca para explicar um mecanismo de conexão nos Hewlett-Packard Laboratories. Pesquisadores sêniores, apelidados de "Amigos do Joel" Birnbaum, passeiam pelos laboratórios em seu nome para identificar possíveis projetos de pesquisa, pequenos focos de paixão em uma tecnologia específica ou um possível produto que possam ser conectados e "amplificados" para criar uma possível nova direção de negócio para a empresa. Se as idéias de produtos assim reforçadas virarem bons produtos da HP, ótimo – se não, podem ser transformadas em uma nova empresa na qual a HP pode investir.[13]

Na Teradyne, com sede em Boston, as vastas conexões do fundador e presidente Alex d'Arbeloff geralmente foram importantes para a inovação corporativa. Por exemplo, quando a Teradyne precisou mudar de um *software* baseado unicamente no Unix para rodar seus produtos de equipamentos para testagem de semicondutores, d'Arbeloff apresentou pessoalmente seus especialistas ao *software* pronto. Ele os levou a uma pequena empresa local em cuja diretoria trabalhou. Nessa empresa, os engenheiros da Teradyne ficaram surpresos ao descobrir a potência e a flexibilidade disponíveis para eles – tiradas de um catálogo de *software* para produtos que rodavam em um computador pessoal. Em vez de gastar milhares de dólares para escrever um código novo, os engenheiros descobriram que poderiam escolher entre milhares de programas custando apenas 200 ou 300 dólares.[14]

A importância da conectividade não se restringe à alta administração, é claro. A criatividade prospera em cruzamentos em toda a rede da empresa. Entretanto, os altos gerentes propiciam os recursos e o apoio à conectividade. Na Unilever, cujas fábricas de processamento de alimentos estão espalhadas em todo o mundo, as "redes de conhecimento" estão conectadas eletronicamente e seus participantes se reúnem fisicamente de forma regular para que possam compartilhar problemas, idéias e, mais importante, soluções criativas. Por exemplo, os especialistas em tomates que entram em tantos produtos culinários da Unilever constituem uma comunidade de prática em torno dessa fruta em particular, trabalhem eles no Brasil ou na Inglaterra. A partir da elaboração desse documento, haviam sido feitos 24 seminários de cinco dias no mundo todo para criar um mapa de conhecimento completo do que a Unilever sabe sobre tomates, desde suas sementes às preferências de molhos dos consumidores.

Comunicação sincera: identificando o alce na mesa

Imagine-se sentado a uma grande mesa de jantar, partilhando uma refeição formal com seus colegas. Sobre a mesa, cobrindo grande parte da superfície está um alce enorme, morto. Apesar da interferência ocasional de uma pata que precisa ser empurrada para o lado para se poder comer, ninguém fala sobre o alce ou admite sua presença. O tema é tabu. Parece ridículo? Vamos analisar uma situação semelhante.

A alta administração de um fabricante de equipamentos de filtragem de um bilhão de dólares está reunida para discutir como a empresa pode se reestruturar e inovar para o futuro. Também está presente na sala um consultor, que teve conversas reservadas com a alta administração e o presidente da empresa. O presidente no jantar de ontem expressou ao consultor sua frustração com a falta de iniciativa apresentada por seus funcionários diretos. Pressionado para dar um exemplo, ele explica. "Sabendo que íamos trabalhar com você sobre as capacidades que precisamos desenvolver para o futuro, enviei um memorando sugerindo quais são nossas cinco capacidades essenciais atuais e pedi comentários. Ninguém respondeu a esse memorando. Mas, se eu reclamar, sei que *nunca* obterei qualquer sugestão."

Ontem, o consultor ouviu a alta administração. Como grupo, eles demonstraram preocupação com a liderança da empresa. "Ele não é um líder de verdade," falou um deles sobre o presidente. "Ele tenta controlar tudo de perto, através dos números financeiros ou de *e-mails* com muita autoridade – mas nunca inspira realmente alguém sobre coisa alguma."

Vê o Alce? Um tanto difícil para o presidente expressar sua frustração diretamente àqueles que se subordinam a ele, porque ele acredita que eles só se afastarão mais de idéias inovadoras se ele os criticar. Eles, por outro lado, são incapazes de lhe dizer que acham que ele é muito distante e muito autoritário. O Alce é a sensação de falta de liderança, tanto da alta administração quanto do presidente. Por isso, os membros do grupo contornam um assunto que está corroendo toda sua discussão e dando uma nota disfuncional à reunião, pois tanto o presidente quanto seus subordinados diretos tentam engajar o consultor através de olhares significativos. "Está vendo?", os olhares parecem dizer, pois o comportamento do presidente ou dos outros administradores parece confirmar suas opiniões secretas mútuas.

Quando assuntos tabus obstruem a discussão e impedem que os membros do grupo procedam com sinceridade entre si e em relação aos problemas, provavelmente qualquer convergência não será legítima. Ah!, pode haver acordo, tudo bem. Mas, será superficial e é improvável que os membros assumam qualquer propriedade pelo acordo ou suas conseqüências. Com as suposições e os planos ainda escondidos, eles recuarão para o território mais conhecido antes do acordo. Para se alcançar uma verdadeira convergência, o Alce na Mesa precisa ser reconhecido – e discutido abertamente.

No caso dessa empresa, o consultor foi capaz, em conversas reservadas, de levantar o Alce e fazer todos os interessados reconhecerem que o assunto tabu precisava ser tratado. A etapa seguinte foi uma reunião facilitada em que todos os membros discutiram abertamente a natureza da liderança e o que esperavam mutuamente. A seu favor, o presidente não ficou na defensiva sobre seu comportamento, em parte porque todos acabaram por perceber que sua formação como executivo financeiro e suas preferências por um certo modo de pensar o tinham levado a se comunicar da forma que ele achava satisfatória, mas que os demais, não. Reconhecer que essas preferências e habilidades haviam influenciado seu comportamento, em vez de um amor autocrático pela autoridade, ajudou a despersonalizar a situação. De sua parte, os administradores constataram que não tinham mostrado o tipo de iniciativa que teria sido útil – a saber, insistir em reuniões face a face para discutir assuntos sobre os quais eles tinham opiniões. Em vez de tomarem os *e-mails* e memorandos como autoritários, eles viram que poderiam considerá-los fragmentos de opiniões, protótipos para eles modelarem e influenciarem. Reconhecer o Alce deu espaço para discutir opções, incluindo uma considerável reestruturação de responsabilidades. O presidente ficou agradavelmente pasmo com a profundidade e amplitude das sugestões criativas para o futuro. Saindo da discussão, ele comentou que o grupo tinha "dado um passo gigantesco à frente."

Chamar esses assuntos tabus de "Alce na Mesa" aproveita os benefícios do humor: relaxamento das tensões, elevação do humor e do otimismo e criação de um espírito de colaboração. Um grupo entendeu a importância de remover essas regras obstrutivas com tal entusiasmo que seus membros têm liberdade de provocar "Alce! Alce!" durante as reuniões. Em outra empresa apresentada ao conceito, a sala de reuniões é habitada por vários pequenos alces de brinquedo e não é estranho um membro da equipe atirar um alce em outro quando um assunto parece estar sendo levado de roldão. Nessas duas organizações, a idéia de um Alce na Mesa está tão bem entendida que sua invocação provoca risos, embora tratar do tabu seja um assunto sério. "Os oradores podem dizer brincando coisas que de outra forma poderiam ofender, porque a mensagem é simultaneamente séria e não-séria. O receptor pode salvar as aparências recebendo a mensagem séria enquanto parece que não é assim. O resultado é comunicação de informações difíceis de maneira mais diplomática e pessoalmente menos ameaçadora."[15]

PROMOVENDO A PAIXÃO

Nos primórdios da administração como profissão (e quando estávamos encantados com a idéia de que pudesse ser uma ciência), o Taylorismo promoveu uma padronização da divisão de trabalho em tarefas tão pequenas que cada uma era praticamente insensata. A eficiência reinava, e contratávamos pessoas por sua capacidade física. Então, veio o movimento pela qualidade e pelo trabalho com conhecimento, e a epifania que contratar pessoas pelos seus *cérebros* não era apenas eficiente, mas geralmente efetivo. Do músculo ao cérebro. O que vem em seguida? Paixão. Contratar pessoas por suas mãos, sua cabeça *e* seu coração. Contratar a pessoa inteira não significa necessariamente ser dono de sua vida, vinte e quatro horas por dia. O significado é que, quando estão no trabalho, também estão se divertindo. Se isso parece idealista demais para ser verdade, você precisa visitar grupos criativos destacados e sentir a energia que flui dos membros do grupo que dedicam tanto a cabeça quanto o coração a seu trabalho. Pode ser uma paixão pela organização, pelo produto ou pela marca, ou pela experiência do cliente. É o que os faz levantar de manhã.

O que cativa os corações das pessoas? *Não* é a ânsia de aumentar o preço da ação ou de garantir retorno de 15 por cento aos acionistas (embora seja bem possível ser esse o *resultado* de cativar totalmente os corações das pessoas). Considere a seguinte manchete de jornal: "Trabalhador mais velho dos EUA, com 102 anos, diz que seu trabalho ainda é um prazer." 102? Milton Garland trabalhou na Frick Company de Waynesboro, Pensilvania, durante setenta e oito anos! "Amo o trabalho que faço," disse ele, inclinando-se para a frente em seu elegante terno de risca de giz escuro. "Meu conselho é entrar em algo e ficar enquanto gosta. Você não consegue gostar até ser especialista nesse trabalho. E quando você é especialista, é um prazer."[16] Suas incumbências atuais incluem coordenar as patentes internacionais e dar aulas de treinamento. Havia mais uma classe começando cedo na manhã em que ele foi entrevistado. Trabalhar durante setenta e oito anos, você diz? Vá aproveitar sua vida! Mas, esse é o ponto – ele aproveita. Ouça um cara de 30 anos quase no extremo oposto das gerações. Diz Richard Barton, chefe da Expedia da Microsoft, uma página na Internet para reservas de viagem *on-line*: "Trabalho não é trabalho. É um *hobby*, pelo qual, por acaso, você é pago."[17] Essas são pessoas altamente motivadas que têm paixão por seu trabalho – e a paixão estimula a criatividade (Figura 6.1). A paixão vem de muitas formas, e os líderes podem ajudar seus funcionários a fazerem a ligação entre entusiasmo pessoal e trabalho.

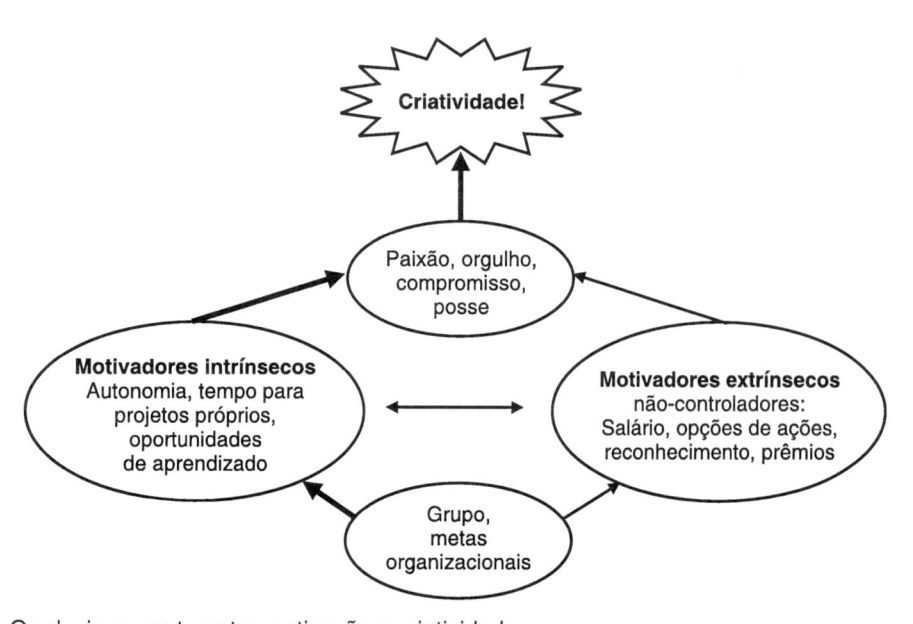

Figura 6.1 O relacionamento entre motivação e criatividade.

Paixão pelo trabalho

Nem todos nós temos paixão por nossos trabalhos, talvez porque escolhemos mal ou fomos designados arbitrariamente. Como Teresa Amabile escreve, "De todas as coisas que os gerentes podem fazer para estimular a criatividade, talvez a mais eficaz seja a tarefa ilusoriamente simples de combinar pessoas com as atribuições certas. Os gerentes podem combinar pessoas com funções que se harmonizam com sua especialização e com suas habilidades em pensamento criativo e também que inflamem sua motivação intrínseca."[18]

Como se obtém sucesso nas combinações? Às vezes é uma questão de selecionar pessoas que combinam com os valores da organização. A Southwest Airlines, cujo índice de rotatividade era o mais baixo da indústria em 1990, contratou 1.400 de 62.000 candidatos naquele ano. O presidente Herb Kelleher dá a fórmula:

> O que estamos procurando, em primeiro lugar e antes de mais nada, é senso de humor. Depois estamos procurando pessoas que precisem se superar para ficarem satisfeitas e que trabalhem bem em um ambiente universitário. Não nos preocupamos tanto com educação e especialização, porque podemos treinar as pessoas para fazerem o que têm de fazer. Contratamos atitudes.[19]

Em outros momentos, a combinação exige mais sutileza, como juntar as forças ou paixões naturais das pessoas com funções específicas dentro da mesma empresa. Administrar uma empresa binacional pode representar um desafio incomum quando diferenças culturais entram na equação de combinação. Guido Arnout, da CoWare, queria ter seus engenheiros na Bélgica e o pessoal de *marketing* nos Estados Unidos, devido à boa combinação entre forças nacionais/regionais (nesse caso uma orientação voltada para risco), e as necessidades da empresa. "Você tem Marketing para vender a idéia, Vendas para vender o que tem de fato, Engenharia para ser cética sobre o que cliente realmente quer e necessita. Você precisa dessas tensões naturais para ter bons argumentos." Arnout vê a força dos engenheiros belgas como sendo pensadores de sistema, muito metódicos e voltados para a qualidade. Do lado norte-americano, vendas e *marketing* se conciliam com as preferências de aceitação de risco, mais empresarias, dos funcionários, e com as necessidades da empresa.

Alguns gerentes redefiniram criativamente a função de forma a estimular a paixão. Quando Russell Herndon criou um novo grupo regulador para a Genzyme Corporation, pôs anúncios dentro e fora da organização pedindo pessoas que desejassem conduzir um produto e um processo por todo o caminho, desde o começo até o uso – não somente supervisionar alguma etapa pequena nos procedimentos reguladores. Como conseqüência, ele atraiu um grupo muito incomum de pessoas de formações variadas. Elas viram uma oportunidade excitante, bem diferente do trabalho habitual das questões reguladoras.

COMBINANDO PESSOAS CRIATIVAS COM SUAS FUNÇÕES

A combinação bem sucedida pode exigir um sentido bem refinado do que realmente aciona as pessoas criativas. Cummings e Oldham estudaram 171 funcionários de duas fábricas. Os funcionários foram retirados de várias divisões, incluindo engenheiros de projeto e fabricação, técnicos e desenhistas. A criatividade de cada pessoa foi avaliada (usando a Escala de Personalidade Criativa de Gough), assim como as contribuições que cada um fez para o programa formal de sugestões da firma. A criatividade de cada sugestão foi determinada por um comitê que aceitou as idéias que eram novas e úteis. Como os funcionários mais criativos se saíram? Bem, se você "chutasse" que suas sugestões seriam, de ponta a ponta, consideradas mais criativas que as dos colegas menos criativos, estaria errado. Ao contrário, as pessoas criativas produziram idéias mais criativas somente quando tinham um trabalho mais complexo e recebiam autonomia de um supervisor, que apoiava sem controlar, para continuar esse trabalho.[20]

Paixão pela inovação (produto, serviço)

As pessoas podem ser motivadas por sua paixão por um produto? A equipe que nos trouxe os convincentes anúncios do sabonete Dove adora seu produto e se sente bem em promovê-lo. "O Dove sempre teve um componente de honestidade," observa Nancy Vonk, uma diretora criativa da agência de publicidade Ogilvy & Mather. Sua colega Janet Kestin, diretora de criação, acrescenta, "Tentamos inculcar veracidade na essência de tudo que temos feito." Entre muitas outras informações dadas por seu cliente, a Lever, havia um fato curioso. O Dove, ao contrário dos outros sabonetes faciais com os quais concorria, era tão suave que afetava o papel de tornassol da mesma forma que a água destilada, a saber, absolutamente nada, enquanto os produtos concorrentes escureciam o papel, indicando alta alcalinidade. (O Dove não é, em nível molecular, realmente um sabonete; em vez disso, é uma alternativa para o sabonete inventada durante a Segunda Guerra Mundial.) Vonk e Kestin, que tinham formações como diretora de arte e redatora, e nenhuma delas tinha especialização técnica, saíram correndo e compraram todos os componentes necessários para fazer o teste do tornassol em seu escritório. O que viram "lhes deu um nocaute total." Elas ficaram chocadas que até os sabonetes considerados suaves na verdade continham ingredientes adstringentes para a pele. Sua lealdade à marca foi reforçada pelo "teste da lavagem do braço," em que elas, como as outras "cobaias" em um teste de suavidade, lavavam a parte interna de um braço com movimentos circulares, por sessenta segundos, três vezes por dia, com sabonete e a do outro braço com Dove, da mesma maneira. Depois de três dias, a parte interna do braço submetido ao sabonete estava marcada com uma mancha vermelha sensível; o braço do Dove não estava. O produto era "um sonho que se tornou realidade – um produto com uma vantagem técnica demonstrável," pois as duas mulheres são "um pouco céticas sobre propaganda" e querem "vender produtos com base nos seus méritos e não em alguma proposta indecorosa."[21]

O entusiasmo verdadeiro é contagioso. E o de Lisa Mancuso da Fisher-Price é altamente infeccioso. "Amo o produto; sinto paixão pelo que faço... não poderia defender algo que não amasse... As pessoas querem fazer parte de sua equipe quando você mesma acredita no que está fazendo e é bem-sucedida. Eu realmente amo o que faço, por isso deixo as pessoas empolgadas, porque não estou fingindo."[22]

Paixão pela organização

Talvez a paixão seja pela organização como um todo – por sua missão global. Susan Schilling, do Lucas Learning, diz de seus funcionários entusiasmados: "Se eles quisessem dinheiro, estariam em outro lugar. Eles trabalham porque se sentem entusiasmados pelo que estamos fazendo" (produtos de entretenimento e educativos para crianças).[23] E Randy Wigginton, membro da equipe inicial da Apple Computer, descreve o entusiasmo do grupo nos primórdios: "Todos os que trabalhavam lá se identificavam totalmente com seu trabalho – todos acreditávamos que estávamos em uma missão de Deus."[24]

Essas são empresas iniciantes. Que tal uma que foi criada em 1903? Os funcionários da Harley-Davidson são tão dedicados a sua empresa que uma imensa reunião de quatro dias para 150.000 pessoas no nonagésimo quinto aniversário da Harley pode ser feita com apenas um funcionário adicional, e de resto inteiramente com trabalho voluntário. Além disso, os voluntários tinham trabalhado duro para tornar essa reunião melhor que o encontro do nonagésimo aniversário, muito bem-sucedido. O ex-presidente Richard Teerlink explica a razão de seus funcionários serem tanto apaixonados quanto inovadores.

> Não queríamos pessoas que apenas viessem para trabalhar. Queríamos pessoas que ficassem empolgadas com o que fazem, para ter um vínculo emocional com nossa empresa. Elas não precisavam necessariamente andar de motocicleta. Era o entusiasmo que tinham quando estavam na fila do supermercado usando uma camiseta da Harley e alguém dizia: "Você trabalha na Harley? Uau!" Conseguimos pessoas que queriam trabalhar neste tipo de empresa, que queriam fazer a diferença. Chamo isso de "Éter da Harley." Elas sabiam que o ambiente geralmente as estimularia a fazer a diferença, a desafiarem (a si mesmas) a serem sempre melhores.

Esse entusiasmo por melhorar sua organização se traduziu em inovações importantes. As relações de trabalho da Harley são motivo de inveja para outras empresas devido às constantes melhoras obtidas por equipes de trabalho liberalmente autogerenciadas.[25]

Neste momento, você pode perguntar, o que faço para meus funcionários ou participantes do grupo se sentirem assim? Talvez você não consiga. Mas, os líderes de grupos criativos descobriram várias alavancas gerenciais que certamente aumentam a probabilidade de que os membros do grupo sintam paixão, compromisso e orgulho. O primeiro passo é entender como estabelecer metas para que não acabem com a motivação.

MOTIVADORES INTRÍNSECOS: MOTIVANDO DE DENTRO PARA FORA

A motivação intrínseca é a diferença entre "você não poderia me pagar o suficiente para..." e "Não consigo acreditar que estou sendo *pago* para fazer isso, é tão divertido!" É a diferença entre contratar as mãos e a cabeça das pessoas, e cativar seu coração. Jack Welch, da GE, pensa que "o fluxo de idéias do espírito humano é absolutamente ilimitado. Tudo o que você precisa fazer é abrir essa fonte... É criatividade. É uma crença de que toda pessoa conta."[26] James Vincent, ex-presidente da Biogen, comenta, "A questão é sempre, como combinar motivação e missão?"[27] Isto é, como você faz as pessoas gostarem de trabalhar para uma meta organizacional? Obviamente, você não pode lhes dizer simplesmente "gostem," mas isso não significa que você esteja desamparado. Existem várias maneiras de desenvolver a ecologia criativa que instala a paixão.

Autonomia

Debbie Herd, gerente de relações institucionais da J. C. Penney, diz, "Ocorreu-nos que as pessoas da Geração X trabalharão noventa horas por semana se tiverem seu próprio negócio. Por isso decidimos fazê-los pensar que são empresários."[28] Bruce Tulgan, da Rainmaker Inc., reflete a cultura das pessoas "não-organizacionais" da Geração X em sua resposta à pergunta: o que essa geração quer? "Isso é fácil. Eles querem ficar com o controle remoto."[29] E Mark Levin, presidente e fundador da Millennium Pharmaceuticals em Cambridge, Massachusetts, observa: "Se você contrata pessoas destacadas, precisa dar-lhes autoridade."[30] Isso significa (como observado no Capítulo 4) convergir para a missão, as metas da organização – mas dar a maior liberdade possível em *como* as metas são atingidas; canalizar os fluxos de energia humana, mas não microgerenciar esses fluxos. Anthony Rucci, o então diretor administrativo da Sears, disse, "Quando as pessoas têm uma chance de fazer algo sozinhas, elas criam auto-estima. Elas simplesmente se animam."[31]

David Witte, presidente da firma de busca de executivos Ward Howell International, diz, "liberdade e responsabilidade são as melhores algemas de ouro que existem." Por exemplo, no negócio de petróleo, diz Witte, "consigo tirar facilmente pessoas de empresas burocráticas como Amoco ou Exxon, mas não há jeito algum de conseguir ganhar de Joe Foster." Foster, quando estava na Tenneco Oil, foi um dos primeiros do setor de energia a oferecer aos funcionários a liberdade e a autoridade de equipes auto-gerenciadas.[32] Portanto, ajudar os grupos criativos a estabelecerem as metas e, então, conceder a maior autonomia possível em *como* atingir a meta, criando algum tempo e recursos para aprendizado e ramos criativos: essas são maneiras de não apenas motivar como também reter os membros de seus grupos criativos.

Tempo para projetos pessoais

A 3M dá aos funcionários 15 por cento do tempo de trabalho para projetos individuais. A HP dá 10 por cento, mais acesso contínuo a laboratórios e equipamentos.[33] Nos últimos anos, tornou-se cada vez mais difícil para os funcionários *encontrarem* essas horas, mas essas duas empresas têm inúmeras histórias sobre inovações importantes que saíram de "trabalhos por fora," grupos que, em seu tempo livre, trabalhavam em projetos não-declarados. Pequenas empresas, especialmente iniciantes, têm ainda menos condições de dar aos funcionários algum segmento de tempo para a inovação individual ou em pequeno grupo, mas também têm menos necessidade de fazer isso. Afinal de contas, seus funcionários geralmente estão na empresa porque ficam tão empolgados com o projeto ou o produto específico que a atenção organizacional está dominando.

AUTO-ESTIMA E PRODUTIVIDADE

A pesquisa em um levantamento nacional de vários milhares de funcionários demonstrou que além de educação e experiência, sentir-se bem consigo mesmo tinha um forte efeito sobre a produtividade (conforme refletido nos salários). "Os pesquisadores verificaram que a auto-estima afetava a aquisição de capital humano e que o capital humano e sua compensação através de salários mais altos costumava aumentar a auto-estima... Um aumento de 10 por cento na auto-estima elevava os salários mais do que um aumento de 10 por cento na educação ou em experiência no trabalho."[34]

Oportunidades de aprendizado

Um motivador se aplica igualmente a empresas grandes ou pequenas, e é tão importante que geralmente está escrito no contrato de trabalho de muitos funcionários novos. Na Price Waterhouse, John Waterman, 30 anos, diz: "Estou aqui porque continuo aprendendo. Sempre que começo a ficar meio entediado, aparece um novo projeto junto com oportunidades de aprendizado." Tracy Amabile, 33 anos, repete o sentimento: "As pessoas e o aprendizado são o que é fundamental. Tive muitas oportunidades, muito trabalho desafiador em diferentes indústrias."[35] A Hewlett-Packard tem metade da média de atritos dos mercados de trabalho em suas indústrias; nos anos 1990, os atritos caíram para um terço. "Freqüentemente virei ponto de referência para isso," diz Sally Dudley, gerente de recursos humanos. "Não fazemos nada de mais. Estamos 'entre os líderes' em relação aos salários. Nosso pacote de remuneração total é bem tradicional para uma empresa grande." Portanto, aqui não existe qualquer motivação *extrínseca* diferente no trabalho. Mas, então, ela revela o que *é* diferente na Hewlett-Packard. Em seus vinte e quatro anos de HP, ela teve quatorze cargos diferentes. "Os que passaram a maior parte de suas carreiras na HP – e muitos de nós passamos – não se identificam com fazer a mesma coisa."[36] Da mesma forma, quando lhes perguntaram sobre suas razões para trabalhar na empresa de computadores Oracle no Vale do Silício, Califórnia, os funcionários "todos começam a falar sobre os desafios, a oportunidade de fazer um trabalho interessante de ponta."[37] Essa atitude é típica dessa geografia voltada para a inovação, na qual, para os engenheiros de *software*, mudar de emprego geralmente envolve apenas atravessar a rua. Perder o entusiasmo pode significar perder seu melhor pessoal. Os funcionários falam sobre a graça de trabalhar em um projeto "legal" e sua expectativa de encontrar o próximo "bem legal." Para os gerentes, o desafio é manter entusiasmo na casa, para que seus grupos criativos não se desintegrem.

MOTIVADORES EXTRÍNSECOS: MOTIVANDO DE FORA PARA DENTRO

O que motiva as pessoas, além do desafio de atingir metas? Como observou Woody Allen, dinheiro é bom, mesmo que só por razões financeiras. Dinheiro e posição podem motivar. "Salário de seis dígitos." "Subordinado diretamente ao presidente." "Opções de ações." "Carro da empresa." "Carro da empresa com vaga privativa no estacionamento." Mas, esses incentivos levarão à paixão, compromisso e sensação de posse que dirigem à criatividade? A resposta parece ser (como na maior parte da vida): depende. Se todos esses ótimos incentivos se alinharem com os interesses próprios das pessoas ou, pelo menos, apoiarem alguns dos motivos internos discutidos mais tarde, sim. Se, por outro lado, esses incentivos evidentes servirem para controlar as pessoas ou privá-las de sua autonomia, não.

Sentir sua carteira engordar quando a ação da empresa sobe ajuda a criar uma sensação de participação e posse. Em algumas das corporações mais admiradas dos Estados Unidos, uma alta porcentagem da força de trabalho é elegível para propriedade, opções e bônus de ações. Na Federal Express e na Intel, por exemplo, todos os funcionários se qualificam. Esse pagamento variável corresponde a uma parte muito maior que a média da remuneração total de todos.[38]

Em alguns casos, é possível amarrar motivadores financeiros diretamente ao resultado do projeto, em vez de ao desempenho de toda a empresa. Walter Noot, chefe de produção da Viewpoint DataLabs International, uma empresa de Salt Lake City que faz modelos e texturas tridimensionais para produtoras de filmes, empresas de videogames e fabricantes de automóveis, surgiu com uma nova maneira de compensar seus grupos criativos quando verificou que eles estavam pedindo aumento a cada seis meses. Em vez de lhes dar salários, ele os pagava como se fossem funcionários contratados. Eles ainda eram funcionários da Viewpoint em tempo integral, com benefícios, mas cada equipe de projeto dividia 26 por cento do dinheiro que a Viewpoint esperava receber de um cliente. Os salários aumentaram 60 a 70 por cento, mas a produtividade quase dobrou. Além disso, os membros do grupo não têm horário determinado – eles trabalham quando querem.[39]

Recompensas inesperadas, sem vínculo com a expectativa de desempenho, mas concedidas após esforço especial, também são – talvez especialmente – motivadoras. Durante a greve da UPS em 1997, a Federal Express teve de lidar com 800.000 pacotes extras por dia.

Milhares de funcionários apareceram voluntariamente nos centros pouco antes da meia-noite – em dias úteis isso acontecia depois de trabalhar um expediente normal – para separar a montanha de pacotes extras durante horas. Sua labuta demonstrou uma dedicação além de qualquer *slogan*. Quando a greve acabou, [o presidente Frederick] Smith os felicitou em 11 anúncios de jornal de página inteira que terminavam com a saudação: "Bravo Zulu!" A frase militar é estimada porque os funcionários aprendem durante o treinamento que é o mais alto cumprimento: "Trabalho bem-feito, seu desempenho foi acima e além do chamado do dever." Smith também determinou bônus especiais."[40]

Mesmo se você não tiver controle sobre o orçamento e não puder pagar uma página no *New York Times*, ainda pode fornecer motivação extrínseca na forma de reconhecimento. Um simples "belo trabalho!" energiza as pessoas. O gerente que submete seu relatório anual ao vice-presidente da organização listando todas as inovações e realizações do seu departamento, mas sem citar um único subordinado que tenha sido responsável por essas realizações, perde uma oportunidade barata e óbvia de motivar mais criatividade.

MOTIVAÇÃO INTRÍNSECA E EXTRÍNSECA

Teresa Amabile identificou a *motivação intrínseca* como crucial para a criatividade. A motivação intrínseca "surge da reação positiva dos indivíduos a qualidades da própria tarefa; essa reação pode ser sentida como interesse, envolvimento, curiosidade, satisfação ou desafio positivo." Amabile define a *motivação extrínseca* como surgindo de "fontes fora da tarefa em si; essas fontes incluem avaliação esperada, ser contratado por recompensas, diretrizes externas ou qualquer uma de várias fontes parecidas." A pessoa motivada intrinsecamente terá prazer na tarefa em si e, por conta própria, buscará maneiras criativas de abordá-la. A pessoa motivada extrinsecamente poderia trabalhar duro, mas é improvável que busque soluções criativas. Isso não significa que todos os incentivos extrínsecos à tarefa inibem necessariamente a criatividade. Amabile sugere que motivadores extrínsecos "informativos" ou "sinérgicos," aqueles como reconhecimentos e bônus que confirmam a competência, aumentarão a criatividade. Ou, uma recompensa extrínseca, como equipamentos mais sofisticados para um cientista ou oportunidades especiais de viagem, que ajuda as pessoas a fazerem um trabalho mais estimulante em projetos posteriores, pode ser um habilitador poderoso de motivação intrínseca e criatividade. Mas, os motivadores extrínsecos tais como a vigilância, metas não-realistas e uma ênfase em críticas e remuneração debilitarão a criatividade. Os funcionários simplesmente farão o que precisam fazer para corresponder às expectativas externas.[41]

E também há prêmios especiais. Nunca superamos o prazer de vencer. Na Electronic Arts, metade dos prêmios trimestrais são dados a grupos. Um dos valores da empresa é a integridade, e dá-se um prêmio trimestral àqueles que "mudaram o rumo da empresa fazendo algo que se baseia em alta integridade a um custo pessoal alto. Eles estão assumindo um risco... como um funcionário no meio da organização... dirigindo-se ao seu chefe e dizendo, 'Acho que estamos prestes a fazer alguma coisa que simplesmente não é certa.'"[42] O troféu Integridade é um pote de biscoitos com um biscoito plástico dentro (simbólico de não pegar o último biscoito!) e espera-se que os vencedores durante todo o trimestre mantenham o pote cheio até em cima com biscoitos de verdade para o consumo de todos.[43] A Motorola tem uma competição de equipes de Atendimento Completo ao Cliente. Em 1994, a medalha de ouro foi ganha por uma equipe de advogados e engenheiros que tiveram êxito em cortar quinze páginas de formulários de participação de invenção para duas – um processo que economizou para a Motorola o equivalente a quarenta e quatro anos de tempo de engenharia em um ano. Competidores de 4.300 equipes de onze países participaram.

Nem todos os líderes acham que as recompensas formais sejam necessárias, ou mesmo desejáveis. Richard Teerlink, ex-presidente da Harley Davidson, comenta,

> Não temos um sistema de sugestões, mas sempre incentivamos as pessoas a analisarem qual é a coisa certa a fazer em vez de apenas como fazer a coisa da maneira certa... Estamos envolvidos em um ambiente de melhora contínua... por isso como colocamos na frente das pessoas a oportunidade de contestar as rotinas? Não queremos valorizar muito isso, porque se fizermos muita premiação, há perdedores. Queremos que todos apenas digam "isso faz parte da cultura, parte do meu trabalho, é divertido, acrescenta entusiasmo ao meu trabalho porque posso ser o instigador da mudança."[44]

Então, o que é correto, prêmios ou sem prêmios? Bem, depende muito do objetivo desses prêmios e como eles são encarados por quem os recebe. Se forem vistos como confirmação da competência e criação de um clima de superação, podem contribuir para a criatividade. Se, porém, forem vistos como prova necessária de reconhecimento ou promoção ("Quem quiser se tornar gerente sênior é melhor ganhar pelo menos um prêmio trimestral!"), então estarão controlando e debilitando a motivação intrínseca. Subjacentes à compensação tanto intrínseca quanto extrínseca estão as metas organizacionais, ou seja, não apenas o que são mas como são estabelecidas.

Fixação de metas

Suponha que você autoriza um grupo a estabelecer seus próprios objetivos. Qual é seu palpite sobre a agressividade dessas metas? Se pensou "bem agressivas," você está certo. As pessoas costumam selecionar objetivos que sejam difíceis, porém atingíveis – metas "desejadas" ou "estendidas." Se as metas das pessoas forem baixas demais, claro, os líderes podem empurrar o grupo para conseguir mais. Quando um líder de grupo ou um observador externo mostra aos membros do grupo que eles são capazes de fazer melhor, o grupo costuma estabelecer metas mais elevadas para si.[45] Uma fonte de paixão vem da adrenalina que as pessoas em grande atividade sentem enquanto perseguem metas estendidas – e as atingem.

Entretanto, se os gerentes aumentam as metas arbitrariamente depois que as pessoas já estabeleceram metas tão altas quanto acham razoável, a desilusão se manifesta e os membros do grupo podem decidir, apostar com o sistema. Quando a fusão da Ciba e da Sandoz criou a Novartis, a segunda maior empresa farmacêutica do mundo, os gerentes nacionais foram desafiados a dar seu "melhor tiro" – isto é, os objetivos mais ambiciosos possíveis. "Depois disso, basicamente lhes disseram que esperavam que fizessem X% mais. Eles ficaram furiosos."[46] "Metas impossíveis desmotivam," diz Randy

Komisar, um dos vários empresários altamente experientes do Vale do Silício que entrou no negócio de aconselhar os presidentes de empresas iniciantes inovadoras.

> Se as metas de vendas forem inatingíveis, todos ficam infelizes. Se depois os vendedores não as atingem, você os recompensa de qualquer jeito – isso é desmotivador, pois eles não têm sensação de realização. Eles precisam sentir-se bem-sucedidos, atingir as metas para que se sintam bem com isso. É importante para o ímpeto da empresa que tenham sucesso contínuo, sustentado, meta após meta – não ocasional.[47]

NECESSIDADE DE REALIZAÇÃO E FIXAÇÃO DE METAS

As pessoas variam no grau em que são levadas a ter êxito (realização), a controlar (poder) e a ter relacionamentos próximos com os demais (associação). Os psicólogos há muito estão interessados nessas variações entre as pessoas e desenvolveram maneiras padronizadas de determinar com que força os motivos de realização, poder e associação dirigem o comportamento das pessoas. Em especial, os que têm alta necessidade de realização (que, pode-se supor sensatamente, predominariam em muitos cargos gerenciais) tendem a preferir níveis de risco moderados. Se lhes fossem dadas metas baixas, o sucesso pareceria sem sentido e o fracasso, catastrófico; se as metas estabelecidas fossem muito altas, então o sucesso seria improvável. Um nível de risco moderadamente alto, por outro lado, apresentaria à pessoa motivada por realização um desafio que teria uma boa chance de sucesso e uma sensação de realização. Aqueles no alto dessa orientação "empresarial" também desejam muito o *feedback* para que possam ajustar suas metas conforme necessário.[48]

OTIMISMO

Lembra do Bisonho, o burrinho triste das histórias do Ursinho Puff, que sempre via apenas o lado negativo dos acontecimentos? Não havia um raio de esperança nas nuvens sobre sua cabeça, nenhum bom resultado possível para qualquer empreendimento. "Não deveria ficar surpreso se chovesse muito granizo amanhã," observou Bisonho. "Tempestades de neve e não sei mais quê. O tempo bom de hoje não Significa Nada."[49] Bisonho não teria sido um bom participante, muito menos líder, de um grupo criativo. Ele era um pequeno buraco negro, absorvendo a energia de quem estava perto, enquanto se arrastava para um futuro desolador (criado por ele).

Paixão e entusiasmo florescem em uma atmosfera de otimismo e confiança no futuro. Ann Winblad, sócia da Winblad Hummer, uma firma de capital de risco especializada em empresas iniciantes de *software,* diz que os líderes precisam procurar as maneiras da empresa poder ter sucesso, não apenas as maneiras da empresa conseguir fracassar. Os líderes podem inspirar seus grupos a verem o copo meio cheio em vez de meio vazio, e esse otimismo pode ser decisivo quando o grupo enfrenta os inevitáveis problemas de inovação.[50] Randy Komisar, o "presidente virtual" do Vale do Silício que cuida de muitas empresas iniciantes em seus primórdios, insiste da mesma forma em equipes administrativas otimistas e confiantes:

> Acho que as equipes motivadas principalmente pelo pote de ouro o consideram ilusório demais quando o avanço fica penoso e se precisa de pura tenacidade. Não há nada melhor em minha mente que assistir a reação de uma equipe sendo rejeitada por uma firma de CR [capital de risco]. Se eles viram as costas e desistem, então eu sei que o arranjo não é bom. Se, ao contrário, dizem "essa CR vai se arrepender do dia em que nos virou as costas" – essa é uma equipe que quero ajudar."[51]

Guido Arnout, o presidente da CoWare, encontra algumas diferenças entre culturas, quanto a isso. No inebriante ambiente de corrida do ouro do Vale do Silício, ele acha que as pessoas se concentram no *queijo* do queijo suíço. Alguns de seus colegas europeus, diz ele, ignoram o queijo e se concentram nos buracos, que eles acham ameaçadores. Mas, "buracos," ele observa, "são oportunidades."[52]

ESTIMULANDO O SERENDIPISMO

Na verdade, muita inovação começou como uma oportunidade vista em um desses buracos, ou seja: em uma possibilidade que ninguém mais viu. Nos "Three Princes of Serendip," o conto de fadas do qual Horace Walpole cunhou o termo *serendipismo,* suas Altezas "estavam sempre fazendo descobertas, através de acasos & sagacidade, de coisas que não estavam buscando."[53] Um enorme catálogo (mil acontecimentos) de eventos casuais se divide em três tipos: (1) positivos – uma descoberta surpreendente entendida corretamente, (2) negativos – uma descoberta surpreendente não aproveitada pelo descobridor e (3) pseudo-serendipismo – descobrir o que você está procurando, mas de maneira surpreendente.[54] Aqui, estamos interessados apenas no primeiro e no terceiro tipos.

Geralmente, a primeira etapa do processo criativo, a identificação de uma oportunidade, aparece por acaso, como um problema ou, pelo menos, um quebra-cabeças. Você pode pensar que ajudar esses eventos casuais é uma impossibilidade lógica. Na verdade, não é. Não é curioso que algumas pessoas e algumas empresas sejam consistentemente "sortudas"? Está escrito nas suas estrelas? Ou elas têm jeito para se prepararem para o serendipismo, reconhecendo o momento incomum em que ele ocorre e estimulando-o? Muitas inovações provavelmente foram perdidas porque alguém estava apressado demais ou intimidado demais para ser curioso. E se Alexander Fleming tivesse simplesmente praguejado e jogado fora sua cultura de bactérias que tinha sido contaminada com bolor? Nada de penicilina. Da mesma forma que o espaço físico pode ser planejado para aumentar a probabilidade de reuniões aleatórias entre pessoas, pode-se criar o ambiente psicológico que estimula o choque de idéias casual e o redirecionamento de "fracassos." Se os gerentes treinarem seus funcionários para restringirem sua visão ao habitual, a rotina, a maneira aprovada de fazer as coisas, quem em suas organizações poderia perseguir um quebra-cabeças fascinante, um resultado inesperado? A história está cheia de descobertas científicas que ocorreram por acaso – quase sempre porque um experimento "deu errado." Alexander Fleming escreveu, "Às vezes achamos o que não estamos procurando."[55]

Por exemplo, um cientista da Du Pont trabalhando em Freon polimerizou acidentalmente vários gases em um pó branco que se tornou o Teflon. Ou que tal o frasco que o estudante universitário Ralph Wily, contratado pela Dow Chemical para lavar artigos de vidro, não conseguia limpar? A substância foi, no fim, transformada em uma película verde escura oleosa. Usada primeiro pelas forças armadas em aviões de combate para proteger contra a maresia, também foi usada em tapeçaria de automóveis. Depois que a Dow livrou a película de sua cor verde e do odor desagradável, a empresa a comercializou como Saran Wrap.

Além disso, muitas descobertas criativas envolveram a fortuita justaposição de eventos, observações ou contatos com indivíduos além do cientista original. Em 1929, Waldo Semon, químico orgânico da B. F. Goodrich, estava tentando ligar borracha a metal quando topou com um polímero chamado cloreto de polivinila (PVC). Era um adesivo nojento, mas quando Semon lhe deu a forma de uma bola, ele quicou no corredor – um comportamento fora do comum para uma borracha sintética. "Sabia que tinha algo diferente," diz Semon. Mas, ele não sabia o que fazer com ele até que viu por acaso sua mulher costurando uma cortina de chuveiro de algodão emborrachado. Percebendo que o PVC daria um revestimento à prova d'água perfeito, ele levou uma amostra do tecido coberto de PVC ao escritório do seu chefe, colocou-o sobre a caixa de despachos com documentos e despejou uma garrafa de água sobre ele. "Ele ficou morto de medo," recorda Semon, mas os papéis permaneceram secos. O vinil criado dessa forma poderia ser moldado, era barato e tinha o benefício extra de ser resistente ao fogo.[56]

Ter tempo para dar seguimento aos próprios projetos (mencionada antes como uma atitude motivadora) não somente manteve esses cientistas interessados e comprometidos com suas organizações, mas os capacitou a aproveitarem as descobertas casuais. Nenhuma dessas invenções teria chegado até o mercado a menos que o ambiente estimulasse curiosidade, investigação persistente e percepção compartilhada de que o fracasso em um domínio pode se transformar em sucesso em outro. Além disso, cada invenção precisou de mais que o "a-ha!" inicial de uma pessoa para se tornar rentável. Essas organizações forneceram os recursos para os grupos investigarem e prosseguirem até o fim.

Às vezes, o serendipismo envolve fazer os outros mostrarem o que está debaixo do seu nariz, como descobriu uma nova equipe de desenvolvimento de produto da Halliburton Energy Services. No mundo dos equipamentos de perfuração de petróleo, os fornecedores identificam suas brocas por uma cor diferente. Os produtos da Schlumberger são azuis, os da Smith International são verdes e as brocas da Halliburton Energy Services são tradicionalmente vermelho forte. Em janeiro de 1999, a Halliburton lançou uma nova linha de produtos. Querendo mostrar ao mundo que seu produto era diferente e aperfeiçoado, a equipe encarregada, de trinta pessoas, decidiu romper com a tradição e escolher uma cor nova. Eles fizeram circular por toda a empresa fotografias digitais da primeira broca saída da linha de produção e, além disso, anexaram dois esquemas de cores alternativas (vermelho acinzentado e bronze prateado) para todos avaliarem. Para surpresa da equipe, seus colegas preferiram a cor natural do aço da broca sem pintura, que não tinha sido considerada uma alternativa, e deram à equipe o crédito de mudar o paradigma da indústria! Também casualmente, como a pintura clara realçou em vez de ocultar a perícia funcional na fabricação da broca, a moral dos funcionários da fábrica se elevou muito, pois viram seu trabalho exibido. Um aumento de 60 por cento no desempenho no campo demonstrou que o orgulho foi bem adequado.[57]

A Dona Sorte também mora em Hollywood. Em empresas no negócio explícito de criatividade, como produtoras de filme, o serendipismo é reconhecido como uma fonte importante e contínua de inspiração. Uma contribuição espontânea de qualquer parte pode acabar como parte do produto final. Alan Horn, presidente e diretor executivo da Castle Rock Entertainment, conta a história de como uma fala famosa teve origem no filme *Harry e Sally, feitos um para o outro*. No meio de um almoço em uma lanchonete, Sally (Meg Ryan) surpreende e constrange Harry (Billy Cristal) com uma demonstração muito convincente de como uma mulher consegue simular um orgasmo. Depois da representação, uma matrona sentada ao lado faz seu pedido ao garçom: "Quero o que ela está comendo!" Não constando do roteiro, a fala foi improvisada por Crystal enquanto a equipe do filme estava fazendo tomadas da cena. Ela provocou uma gargalhada tão grande que foi incorporada ao filme. O roteiro, observa Horn, é "um processo aberto que demora quanto for necessário" e sofre mudanças até o último minuto. Faz parte do processo criativo ficar atento às possibilidades de contribuições casuais de qualquer pessoa com uma idéia boa.[58]

Serendipismo, às vezes, envolve reconhecer e alavancar conhecimento existente em um momento decisivo; para o purista, isso pode ser *pseudo-serendipismo* – encontrar o que se procurava, mas de maneiras inesperadas (p.ex., debaixo de seu nariz). Como quer que o chamemos, ele pode fornecer benefícios até ao resultado final. A Data General Corporation enfrentou uma década de perdas totalizando mais de meio bilhão de dólares e esteve perto da falência quando os computadores pessoais prevaleceram sobre os minicomputadores no fim da década de 80. O projeto de desenvolvimento que, no fim, produziu uma das duas linhas de produtos que trouxeram a empresa de volta à rentabilidade tinha sido liquidado pelo presidente Ronald Skates; entretanto, a equipe de desenvolvimento de produto já tinha produzido um sistema de armazenamento de ponta, à prova de erros. Somente quando um analista financeiro, em uma reunião de anúncio de produto em Nova York em 1991, reparou no sistema e comentou com o Sr. Skates que "esse é um produto fenomenal," o presidente se deu conta do que tinha. "A Data General tinha o produto certo no momento certo para agarrar uma oportunidade," comentou um gerente de *marketing* do Setor de Soluções Empresariais de Armazenamento da Hewlett-Packard, que se tornou um sócio OEM (Original Equipment Manufacturer – Fabricante do Produto Original).[59]

Quando Lars Kolind assumiu a empresa dinamarquesa de aparelhos auditivos Oticon, ele enfrentou uma situação parecida com a da General Data. Em 1990, a empresa estava em crise, perdendo participação no mercado e com pouca vantagem aparente sobre os concorrentes. Entretanto, Kolind identificou um produto em potencial no canal de informações – que estava inativo desde 1979! Embora fosse um modelo grande "atrás da orelha" (ao contrário de um pequeno dentro da orelha), ele condensava os sons para uma banda confortável muito estreita. Os usuários achavam desnecessário usar o controle de volume. Reconhecendo a vantagem competitiva que esse "primeiro aparelho auditivo totalmente automático do mundo" oferecia, Kolind levou-o ao mercado com grande ostentação e restabeleceu a empresa como líder de tecnologia. Certamente foi "sorte" que a tecnologia existisse dentro da empresa. Mas, foi necessário liderança, otimismo e ânimo para identificar a oportunidade e aproveitá-la.

PARADOXOS

A mente ocidental está acostumada a perguntar: "E então, qual dos dois?" Não gostamos da resposta "ambos." "Isto ou aquilo" é geralmente muito mais claro e fácil de administrar do que "depende." Criatividade envolve paradoxos inerentes. Administrar a criatividade exige tolerância para a ambigüidade e amor ao inesperado. Os gerentes não são treinados para isso. Desde a educação mais tenra, somos incentivados a resolver contradições e a tomar decisões de forma máscula, autoritária. Além disso, os mitos com os quais iniciamos o livro se desenvolveram com boas razões, geralmente no esforço possivelmente inconsciente de evitar alguma confusão em administrar criatividade em grupos. A inovação seria mais fácil se, como sugerem esses mitos, pudéssemos delegar a criatividade a alguns indivíduos muito brilhantes que trabalhassem isolados, e se não precisássemos nos preocupar absolutamente com a criatividade exceto em uns poucos projetos realmente grandes e, mesmo assim, apenas em seus estágios muito iniciais.

Esperamos que agora esteja claro que a criatividade é um processo de múltiplos estágios, complexo, que devemos visualizar como um todo. Devemos ter em mente a convergência final e a implementação mesmo enquanto estamos criando opções. O processo se torna ainda mais complexo por diferenças em modos de pensar, pelas culturas e formações dos membros do grupo e pela dinâmica de grupo. Estamos constantemente ponderando as necessidades individuais em relação às necessidades do grupo, e as necessidades do grupo em relação às necessidades organizacionais. Mais importante, porém, é que reconheçamos que a criatividade é inerentemente paradoxal. Fomos sugerindo esses paradoxos ao longo de todo este livro. Vamos dar uma olhada mais de perto em alguns dos mais irritantes (e estimulantes):

- especialização e mentalidade de principiante;
- estimular o atrito criativo e manter a coesão;
- liberdade e estrutura;
- profissionalismo e diversão.

Especialização e mentalidade de principiante

A criatividade depende tanto das mentes altamente preparadas quanto da perspectiva fresca dos recém-chegados.[60] No Capítulo 2, enfatizamos a necessidade de uma variedade de bases de conhecimento profundo para gerar atrito criativo. Mesmo em um grupo de especialistas, cada membro será um principiante ao pisar no terreno de outro especialista. No Capítulo 3, sugerimos a importância de visitas *de* "pessoas de fora" – indivíduos que fariam perguntas "tolas" (i.e., inesperadas) – e visitas *a* ambientes externos, para que os desenvolvedores pudessem cultivar sua própria mentalidade de principiante. A especialização e a mentalidade de principiante desafiam o gerente, que deve incentivar as duas e tolerar ouvir as mensagens geralmente contraditórias que elas dão.

Recorde a "Equipe do Dove" discutida antes neste capítulo. A equipe de propaganda da Ogilvy & Mather – duas mulheres sem especialização química – exemplificou o valor dessas duas abordagens quando foi encarregada de fazer propaganda do sabonete Dove da Lever. As participantes da equipe se juntaram ao pessoal técnico e percorreram um caminho que resultaria na mais rara das propagandas, uma propaganda que aumentou as vendas direta, visível e dramaticamente e tirou a concorrência da banheira. Movidas por sua experiência pessoal de testar o pH do Dove e fazer o teste da lavagem do braço, elas perseguiram outros detalhes técnicos que transmitiriam ao público sua própria convicção de que o Dove era, por critérios objetivos, superior aos produtos concorrentes. As duas continuaram a fazer perguntas ao pessoal técnico com sua "mentalidade de principiante," "estamos fazendo isso direito?" "Queríamos ser verdadeiras, sem assustar ou aborrecer as pessoas. Precisávamos mostrar às pessoas alguma ciência simples que fosse incrivelmente relevante."[61]

Estimular o atrito criativo e manter a coesão

Este paradoxo é provavelmente o desafio mais difícil que todos os líderes de grupos criativos precisam enfrentar. Como discutimos no Capítulo 2, certos tipos de diferenças individuais são essenciais para gerar a variabilidade que é a matéria-prima da inovação. Mas, as diferenças podem levar a estereótipos, antipatias e desavenças dentro do grupo, os quais podem refrear a disposição de trabalhar criativamente em conjunto. Além disso, mesmo quando é conseguida, a coesão tem vários efeitos colaterais indesejáveis, especialmente a perda de membros que não aderem e elitismo entre os que aderem.

Trabalho em equipe e coesão. Em nosso mundo bastante fragmentado, como gostamos de pessoas como nós, costumamos evitar ou antipatizar com pessoas com formações, crenças e valores diferentes. É mais provável que um grupo de pessoas parecidas desenvolva vínculos interpessoais que promoverão a coesão do grupo; pessoas diferentes serão menos atraídas pelos outros membros e pelo grupo, mesmo quando a diferença for apenas "tempo de casa" na organização. O resultado? Esses indivíduos que se sentem mais "diferentes" dos outros membros do grupo se sentirão mais inclinados a sair. Por isso, você não somente precisa trabalhar muito para selecionar e recrutar pessoas que sejam diferentes de você e dos outros membros da equipe, mas também precisa trabalhar para retê-las.

Coesão do grupo e elitismo. Outro problema é que, quanto mais coeso for o grupo, mais provável será que os membros se sintam como elite organizacional e ajam como tal. A sensação de fazer parte de um grupo especial gera orgulho, e posse, e todas essas coisas boas. Ela também produz esnobes (espírito de solidariedade; nós contra o resto). Os membros do grupo esperam ser autorizados a quebrar regras (afinal de contas, isso faz parte de ser criativo) e ser recompensados mais prodigamente (não só em dinheiro, mas em termos de oportunidade ou liberdade) que os grupos trabalhando em projetos de rotina. Eles provavelmente esperam, e recebem, mais atenção da alta administração. Eles gostam da animação, da camaradagem, etcetera. Sua "missão impossível" é manter essas pessoas de elite felizes sem alienar todos os outros da organização. Um ponto de partida é certificar-se de que os membros do grupo percebem como sua condição pode afetar os outros da organização.

Além disso, depois que um projeto especial termina, essas pessoas de elite podem ter de "voltar para casa" – retornar a tarefas mais rotineiras. As equipes interfuncionais enfrentam constantemente esse problema. O truque é configurar as atribuições de volta nos grupos funcionais para permitir que os indivíduos renovem sua base de conhecimento. Portanto, os gerentes precisam considerar o rodízio, recompensando as pessoas para renovar sua especialização e também para trabalhar em equipes. Essas metas não são incompatíveis. Como as pessoas estão motivadas intrinsecamente, que melhor maneira de atingir ambos os objetivos que conceder tempo às pessoas para trabalharem em um projeto especial, passar uma folga com especialistas em seu campo, ou revigorar de alguma outra forma sua base de conhecimento?

Liberdade e estrutura

A criatividade que resulta de inovação útil floresce em uma ecologia parcialmente controlada, como os animais selvagens em grandes reservas naturais. Há ampla liberdade para as idéias vagarem, florescerem e interagirem desinibidamente, mas também existem limites e cercas. O equilíbrio é delicado. Dê liberdade demais e as idéias serão novas porém irrelevantes. Aperte demais os limites e não haverá inspiração. Quanto mais a organização cresce, mais visível se torna esse paradoxo: "Como manter nosso jeito de guerrilha quando nos tornamos a grande empresa rentável é um desafio real," diz Jeff Dunn, diretor de operações da Nickleodeon.[62] Como sugerido em capítulos anteriores, cabe ao líder determinar os limites apropriados. "Sabe o que eu realmente aprecio em sua administração?" um membro da equipe perguntou ao líder do grupo. "Não, mas posso ver que você vai me contar," o líder sorriu. "Você nos ajudou a esclarecer exatamente o que precisava ser feito," disse o membro da equipe, "e depois saiu do caminho."

O gerente não se recordava exatamente dessa maneira. "Sair do caminho" sugeria férias mentais, se não reais, do processo. Ele tinha passado longas horas conversando individual e coletivamente com os membros do grupo sobre o projeto. Havia presidido reuniões de grupo exaustivamente argumentativas, negociado acordos, mitigado orgulho ferido e lembrado aos membros do grupo o valor de suas diferenças. Tinha dado recursos e apoio, protegido o grupo da alta administração e verificado o progresso sem importunar. Mas, ele sabia o que o membro da equipe queria dizer. Ele havia estimulado estrutura quando as decisões envolviam *o que* fazer e havia estimulado liberdade quando as decisões envolviam *como* as tarefas deviam ser cumpridas.

Há uma tensão afim entre planejamento e improvisação. Hoje Miles Davis poderia ganhar a vida com um microfone em vez de um pistão, se tivesse dedicado seu famoso poder pulmonar ao circuito de palestras gerenciais para explicar a improvisação no *jazz*. Os artistas de *jazz* entendem que um elemento chave na improvisação bem-sucedida do grupo é a comunicação flexível entre si, dentro de um conjunto mínimo de regras específicas – e o *jazz* é cada vez mais reconhecido como uma metáfora adequada para a criatividade nos negócios. Todos os músicos de *jazz* tocam a mesma peça básica de música, mas não como manda o figurino, isto é, seguindo submissamente a partitura. Ao contrário, eles reagem entre si, introduzindo novos temas, saem em direções complementares e, então, voltam para tecer sua contribuição ao desempenho do grupo e preparar terreno para a excursão seguinte de um colega. Como John Kao observou, "O papel (criativo) do gerente é trabalhar o paradoxo central, ou a tensão, da sessão de *jazz*: localizar o sempre inconstante ponto ótimo em algum lugar entre sistemas e análise de um lado e a criatividade do indivíduo fluindo livre do outro."[63] No estudo de Brown e Eisenhardt de firmas de computadores, as mais bem-sucedidas "contavam com estruturas que não eram extensivas demais... nem caóticas."[64] É útil uma metáfora de improvisação, "em que os projetos são adaptados a circunstâncias mutantes mesmo enquanto estão sendo desenvolvidos."[65]

Até a guerra exige um equilíbrio entre planejamento e improvisação. Durante a Guerra do Golfo Pérsico em 1990, o general comandante Schwarzkopf confundia continuamente seus subordinados rasgando projeções de computador e reorganizando a tática. Ele podia fazer isso em grande parte porque recebeu sua missão do Presidente Bush e do Comandante do Estado-maior dos EUA, Colin Powell, e então ficou relativamente livre para executá-la. "Isso é o equivalente corporativo da diretoria conferindo muita autoridade a seu gerente operacional do teatro," diz David Francis, recrutador executivo e graduado em West Point.[66]

INOVAÇÃO, COMUNIDADE E AUTONOMIA

William Judge, Gerald Fryxell e Robert Dooley fizeram entrevistas extensivas com oito firmas norte-americanas de biotecnologia. A inovação foi avaliada através de uma análise dos "tempos de ciclo" das patentes das empresas, isto é, quanto menor o tempo de ciclo, mais rápido a nova tecnologia é apresentada ao mercado. Com base nessa análise, as oito empresas foram divididas em grupos de alta e baixa inovação. Havia diferenças impressionantes entre as culturas dos dois grupos. A "capacidade da administração para criar um sentido de comunidade no local de trabalho foi o fator diferencial chave. As unidades altamente inovadoras comportavam-se como comunidades focadas, enquanto as unidades menos inovadoras se comportavam mais como departamentos burocráticos tradicionais."[67] Especificamente, nas empresas inovadoras, os líderes proporcionavam metas envolventes, mas permitiam autonomia aos cientistas para atingi-las. Nas firmas menos inovadoras, havia autonomia demais ou de menos.

Profissionalismo e diversão

Como foi sugerido nos Capítulos 3 e 5, os grupos criativos geralmente toleram muito comportamento recreativo. Joanne Carthey, fundadora da NetPro, fabricante de *software* utilitário, tem quatro regras: "Fazemos promessas, mantemos nossa palavra, arrumamos nossas bagunças e *temos diversão*" (itálico acrescentado).[68] Às vezes, a alta administração abre o caminho. Herb Kelleher, presidente da Southwest Airlines, faz imitações de Elvis Presley e Roy Orbison nas festas da empresa. Na Festa da Bruxas, ele veio ao hangar da Southwest com uma roupa imitando o Cabo Klinger (do popular seriado de televisão M*A*S*H), para agradecer os mecânicos por fazerem serão.[69]

Claro, simplesmente se meter em brincadeiras não garante que os funcionários acharão divertido trabalhar. Uma empresa que conhecemos era comandada por um presidente que não media esforços com entretenimento. As festas anuais da empresa eram acontecimentos elaborados, com artistas caros e destacados, brincadeiras com a platéia (tais como um orador extremamente chato, aparentemente um professor conhecido de uma universidade local prestigiada, falando monotonamente até ser expulso do palco pela alta administração). Quando a empresa era pequena, o espírito de diversão era autêntico; a informalidade pessoal do presidente e o hábito de administrar perambulando pela empresa reforçavam uma sensação de igualitarismo e um espírito de "família." Entretanto, quando a empresa cresceu rapidamente, uma camada da gerência trazida de fora não compartilhava a cultura original. Várias dessas pessoas eram entendidas pelos funcionários como policiais, e não como preparadores. Os funcionários começaram a ver com cinismo o entretenimento e as brincadeiras cada vez mais dispendiosos destinados a transmitir o espírito de uma empresa iniciante. "Quem se importa se a festa anual é um estouro, quando nosso trabalho diário é uma droga graças a supervisores inexperientes, inseguros e até estúpidos?", perguntou um funcionário. O presidente não havia mudado suas regras, mas ficou tão isolado do resto da organização que não percebeu que a diversão tinha se tornado uma cobertura fina sobre um bolo de lama.

Entretanto, quando a diversão impregna todo o grupo, os *participantes* às vezes assumem a liderança. Pergunte só a Jerry Hirshberg como *isso* pode ser doloroso! Na Nissan International Design, os funcionários montaram mecanismos elaborados para estimular um grande terremoto em sua localização propensa a tremores em San Diego. Eles, então, atraíram seu líder, que não sabia de nada, para experimentar o "tremor" no prédio – portas de metal onduladas do depósito que chacoalhavam e sacudiam violentamente, canos de calefação e de ar-condicionado presos ao teto que se soltavam e vomitavam vapor, tubos de aço de vinte pés que caíam no chão. Eles até mesmo filmaram o episódio todo e nunca deixaram Hirshberg esquecer que sua reação foi menos heróica do que ele próprio havia esperado. Mas, ele conta a história sobre si de bom grado, em grande parte porque exemplifica a diversão que considera importante para a criatividade.⁷⁰

Os membros de grupos criativos encontram pouca contradição em introduzir um elemento de diversão ao seu compromisso sério com o trabalho. Eles são extremamente profissionais, mas compensam seu trabalho duro com diversão firme. Como sugerimos acima, trabalhar em uma organização que admite, até aprecia, que sua vida consiste em mais do que o expediente no trabalho, atrai a pessoa inteira – incluindo a criatividade expressa em brincar. Como sempre, compete ao líder estabelecer o tom e decidir o equilíbrio na dinâmica paradoxal.

VOLTANDO AO TED...

Com certeza, ele deve ter lido um rascunho deste livro, pois fez tudo que sugerimos! (Está bem, então talvez tenha aprendido um pouco por conta própria.) Que todos nós possamos fazer igualmente bem a nossa parte.

PONTOS-CHAVE

- Da mesma forma que os ambientes físicos podem ser administrados para promover a criatividade, o clima psicológico também pode.
- Proveito no insucesso implica em fracassos inteligentes e aprendizado de grupo. A organização pode esperar beneficiar-se com o fracasso quando o esforço resulta de riscos conhecidos, é apoiado pela administração e tem planos de contingência adequados.
- A criatividade floresce em um clima de comunicação aberta. Gerentes de criatividade efetivos devem acolher discordâncias e notícias boas e ruins, responder às necessidades dos membros, examinar o ambiente maior para ter idéias, e desenvolver maneiras de se comunicar sincera e abertamente.
- Talvez a maneira mais crucial de abrir a criatividade de grupo seja promover paixão entre os membros – paixão pela organização, pelo trabalho e pelo produto. A paixão pode ser promovida de várias maneiras:
    - ao estabelecer metas difíceis, porém atingíveis;
    - ao administrar os motivadores extrínsecos de forma que confirmem a competência e criem um clima de superação;
    - ao dar autonomia às pessoas, tempo para projetos pessoais e oportunidades de aprendizado adicional;
    - ao combinar pessoas com funções dentro da organização que mais provavelmente acendem suas paixões;
    - ao criar um clima de otimismo e confiança no futuro.

- Muitas inovações são o resultado de se reconhecer oportunidades criativas e agir sobre elas. O serendipismo pode ser administrado dando oportunidades de interações casuais, e então estimulando essas interações quando elas ocorrem.
- A complexidade do processo criativo em grupo se reflete em vários paradoxos. Esses paradoxos representam oportunidades para que os gerentes tomem resoluções criativas:
  - ao mesmo tempo que os grupos devem recorrer a poços de conhecimento profundos, eles também precisam de pares de olhos ingênuos para ver as coisas de perspectivas frescas;
  - o atrito criativo emana das diferenças do grupo. Mas, a heterogeneidade também pode resultar de conflito interpessoal e fragmentação. Os líderes devem promover tanto o atrito criativo quanto a coesão;
  - os grupos precisam de liberdade e autonomia para funcionar criativamente, mas a organização maior tem necessidades específicas, estruturadas, que precisam ser satisfeitas;
  - criatividade é trabalho sério – mas deve ser equilibrado com diversão.

CONCLUSÃO

Dissemos que a criatividade é um *processo,* e que pode ser estimulada e influenciada. Como todos nós temos mais do que conseguimos fazer no tempo disponível, porém, é difícil, senão impossível, somar novas obrigações e tarefas. Mas, todos podemos administrar *diferentemente* o que já fazemos. Dezenas de vezes durante a semana, e em muitas frentes diferentes, você toma decisões que afetam a criatividade potencial do seu grupo. Algumas dessas decisões poderiam ser alcançadas de uma direção ligeiramente diferente para remover barreiras à criatividade: alterando a lista de convidados para uma determinada reunião para estimular divergências, programando algumas "folgas" para permitir incubação, trazendo um facilitador para auxiliar a convergência. Outras decisões são muito mais importantes e exigem uma análise séria de todas as ramificações sistêmicas: contratar de forma diferente, rever sistemas de incentivos, questionar o estilo próprio de liderança.

Pensar na criatividade como um processo remove, esperamos, um pouco do mistério, assim como a tentação de fugir ao desafio. Você *pode* influenciar a criatividade do seu grupo. A prática pode não levar à perfeição, mas com certeza ajuda. Gerentes que se aprimoram continuamente podem não se lembrar da última vez em que lideraram um grupo para níveis mais altos de criatividade melhor do que identificam esses estágios e etapas que administraram no processo de inovação confuso, dinâmico e não-linear. Eles almejam uma espiral ascendente, revendo problemas e pontos no processo em níveis ainda mais altos de entendimento e sofisticação. Quer gerenciem um grupo pequeno ou milhares de pessoas, eles usam toda oportunidade para fazer protótipos e experiências que desenvolvam um grupo mais criativo. Como é improvável que qualquer gerente possa seguir *todas* as sugestões deste livro, é igualmente improvável que não consiga seguir *alguma*.

A criatividade, como o aprendizado, não é somente um processo, mas também uma atitude. Uma atitude que promove criatividade é um tipo de alerta a oportunidades de inovação – um desafio mental constante à rotina e uma abertura à mudança. Muitas chances de aumentar a criatividade não vêm empacotadas ordenadamente em um ponto de decisão claro, mas são disseminadas com o tempo, em pequenos atos ou em omissões de ações. Comentários casuais. Linguagem corporal. Suposições não examinadas. Sensações – não expressas ou tornadas óbvias. Muito depende do que nós, como administradores, *pensamos* sinceramente sobre o potencial criativo daqueles a nossa volta e da situação. A administração da criatividade está diretamente ligada aos valores que levamos à prática.

Alguns indivíduos evoluem no desafio de mudança e aperfeiçoamento constantes; outros fogem do caos implícito. Suspeitamos que você seja um dos primeiros, porque resolveu ler este livro. Na verdade, não achamos que qualquer um de nós tenha muita escolha quanto a se tornar mais criativo. Os problemas enfrentados pela sociedade são tão grandes que somente uma inovação de ordem superior irá superá-los. Mas, são necessárias apenas pequenas centelhas para acender um fogaréu. Elas são as centelhas incandescentes!

NOTAS

1. Larry Ellison, entrevista, 26 May 1998.
2. Citado por Tom Peters, "Prometheus Barely Unbound," *Academy of Management Executive* 4, no. 4 (1990): p. 79.
3. Para exemplos detalhados tanto de empresas inovadoras como de não criativas, ver Rosabeth Moss Kanter, *The Change Masters* (New York: Simon and Schuster, 1983). Ver especialmente a seção "Rules for Stifling Innovation."
4. Alison Lawton, entrevista, 5 August 1998.
5. Citado em Dorothy Leonard-Barton, *Wellsprings of Knowledge,* p. 119.
6. Amy Edmondson, "Psychological Safety and Learning Behavior in Work Teams," *Administrative Science Quarterly* (1999).
7. Alan Horn, entrevista, 27 July 1998.
8. Citado em William L. Shanklin, *Six Timeless Marketing Blunders* (Lexington, Mass.: Lexington Books, 1989), p. 111.
9. Steve Lohr, "IBM Opens the Doors of Its Research Labs to Surprising Results," *New York Times,* 13 July 1998, pp. D1, D3.
10. Marc Gunther, "This Gang Controls Your Kids' Brains," *Fortune,* 27 October 1997, p. 172.

11. Jeffrey R. Beir, "Managing Creatives," palestra, 13 March 1995, Conferência "Managing for Innovation" patrocinada pela *Industry Week*. Em *Vital Speeches* 61, no. 16 (1995): pp. 501-507.
12. Barbara Waugh, diretora de recursos humanos da Hewlett-Packard, entrevista, 15 June 1998.
13. Barbara Waugh, entrevista, 15 June 1998.
14. Joseph Bower, com Dorothy Leonard e Sonja Ellingson Hout, "Teradyne: Corporate Management of Disruptive Change," Case 9-398-121 (Boston: Harvard Business School, 1998).
15. Kathleen M. Eisenhardt, Jean L. Kahwajy e L. J. Bourgeois III, "How Management Teams Can Have a Good Fight," *Harvard Business Review* 75 (July-August 1997): p. 81.
16. Lawrence L. Knutson, "Oldest U.S. Worker, at 102, Says His Job Still a 'Pleasure,'" *Boston Globe*, 13 March 1998.
17. Citado em Nina Munk, "The *New* Organization Man," *Fortune*, 16 March 1998, p. 65.
18. Teresa A. Amabile, "How to Kill Creativity," *Harvard Business Review* 76 (September-October 1998): p. 81.
19. Kenneth Labich, "Is Herb Kelleher America's Best CEO?" *Fortune*, 2 May 1994, p. 50.
20. Anne Cummings e Greg R. Oldham, "Enhancing Creativity: Managing Work Contexts for the High Potential Employee," *California Management Review* 40 (outono 1997): pp. 22-38.
21. Nancy Vonk e Janet Kestin, entrevista, 5 August 1998.
22. Lisa Mancuso, entrevista, 3 June 1998.
23. Susan Schilling, entrevista, 12 December 1997.
24. Citado em Warren Bennis e Patricia Biederman, *Organizing Genius: The Secrets of Creative Collaboration* (Reading, Mass.: Addison-Wesley, 1997), p. 83.
25. Richard Teerlink, entrevista, 2 September 1998.
26. John A. Byrne, "Jack: A Close-up Look at How America's #1 Manager Runs GE," *Business Week*, 8 June 1998, p. 102.
27. Edward Prewitt, "What You Can Learn from Managers in Biotech," *Management Update*, 2 May 1997, p. 3.
28. Citado em Munk, "The *New* Organization Man," p. 74.
29. Bruce Tulgan, fundador da Rainmaker, Inc., uma firma de consultoria de New Haven, Connecticut. Citado em Munk, "The *New* Organization Man," p. 74.
30. Prewitt, "What You Can Learn from Managers in Biotech," p. 3.
31. Anthony Rucci, entrevista, "Bringing Sears into the New World," em "From the Front," *Fortune*, 13 October 1997, p. 184.
32. Thomas A. Stewart, "Gray Flannel Suit? Moi?" *Fortune*, 16 March 1998, p. 82.
33. Ashok K. Gupta e Arvind Singhal, "Managing Human Resources for Innovation and Creativity," *Research Technology Management* 36, no. 3 (1993): p. 44.
34. Gene Koretz, "The Vital Role of Self-Esteem," *Business Week*, 2 February 1998, p. 26.
35. Citado em Stewart, "Gray Flannel Suit?" p. 79.
36. Citado em Stewart, "Gray Flannel Suit?" p. 82.
37. Citado em Stewart, "Gray Flannel Suit?" p. 79.
38. Anne Fisher, "Key to Success: People, People, People," *Fortune*, 27 October 1997, p. 232.
39. Munk, "The *New* Organization Man," pp. 62-82.
40. Linda Grant, "Why FedEx Is Flying High," *Fortune*, 10 November 1997, p. 160.

41. Teresa M. Amabile, *Creativity in Context* (Boulder, Colo.: Westview, 1996).
42. Bing Gordon, entrevista, 19 May 1998.
43. Bing Gordon, entrevista, 19 May 1998.
44. Richard Teerlink, entrevista, 2 September 1998.
45. Alvin Zander, *Groups at Work* (San Francisco: Jossey-Bass, 1977).
46. Carin Knoop e Srikant Datar, "*Novartis (A): Being a Global Leader,*" Case 9-198-041 (Boston: Harvard Business School, 1998) p. 1.
47. Randy Komisar, entrevista, 15 June 1998.
48. David McClelland, *The Achieving Society* (Princeton: N.J.: Van Nostrand, 1961).
49. A. A. Milne, *The House at Pooh Corner* (New York: E. P. Dutton and Co., 1928).
50. Ann Winblad, entrevista, 16 June 1998.
51. Randy Komisar, citado em Michael Roberts e Nicole Tempest, "*Randy Komisar: Virtual CEO,*" Case N9-898-078 (Boston: Harvard Business School, 1998).
52. Guido Arnout, entrevista, 18 June 1998.
53. Carta de Horace Walpole, reproduzida em Theodore Remer, *Serendipity and the Three Princes* (Norman: University of Oklahoma Press, 1965).
54. Pek Van Andel, "Serendipity: 'Expect also the unexpected.'" *Creativity and Innovation Management* 1 (March 1992): pp. 20-32.
55. *People's Almanac 2* (1978) conforme citado em Ira Flatow, *They All Laughed: From Light Bulbs to Lasers, the Fascinating Stories Behind the Great Inventions that Have Changed Our Lives* (New York: HarperCollins, 1992), p. 57.
56. Esses exemplos (Vinil e Saran) de Debra Rosenberg, "Plastics," *Newsweek* (edição especial sobre "2000: The Power of Invention") (inverno 1997): p. 45.
57. Lee Smith, entrevista, 25 February 1999.
58. Alan Horn, entrevista, 27 July 1998.
59. Glenn Rifkin, "Data General Comeback Built on Cost-Cutting and Innovation," *New York Times*, 17 March 1997, p. D5.
60. Para uma discussão sobre "mentalidade de principiante," ver John Kao, *Jamming: The Art and Discipline of Business Creativity* (New York: HarperBusiness, 1996).
61. Nancy Vonk e Janet Kestin, entrevista, 5 August 1998.
62. Gunther, "This Gang Controls Your Kids' Brains," p. 174.
63. Kao, *Jamming*, p. 41.
64. Shona Brown e Kathleen Eisenhardt, "The Art of Continuous Change," *Administrative Science Quarterly* 42 (1997): p. 16.
65. Brown e Eisenhardt, "The Art of Continuous Change."
66. Larry Reibstein com Dody Triantar, Marcus Mabry, Michael Mason, Carolyn Friday e Bill Powell, "The Gulf School of Management," *Newsweek*, 1 April 1991, p. 35.
67. William Q. Judge, Gerald E. Fryxell e Robert S. Dooley, "The New Task of Rand D Management," *California Management Review* 39, no. 3 (1997): pp. 72-85.
68. Joanne Carthey, citada em Lila Booth, "The Change Audit: A New Tool to Monitor Your Biggest Organizational Change," *Harvard Management Update* 3, no. 3 (1998): p. 3.
69. Edward O. Welles, "Captain Marvel," *INC*, January, 1992, p. 2.
70. Jerry Hirshberg, *The Creative Priority: Driving Innovative Business in the Real World* (New York: Harper Business, 1998): pp. 117-118.

Referências Bibliográficas

Allen, Thomas J. 1977. *Managing the Flow of Technology*. Cambridge, Mass.: MIT Press.
Amabile, Teresa M. 1996. *Creativity in Context*. Boulder, Colo.: Westview.
———. 1998. "How to Kill Creativity." *Harvard Business Review* 76 (September-October): pp. 76-87.
Ancona, Deborah e David Caldwell. 1992. "Bridging the Boundary: External Activity and Performance in Organizational Teams." *Administrative Science Quarterly* 37, no. 4: pp. 634-665.
Arad, Sharon, Mary Ann Hanson e Robert Schneider. 1997. "A Framework for the Study of Relationships between Organizational Characteristics and Organizational Innovation." *Journal of Creative Behavior* 31, no. 1: pp. 42-58.
Argyris, Chris. 1982. *Reasoning, Learning, and Action: Individual and Organizational*. San Francisco: Jossey-Bass.
Asch, Solomon E. 1955. "Opinions and Social Pressure." *Scientific American* 193: pp. 31-35.
Barron, Frank. 1963. *Creativity and Psychological Health: Origins of Personality and Creative Freedom*. Princeton, N.J.: Van Nostrand.
Becker, Franklin. 1982. *The Successful Office: How to Create a Workspace That's Right for You*. Reading, Mass.: Addison-Wesley.
Becker, Franklin e Fritz Steele. 1995. *Workplace by Design*. San Francisco: Jossey-Bass.
Begley, Sharon. 1997. "The Transistor." *Newsweek* (edição especial sobre "2000: The Power of Invention") (winter): pp. 25-26.
Begley, Sharon com B. J. Sigesmund. 1997. "The Houses of Invention." *Newsweek* (edição especial sobre "2000: The Power of Invention") (winter): p. 26.
Bennis, Warren e Patricia Biederman. 1997. *Organizing Genius: The Secrets of Creative Collaboration*. Reading, Mass.: Addison-Wesley.
Billington, Jim. 1997. "The Three Essentials of an Effective Team." *Management Update* 2, no. 1: p. 4.
Booth, Lila. 1998. "The Change Audit: A New Tool to Monitor Your Biggest Organizational Change." *Harvard Management Update* 3, no. 3: p. 3.

Borgida, Eugene e Richard Nisbett. 1977. "The Differential Impact of Abstract vs. Concrete Information on Decisions." *Journal of Applied Social Psychology* 7, no. 3: pp. 258-271.

Bower, Joseph com Dorothy Leonard e Sonja Ellingson Hout. 1998. "Teradyne: Corporate Management of Disruptive Change." Case 9-398-121. Boston: Harvard Business School.

Brown, John Seely. 1997. "Introduction: Rethinking Innovation in a Changing World." Em *Seeing Differently: Insights on Innovation*, editado por John Seely Brown. Boston: Harvard Business School Press.

Brown, Shona L. e Kathleen M. Eisenhardt. 1997. "The Art of Continuous Change: Linking Complexity Theory and Time-Paced Evolution in Relentlessly Shifting Organizations." *Administrative Science Quarterly* 42, no. 1: pp. 1-34.

Bylinsky, Gene. 1997. "Mutant Materials." *Fortune*, 13 October, p. 144.

Byrne, Donn. 1971. *The Attraction Paradigm*. New York: Academic Press.

Byrne, John A. 1998. "Jack: A Close-up Look at How America's #1 Manager Runs GE." *Business Week*, 8 June, p. 102.

Campbell, Robert. 1998. "End of the 'Magic Incubator'." *Boston Globe*, 5 June, p. D1.

Carter, Meg. 1998. "Design: The Office – It's a Place to Relax; Arthur Andersen's Sixth Floor Offers a Glimpse of How Tomorrow's Workspaces Will Be Designed." *The Independent (London)*, 26 March.

Christensen, Clayton e Dorothy Leonard-Barton. 1990. "Ceramics Process Systems Corporation." Case 9-691-028. Boston: Harvard Business School.

Cohen, Sheldon e Neil Weinstein. 1981. "Nonauditory Effects of Noise on Behavior and Health." *Journal of Social Issues* 37: pp. 36-70.

Cummings, Anne e Greg R. Oldham. 1997. "Enhancing Creativity: Managing Work Contexts for the High Potential Employee." *California Management Review* 40 (fall): pp. 22-38.

Csikszentmihalyi, Mihaly. 1996. *Creativity: Flow and the Psychology of Discovery and Invention*. New York: Harper Collins.

Csikszentmihalyi, Mihaly e Keith Sawyer. 1995. "Creative Insight: The Social Dimension of a Solitary Moment." Em *The Nature of Insight*, editado por Robert Sternberg e Janet Davidson. Cambridge, Mass.: MIT Press.

Daley, Yvonne. 1998. "Writer Relies on Memory as Sight Fails." *Boston Sunday Globe*, 28 June, p. A8.

Eaton, Leonard K. 1969. *Two Chicago Architects and Their Clients*. Cambridge, Mass.: MIT Press.

Edmondson, Amy. 1998. "Psychological Safety and Learning Behavior in Work Teams. Documento 98-093. Harvard Business School, Divisão de Pesquisa.

Eisenhardt, Kathleen M., Jean L. Kahwajy e L. J. Bourgeois III. 1997. "Conflict and Strategic Choice: How Top Management Teams Disagree." *California Management Review* 39 (winter): pp. 42-62.

———. 1997. "How Management Teams Can Have a Good Fight." *Harvard Business Review* 75 (July-August): pp. 77-85.

Fisher, Anne. 1997. "Key to Success: People, People, People." *Fortune*, 27 October, The World's Most Admired Companies, p. 232.

Flowers, Matie L. 1977. "A Laboratory Test of Some Implications of Jani's Groupthink Hypothesis." *Journal of Personality and Social Psychology* 35: pp. 888-896.

Furchgott, Roy. 1998. "For Cool Hunters, Tomorrow's Trend Is the Trophy." *New York Times*, 28 June, p. 10.

Gigone, Daniel e Reid Hastie. 1993. "The Common Knowledge Effect: Information Sharing and Group Judgment." *Journal of Personality and Social Psychology* 65, no. 5: pp. 959-974.

Gladwell, Malcom. 1997. "Annals of Style: The Coolhunt." *New Yorker* 72, 17 March, pp. 78-88.

Glass, David e Jerome Singer. 1973. "Experimental Studies of Uncontrollable and Unpredictable Noise." *Representative Research in Social Psychology* 4, no. 1: pp. 165-183.

Grant, Linda. 1997. "Why FedEx Is Flying High." *Fortune*, 10 November, p. 160.

Gunther, Marc. 1997. "This Gang Controls Your Kids' Brains." *Fortune*, 27 October, pp. 172-182, *passim*.

Gupta, Ashok K. e Arvind Singhal. 1993. "Managing Human Resources for Innovation and Creativity." *Research Technology Management* 36, no. 3: pp. 41-48.

Hackman, J. Richard. 1998. "Why Teams Don't Work." Em *Applications of Theory and Research on Groups to Social Issues*, editado por R. S. Tindale, J. Edwards e E. J. Posavac. New York: Plenum.

Haggin, Joseph. 1995. "Illinois' Beckman Institute Targets Disciplinary Barriers to Collaboration." *Chemical & Engineering News*, 6 March: pp. 32-39.

Halberstam, David. 1986. *The Reckoning*. New York: William Morrow & Co.

Hall, Jay e W. H. Watson. 1970. "The Effects of a Normative Intervention on Group Decision-Making Performance." *Human Relations* 23, no. 4: pp. 299-317.

Hamel, Jay e C. K. Prahalad. 1994. *Competing for the Future*. Boston: Harvard Business School Press.

Hirshberg, Jerry. 1998. *The Creative Priority: Driving Innovative Business in the Real World*. New York: HarperBusiness.

Hofstede, Greert. 1980. *Culture's Consequences: International Differences in Work-Related Values*. Newbury Park, Calif.: Sage.

Horn, Paul. 1997. "Creativity and the Bottom Line," *Financial Times*, 17 November, p. 12.

Iansiti, Marco. 1993. "Real-world R&D: Jumping the Product Generation Gap." *Harvard Business Review* 71 (May-June): pp. 138-147.

Jackson, Susan E. 1992. "Team Composition in Organizational Settings: Issues in Managing an Increasingly Diverse Work Force." Em *Group Process and Productivity*, editado por Stephen Worchel, Wendy Wood e Jeffry Simpson. Beverly Hills, Calif.: Sage.

Janis, Irving. 1982. *Groupthink*, 2d. ed. Boston: Houghton Mifflin.

Judge, William Q., Gerald E. Fryxell e Robert S. Dooley. 1997. "The New Task of R and D Management," *California Management Review* 39, no. 3: pp. 72-85.

Kanter, Rosabeth Moss. 1983. *The Change Masters*. New York: Simon and Schuster.

———. 1993. *Men and Women of the Corporation*. New York: Basic Books.

———. 1997. *On the Frontiers of Management*. Boston: Harvard Business School Press.

Kantor, Paul. Citado em *EXEC*, Verão, 1998.

Kao, John. 1995. "Oticon (A)." Case 9-395-144. Boston: Harvard Business School.

———. 1996. *Jamming: The Art and Discipline of Business Creativity*. New York: HarperBusiness.

Knoop, Carin e Srikant Datar. 1998. "Novartis (A): Being a Global Leader," Case 9-198-041. Boston: Harvard Business School.

Knutson, Lawrence L. 1998. "Oldest US Worker, at 102, Says His Job Still a 'Pleasure.'" *Boston Globe*, 13 March.

Koretz, Gene. 1998. "The Vital Role of Self-Esteem." *Business Week*, 2 February, p. 26.

Labich, Kenneth. 1994. "Is Herb Kelleher America's Best CEO?" *Fortune*, 2 May, p. 50.

Lancaster, Hal. 1997. "Getting Yourself in a Frame of Mind to Be Creative," *Wall Street Journal*, 16 September, p. B1.

———. 1998. "Learning Some Ways to Make Meetings Slightly Less Awful." *Wall Street Journal*, 26 May, p. B1.

Leonard, Dorothy A., Paul A. Brands, Amy Edmondson e Justine Fenwick. 1998. "Virtual Teams: Using Communications Technology to Manage Geographically Dispersed Development Groups." Em *Sense and Respond*, editado por Stephen P. Bradley e Richard L. Nolan, 285-298. Boston: Harvard Business School Press.

Leonard, Dorothy e Jeffrey Rayport. 1997. "Sparking Innovation through Empathic Design." *Harvard Business Review* 75 (November-December): pp. 103-113.

Leonard-Barton, Dorothy. 1995. *Wellsprings of Knowledge*. Boston: Harvard Business School Press.

Lohr, Steve. 1998. "IBM Opens the Doors of Its Research Labs to Surprising Results." *New York Times*, 13 July, p. D1, D3.

MacKinnon, Donald W. 1975. "IPAR's Contribution to the Conceptualization and Study of Creativity." Em *Perspectives in Creativity*, editado por Irving A. Taylor e J. W. Getzels. Chicago: Aldine.

Mahnke, Frank H. 1996. *Color, Environment and Human Response: An Interdisciplinary Understanding of Color and Its Use as a Beneficial Element in the Design of the Architectural Environment*. New York: Van Nostrand Reinhold.

McAllister, J. F. O. 1986. "Civil Science Policy in British Industrial Reconstruction, 1942-51." Tese de doutorado, Oxford University.

McClelland, David. 1961. *The Achieving Society*. Princeton: N.J.: Van Nostrand.

Milne, A. A. 1928. *The House at Pooh Corner*. New York: E. P. Dutton and Co.

Moorhead, Gregory, Richard Ference e Chris Neck. 1991. "Group Decision Fiascoes Continue." *Human Relations* 44, no. 6: pp. 539-549.

Moscovici, Serge e Elizabeth Lage. 1976. "Studies in Social Influence IV: Minority Influence in a Context of Original Judgments." *European Journal of Social Psychology* 8, no. 3: pp. 349-365.

Mullen, Brian, Craig Johnson e Eduardo Salas, "Productivity Loss in Brainstorming Groups: A Meta-analytic Integration." *Basic and Applied Social Psychology* 12, no. 1: pp. 3-23.

Munk, Nina. 1998. "The *New* Organization Man." *Fortune*, 16 March, p. 65.

Naik, Gautam. 1996. "Back to Darwin: In Sunlight and Cells, Science Seeks Answers to High-Tech Puzzles." *Wall Street Journal*, 16 January, p. A1.

Nemeth, Charlan Jeanne e Joel Wachtler. 1983. "Creative Problem Solving as a Result of Majority vs. Minority Influence." *European Journal of Social Psychology* 13, no. 1: pp. 45-55.

Nemeth, Charlan e Pamela Owens. 1996. "Making Work Groups More Effective: The Value of Minority Dissent." Em *Handbook of Work Group Psychology*, editado por M. A. West. New York: John Wiley.

Nisbett, Richard e Timothy Wilson. 1977. "Telling More than We Can Know: Verbal Reports on Mental Processes." *Psychological Review* 84, no. 4: pp. 231-259.

Pelz, Donald e Frank Andrews. 1966. *Scientists in Organizations*. New York: John Wiley.

People's Almanac. 1978. Vol. 2.

Peters, Tom. 1990. "Prometheus Barely Unbound." *Academy of Management Executive* 4, no. 4: pp. 70-84.

Petroski, Henry. 1992. *The Evolution of Useful Things*. New York: Alfred A. Knopf.

Petroski, Henry. 1992. "Form Follows Failure." *Invention & Technology*, Fall: pp. 54-61, passim.

Petzinger, Jr., Thomas. 1998. "A Hospital Applies Teamwork to Thwart an Insidious Enemy." *Wall Street Journal*, 8 May, p. B1.

Prewitt, Edward. 1997. "What You Can Learn from Managers in Biotech." *Management Update*, 2 May, p. 3.

Prokesch, Steven E. 1997. "Unleashing the Power of Learning: An Interview with British Petroleum's John Browne." *Harvard Business Review* 75 (September-October): pp. 146-168.

Reibstein, Larry com Dody Triantar, Marcus Mabry, Michael Mason, Carolyn Friday e Bill Powell. 1991. "The Gulf School of Management." *Newsweek*, 1 April, p. 35.

Remer, Theodore. 1965. *Serendipity and the Three Princes*. Norman: University of Oklahoma Press.

Rifkin, Glenn. 1997. "Data General Comeback Built on Cost-Cutting and Innovation." *New York Times*, 17 March, p. D5.

Roberts, Michael e Nicole Tempest. 1998. "Randy Komisar: Virtual CEO." Case N9-898-078. Boston: Harvard Business School.

Robinson, Alan G. e Sam Stern. 1997. *Corporate Creativity*. San Francisco: Berrett-Koehler.

Rosenberg, Debra. 1997. "Plastics." *Newsweek* (edição especial sobre "2000: The Power of Invention") (winter): p. 45.

Rothenberg, Robert. 1990. *Creativity and Madness*. Baltimore: Johns Hopkins Press.

Rucci, Anthony. 1997. Entrevista, "Bringing Sears into the New World." Em "From the Front," *Fortune*, 13 October, p. 184.

Saegert, Susan, Walter Swap e Robert B. Zajonc. 1973. "Exposure, Context, and Interpersonal Attraction." *Journal of Personality and Social Psychology* 25, no. 2: pp. 234-242.

Schoenberger, Chana R. 1998. "Mission Statements Are Job 1 – For Some." *Boston Globe*, 14 July, pp. D1, D7.

Seifert, Colleen, David Meyer, Natalie Davidson, Andrea Patalano e Ilan Yaniv. 1995. "Demystification of Cognitive Insight: Opportunistic Assimilation and the Prepared-Mind Perspective." Em *The Nature of Insight*, editado por Robert Sternberg e Janet Davidson, 66-124. Cambridge, Mass.: MIT Press.

Shanklin, William L. 1989. *Six Timeless Marketing Blunders*. Lexington, Mass.: Lexington Books.

Shaw, Marvin E. 1976. *Group Dynamics: The Psychology of Small Group Behavior*. New York: McGraw-Hill.

Steel, Fritz. 1986. *Making and Managing High-Quality Workplaces: An Organizational Ecology*. New York: Teachers College Press.

Stein, Morris I. 1953. "Creativity and Culture," *Journal of Psychology* 36: pp. 311-322.

Sternberg, Robert. 1996. *Successful Intelligence*. New York, Simon & Schuster.

Stewart, Thomas A. 1998. "Gray Flannel Suit? Moi?" *Fortune*, 16 March, p. 82.

Swap, Walter, ed. 1984. *Group Decision Making*. Beverly Hills, Calif.: Sage.

Taylor, Irving A. 1970. "Creative Production in Gifted Young (Almost) Adults through Simultaneous Sensory Stimulation," *Gifted Child Quarterly* 14, no. 1: pp. 46-55.

Taylor, William. 1990. "The Business of Innovation: An Interview with Paul Cook." *Harvard Business Review* 68 (March-April): pp. 96-107.

Trompenaars, Fons e Charles Hampden-Turner. 1998. *Riding the Waves of Culture*. 2d. ed. New York: McGraw-Hill.

Valacich, Joseph, Alan Dennis e Terry Connolly. 1994. "Idea Generation in Computer-Based Groups: A New Ending to an Old Story." *Organizational Behavior and Human Decision Processes* 57, no. 3: pp. 448-467.

Valins, Stuart e Richard Nisbett. 1971 "Attribution Processes in the Development and Treatment of Emotional Disorders." Em *Attribution: Perceiving the Causes of Behavior*, editado por Edward E. Jones, David Kanouse, Harold Kelley, Richard Nisbett, Stuart Valins e Bernard Weiner. Morristown, N.J.: General Learning Press.

Van Andel, Pek. 1992. "Serendipity: 'Expect also the unexpected.'" *Creativity and Innovation Management* 1 (March): pp. 20-32.

Veresej, Michael A. 1996. "Welcome to the New Workspace." *Industry Week*, 15 April, 245, pp. 24-27.

Wason, P. C. 1960. "On the Failure to Eliminate Hypotheses in a Conceptual Task." *Quarterly Journal of Experimental Psychology* 12, no. 3: pp. 129-140.

Weintraub, Sandra. 1995. "Cultivate Your Dreams to Find New Solutions." *R&D Innovator* 4, no. 10: pp. 1-3.

Welch, Jilly. 1996. "Creature Comforts: Innovations in Office Design." *People Management* 19 (December): pp. 20-24.

Welles, Edward O. 1992. "Captain Marvel." *INC*, January, p. 2.

Wheelwright, Steven C. e Kim B. Clark. 1992. *Revolutionizing Product Development: Quantum Leaps in Speed, Efficiency, and Quality*. New York: Free Press.

Wilde, Oscar. (1888)1978. *The Remarkable Rocket*. Charlottesville, Va.: Graham-Johnston.

Williams, Katherine Y. e Charles A. O'Reilly III. 1998. "Demography and Diversity in Organizations: A Review of 40 Years of Research." *Research in Organizational Behavior* 20: pp. 77-140.

Williams, Wendy M. e Robert J. Sternberg. 1988. "Group Intelligence: Why Some Groups Are Better Than Others." *Intelligence* 12, no. 4: pp. 351-377.

Witcher, Gregory. 1989. "Steelcase Hopes Innovation Flourishes Under Pyramid." *Wall Street Journal*, 26 May, p. B1.

Wood, Wendy. 1987. "Meta-analytic Review of Sex Differences in Group Performance." *Psychological Bulletin* 102, no.1: pp. 53-71.

Zaltman, Gerald. 1997. "Rethinking Market Research: Putting People Back In." *Journal of Marketing Research* 34 (November): pp. 424-437.

Zander, Alvin. 1977. *Groups at Work*. San Francisco: Jossey-Bass.

Índice

A busca ao que é "legal," 85-86
Aceitação de risco
   e criatividade, 153-154
   estimulando, 154-155
   importância da, 98
Administração
   criatividade em, 16
   da criatividade, 16, 50-53
Advogado do diabo, 65, 71-72
Alcance, 78-79
   a divergentes, 79-80
   benchmarking de atributo, 86-88
   busca ao que é "legal," 85-86
   projeto empático, 80, 82-85
Alce na Mesa, 160-162
Aliados, importância de, 151
Allen, Thomas, 131
Amabile, Teresa, 164, 168, 171
Ambiente
   físico, importância do, 127-148
   psicológico, importância do, 151-187
Ambiente físico
   como reflexo de atitudes administrativas, 129
   conducente à criatividade, 128, 130-135
   conotações do, 129
   planta de projeto do, 134-135
   zonas e, 132
Ambiente psicológico
   motivadores extrínsecos, 170-173
   motivadores intrínsecos, 167-170
   otimismo, 173-174
   para aceitação de risco, 153-155
   para comunicação, 158-162
   para inovação, 181-182
   para promover paixão, 162-167
   para proveito no insucesso, 155-158
   para serendipismo, 174-177
   paradoxos em, 177-182
   segurança psicológica, 155
Andrews, Frank, 62
Antropologia, ponto de vista da, 34-35
Apple Computer
   missão da, 106
   primórdios, 166
Arad, Sharon, 99
Arnout, Guido, 39, 100, 165, 174
Aromaterapia, 137-138
Arquitetura
   efeito sobre a criatividade, 128
   para auxiliar a comunicação, 138-141
   para auxiliar a incubação, 141-142
   para auxiliar o pensamento convergente, 142-143
   para auxiliar o pensamento divergente, 135-139

Arthur Andersen, ambiente físico da, 132-142
Asch, Solomon, 51
Atitudes, definição, 107
Atrito criativo, 44-47, 179
    contratando para, 47-49
    definição, 30
    diversidade e, 30-31
    estimulação de, 33-36
    gerenciamento do, 50-53
    localizando, 46
    necessidade de, 29-30
    planejando, 47-50
Auto-estima, e produtividade, 168-169
Autonomia
    equilibrada com comunidade, 181
    importância da, 167-168
Backlund, Nick, 98
Barulho, efeitos do, 138-139
Beckman Institutes de Ciência e Tecnologia Avançadas, colaboração nos, 33
Benchmarking de atributo, 86-88
Benchmarking, 86
    atributo, 86-88
Bennis, Warren, 3
Berg, R. J., 32
Biomimetismo, 77
Biotecnologia, tempos de ciclo da, 181-182
Birnbaum, Joel, 159, 160
Boyle, Dennis, 77
Brainstorming eletrônico, 74
Brainstorming, 73-74
    auxílios físicos ao, 76
    eletrônico, 74
    natureza e, 77-78
Brincadeiras. *Ver* diversão e profissionalismo
Brown, Shona, 79
Campbell, Donald, 94
Capacidades essenciais, 112
    avaliação, 112
    interação com forças motrizes, 112-114
Capacidades, 31
Carticel, licenciamento do, 34-36
Castle Rock Entertainment
    serendipismo na, 177
    valores da, 100
Cenários, construindo, 114-116
Centralidade, 107
Ceramics Process Systems Corp., especialização diversa na, 87-88
    ônibus espacial *Challenger*, 59

Cérebro
    direito, 43-45, 50
    esquerdo, 43-45
Chaparral Steel
    aceitação de risco na, 154
    objetos divertidos como auxílios à criatividade na, 145-146
    protótipos na, 111
Cheiro, importância do, 136-138
Chrysler
    produto Neon da, 143
    uxílios ao pensamento convergente na, 156
Clientes. *Ver* projeto empático
Códigos de vestuário, 48
Coesão
    de grupo, 62-64
    e elitismo, 179
    trabalho em equipe e, 179
Colaboração, removendo barreiras à, 33
Colgate-Palmolive, projeto empático na, 82
Combinação de funções, 165. *Ver também* contratação
Comunicação
    arquitetura para, 138-141
    conectividade, 159-161
    distância e, 131
    entre projetos, 79-80
    habilidades de apresentar, 159
    habilidades de ouvir, 158-159
    modos de, 146
    não-planejada, 140
    proximidade física e, 131
    sinceridade em, 161-162
Comunicação face a face, utilidade da, 146
Comunicação não-planejada, importância da, 140
Comunidade, e inovação, 181-182
Conceito de produto, 105
Conceitos de alto nível, 105
    vantagem de, 105-106
Conciliador de limites, 117-118
    como facilitadores, 116-117
Conectividade, 159-161
Conflito
    e inovação, 31
    intelectual, 44-45
    normalização, 119
    resolução. *Ver* convergência
    Ver também atrito criativo
Conformidade, 51

Conhecimento
    comum, 63
    geração de, x
    ícones, 144-145
    redes, 160
Consenso. *Ver* convergência
Consultores, como divergentes, 50
Contar histórias. *Ver* Leitura dramática
Contratação, 47-49, 166-167
Convergência prematura
    coesão do grupo e, 62-64
    conhecimento comum e, 63
    estilo de liderança e, 59-62
    insularidade e, 62
    isolamento e, 62
    pressões de tempo e, 59
    regras e, 64-65
    resistindo, 65-67
    técnicas para resistir, 65-73
Convergência, 18, 46, 47, 97-99
    aperfeiçoando, 142-143
    consistência da, 106
    cultura organizacional e, 100
    cursos de ação depois da, 24-25
    equilibrando com divergência, 61-62
    espaço e, 173
    importância da, 93-94
    inimigo comum, 102-103
    obtendo, 23-24
    prematura, 58-67, 72
    técnicas de, 111-123
Converse, a busca ao que é "legal" da, 85
Cor, reações fisiológicas e psicológicas a, 133
Corddry, Tom, 117-118
CoWare, 109
    motivação na, 165
Criatividade
    atitude de, 185
    atrito em, 179
    capacidades inatas e, 31
    características de, 16-17
    cenários para, 16
    composição do grupo para, 37
    cultura organizacional e, 99-101
    definição, 19-20
    diária, 16
    diversidade cultural e, 37-38
    diversidade e, 30, 33, 35
    e combinação de funções, 165
    ecologia de, 129

efeito da arquitetura sobre, 128, 129-130
    espaço aberto e, 134-135
    especialização e, 31-33
    estruturação da, 20
    estudos de, 81
    exercícios em, 71, 73
    gerenciamento da, 152-153
    individual *versus* de grupo, 14-15
    inteligência e, 15-16
    liberdade *versus* estrutura em, 180-181
    mitos sobre, 13-17
    motivação e, 163
    natureza social da, 14-15
    obstáculos à, 71
    oportunidade de, 20-21
    paradoxos em, 177-182
    prioridades e limites em, 103-104
    processo de, 20-24, 184-185
    promoção por ambiente físico, 130-135
    restrições financeiras e, 24-25
    sentidos e, 136-139
    serendipismo e, 174-177
Criatividade de grupo, x, 14-15
    características da equipe de, 18-19
    liderança de, 152-153
Csikszentmihalyi, Mihaly, 38
Cultura organizacional e criatividade, 103-105
Cummings, Anne, 165
Curran, Kevin, 49
Data General, serendipismo na, 177
Declaração de missão, 101-102
    como auxílio à convergência, 102-103
Desvios. *Ver* divergentes; influência da minoria
Detalhe, importância de, 99
Discordância
    força da, 66-67
    reação do grupo à, 65-66
    regras do processo de, 68
    valor da, 66, 67-68
Disney, política de contratação na, 48
Dissidentes. *Ver* divergentes
Distância e comunicação, 131
Divergência, 16-17, 46-47
    administrando, 66-67
    equilibrando com convergência, 60-62
Divergentes
    benefícios de, 79-80
    descoberta, 79-80
    objetivo, 51

otimização de, 50-53
perspectivas fornecidas pelos, 49-50
proteção dos, 50
visitas a, 79
Diversão e profissionalismo, 182
Diversidade cognitiva. *Ver* pensar, modos de
Diversidade cultural, 36-41
ciladas de, 36-38
e atitudes e valores de trabalho, 38
Diversidade etária, 37
Diversidade, 33, 35
cultural, 36-41
de modos de pensar, 41-47
e atrito criativo, 30-31
etária, 37
intelectual, 48-49
limites da, 53
Dooley, Robert, 181
Dyson, Freeman, 134
Eaton, Leonard, 135-136
Edmondson, Amy, 155
Edvinsson, Leif, 137, 138
Efeito da vividez, 73
Eisenhardt, Kathleen, 31, 79
Electronic Arts
fixação de prioridade na, 104
motivadores na, 171-172
objetos divertidos como auxílios à criatividade na, 146
simulações de esportes na, 105
Ellison, Larry, 152
E-mail, utilidade do, 146
Engenharia Auxiliada por Computador (CAE), 110-111
Entrevistas, limites das, 84-85
Entusiasmo, importância do, 173-174
Equipes
aceitação de risco e, 155
gerenciamento, 35, 47
interfuncionais, 143
proximidade de localização, 143
Escada da inferência, 121-122
usando, 120-123
Espaço
e criatividade, 134-136
e pensamento convergente, 142-143
Espaço aberto e criatividade, 134-136
Espaço livre e criatividade, 134-135
Especialização, 31
desenvolvimento da, 31-32

diversidade de, 31-33
importância da, 177-178
Estagiários, como divergentes, 49
Estereótipos, 38, 40
causas de, 40-41
Estímulos à criatividade
cheiros, 137-138
cor, 133
multisensoriais, 136
música, 137-138
objetos físicos, 77, 144
publicações, 136-137
Estrutura, importância da, 180-182
Estudos etnográficos. *Ver* projeto empático
Experiência, aprendendo com a, 157-158
Extrair informações
medidas para, 83
observação, 82-84
questionários, 80-82
Facilitação. *Ver também* conciliadores de limites; habilidades em forma de T
aspectos organizacionais de, 116
pessoal para, 116-117
pré-requisitos para, 116
Federal Express
motivação na, 169-170
política de contratação na, 48
Feedback negativo, 54
Feedback, importância de, 155-159
Feng shui, 129
Firmas de projeto, inovação em, 21. *Ver também* GVO; IDEO; Nissan Design International; Sundberg-Ferar, coleta de informações pela
Fisher-Price
auxílios à incubação na, 141
auxílios ao pensamento convergente na, 143
College in Reverse, 40
cultura organizacional na, 100-101
estágios na, 49
estrutura de equipe da, 45
ícones de conhecimento na, 145
inovação na, 105, 106
Fixação de metas
ciladas em, 172-173
como motivador, 172-173
importância da, 173
metas estendidas, 172-173
Fixação, 71

Fixidez funcional, 71
Flatt, Sylvia, 46-47
Flowers, Matie, 60
Forças motrizes, 112
    interação com capacidades essenciais, 112-114
Ford Motor Co., inovação na, 105
Fracasso inteligente, 156-157
Fracasso, inteligente, 156-157
Fryxell, Gerald, 181
Genzyme, 154
    funcionários da, 165
    grupos reguladores e, 34-36
    oportunidade de inovação na, 21 21
Geração X, atitudes da, 167-168
Gigone, Daniel, 63
Grupo
    alcance de, 78-88
    atrito criativo em, 44-53
    coesão do, 62-64
    composição do, 29-30
    criando opções dentro do, 73-78
    definição de, 19
    discordância em, 65-66
    interdisciplinar, 62-63
    liderança de, 152-153
    nominal, 74
    raças mistas e criatividade, 37
    regras de, 64-65, 67-70
    sexos mistos e criatividade, 37
Grupos nominais, 74
GVO
    coleta de informações pela, 84
    ícones de conhecimento na, 144
Habilidades de apresentação, 159
Habilidades de ouvir, 158-159
Habilidades em forma de T, 116-117
Halliburton Energy Services, descoberta casual na, 176-177
Hampden-Turner, Charles, 38
Hanson, Mary Ann, 99
Harley-Davidson, 82
    entusiasmo do funcionário na, 166-167
    filosofia de motivação na, 172
Hastie, Reid, 63
Heathkit, *benchmarking* de atributo pela, 87
Herndon, Russell, 34, 165
Heterogeneidade
    em grupos, 46-47
    importância da, 31, 35
    limites de, 52-53
Hewlett-Packard
    comunicação na, 159, 160
    laboratórios de pesquisa da, 21
    Leitura dramática na, 72-73
    oportunidades de aprendizado na, 169-170
    projetos individuais na, 168-169
Hirshberg, Jerry, 30, 43-44, 97-98, 109, 182
Hofstede, Geert, 38
Homogeneidade, em grupos, 46-47
Horn, Alan, 100, 154, 177
Humor, 145-146, 162, 181-182
IBM, 38
    Divisão de Pesquisa da, 103
Ícones
    culturais, 145
    de conhecimento, 144-145
    divertidos, 145
Ícones culturais, 145
Ícones físicos, 144-146
Idea Factory, 130
    interpretação de papéis na, 76
IDEO
    ambiente físico na, 131
    auxílios à incubação na, 141
    auxílios ao pensamento convergente na, 143
    brainstorming na, 74
    Caixa de Tecnologia na, 76-77
    facilitação de comunicação na, 140
    ícones culturais na, 145
    ícones de conhecimento na, 144
    projeto empático na, 82-83
    protótipos na, 108, 109
Implementação, de inovação 25
Improvisação, 72
    versus planejamento, 180-182
Incentivos, financeiros, 169-170
Incerteza, anulação da, 38
Incubação, 22-23, 94-97
    dinâmica de, 96
    facilitando, 141-142
    processamento de informações e, 96
Individualismo, 38
Influência da minoria, 66-67
Inovação
    comunicação e, 79-80
    conflito e, 31
    definição, 18
    fatores culturais em, 30-31, 38

fatores relacionados a, 99
implementação de, 25
importância da comunidade para, 181, 182
Institute for Research on Learning, projeto de espaço no, 141
Instituto de Tecnologia de Massachusetts (MIT), Prédio 20 do, 131
Insularidade, 63
Integrated Systems Design Center (ISDC), 49
Intel
discordância criativa na, 66
simulação do futuro na, 76
Inteligência
e criatividade, 15-16
tipos de, 45
Inteligência analítica, 45
Inteligência criativa, 45
Inteligência prática, 45
Interdisciplinaridade, 33
Interpretação de papéis, 75-76
Interval Research
equipes criativas na, 77-79
interpretação de papéis na, 75-76
protótipos na, 108
Intuição, importância da, 95-96
Intuit, missão da, 103
Invenções
copiadora Xerox, 21
insulina, 95
lata de conserva, 21
máquina de costura, 94
Teflon, 175
transistor, 15
Velcro, 76
vinil, 176
Isolamento, 62
Jackson, Susan, 35
Janis, Irving, 64
Jazz, como metáfora para criatividade, 180
Judge, William, 181
Jung, Carl, 42
Kajima Corp., ambiente físico da, 137-138
Kanter, Rosabeth, 100
Kao, John, 76, 130, 182
Kestin, Janet, 165
Kimberley-Clark, e a nova linha de fraldas, 84
Komatsu, declaração de missão da, 102
Komisar, Randy, 95, 104, 172-174
Lawton, Alison, 154
Leitura dramática, 72-73

Lever, propaganda da, 165
Liberdade, importância da, 180-182
Liddle, David, 33, 77
Liderança
aberta e fechada, 60
e convergência prematura, 59-62
extremamente autoritário, 59
para aceitação de risco, 155
para criatividade, 152-153
Limites
importância de, 98-99
níveis de, 97
Linguagem, comum, importância da, 117-118
Lucas Arts, estabelecendo prioridades na, 104
Lucas Learning
convergência na, 117-118
escadas da inferência na, 122
lealdade do funcionário na, 166
3M
projeto do aparelho auditivo da, 87
projetos individuais na, 168
Maier, N.R.F., 81
Mal-entendido cultural, 36-38
Mancuso, Lisa, 45, 166
McAllister, J.F.O., 30
Medidas de acréscimo para extrair informações, 83-84
Medidas de arquivo para extrair informações, 83
Medidas de erosão para extrair informações, 83
Medidas de observações, para extrair informações, 83
Medidas discretas, 83
Metáforas, 77
Motivação
auto-estima e, 168-169
autonomia e, 167-168
criatividade e, 163
dinheiro e, 169-170
extrínseca, 169-173
intrínseca, 167-170
posição e, 169
Motivação extrínseca
definição, 171
financeira, 169
tipos de, 169-173
Motivação intrínseca, 167
autonomia e, 167-168
definição, 171

oportunidades de aprendizado e, 167-169
tempo pessoal e, 167-169
Motorola, motivadores na, 172
MTV
  brainstorming de jogos na, 75
  coleta de informações pela, 84
  habilidades de ouvir na, 58
Música, para aumentar a criatividade, 137-138
Myers-Briggs Type Indicator, 42, 50
Não Foi Inventado Aqui, 80
NASA, problema de sobrevivência na lua da, 69
Natureza limitada dos, 80-82, 84
Natureza, idéias para inovação, 77-79
Nemeth, Charlan Jeanne, 66-67
Nickelodeon, auxílios à criatividade na, 142
Nisbett, Richard, 81
Nissan Design Context Lab, 97
Nissan Design International, 38, 43, 97 109
  auxílios ao pensamento convergente na, 143
  diversão na, 182
  ícones de conhecimento na, 144
  projeto empático na, 82
NMB Bank, ambiente físico no, 137-138
Nortel, auxílios ao pensamento convergente na, 143
Novartis, motivação na, 173
Novato. *Ver* perspectiva do principiante, importância da
Objetos divertidos, 145
Observação
  e projeto empático, 82
  para extrair informações, 82-84
Ogilvy & Mather, paixão pela inovação na, 166
  mentalidade de principiante na, 198
Oldham, Greg, 165
OnLive!, 118
  normalizando conflito de grupo na, 119
Opções
  criando em grupo, 73-79
  gerando, 22
Oportunidade de inovação, 20-22
Oportunidades de aprendizado, importância das, 168-170
  relatos de projetos, 157-158
Oracle, oportunidades de aprendizado na, 169-170
Organizações
  consistência de valor em, 107

cultura de, 99-101
declaração de missão de, 101-103
Oticon
  ambiente físico na, 131-132
  facilitação de comunicação na, 140
  uso criativo de recursos na, 177
Otimismo, importância do, 173-174
Pace, Betsy, 118
Paixão
  importância da, 162-163, 173-174
  pela organização, 166-167
  pelo trabalho, 164-165
  por inovação, 165-166
Panasonic, mal-entendido cultural na, 37
Papéis dos sexos, 38
Pelz, Donald, 62
Pensamento
  convergente *versus* divergente, 17-18
  fisiologia do, 43
  modos de, 41-43, 141, 159
Pensamento divergente
  estilos de comunicação de, 150-153
  estímulos para, 135-139
Pensamento em grupo, 64, 66-70
Perlman, Steve, 103
Personalidade criativa, 141
Perspectiva do principiante, importância da, 179-179
Perspectivas diferentes para a criatividade, 48-50
Pesquisa de mercado, 80-86
Pessoas de fora. *Ver* divergentes
Planejamento *versus* improvisação, 180, 182
Pook, Peter, 33, 104, 140
Prazo final, 59, 61
Prêmios, como motivadores, 169-170
Preparação para a criatividade, 20
Pressão de tempo e convergência prematura, 59
Pressão dos pares, 51
Price Waterhouse, oportunidades de aprendizado na, 168-169
Prioridades
  estabelecendo, 104
  tipos de, 103-104
Problema de sobrevivência na lua, 69
Processo criativo, 18-21
  etapas do, 20-24
Procter & Gamble, facilitação da comunicação na, 140

Produtividade, auto-estima e, 169
Produto, paixão pelo, 165-166
Profissionalismo e diversão, 180-182
Projeto de interiores. *Ver também* arquitetura
Projeto empático, 80
    definição, 82
    observação e, 82
    premissa por trás do, 82
Projeto, aspectos culturais de, 38-40
Projetos pessoais, importância dos, 167-169
Protótipos
    como comunicação, 108-110
    como experimentos, 110-111
    importância dos, 106-108
    tipos de, 108
Proveito no insucesso, 155-156
    aprendendo com a experiência, 157-158
    fracasso inteligente, 156-157
Proximidade, promoção de comunicação por, 131
Quantum Corporation, facilitação na, 116
Questionários, 80
Raychem Corp., comunicação na, 80
Realização, importância da, 173
Recompensas. *Ver* prêmio, como motivador; incentivos, financeiros; motivação
Regras básicas, 67-70
Regras de grupo
    aproveitando, 67-70
    definição, 64
    inadequadas, 64-65
Reversão, 114-116, 124
Rokeach, Milton, 107
Rubbermaid e projeto empático, 83
Sabonete Dove, 165-166, 179
Schilling, Susan, 68, 118, 122, 166
Schneider, Robert, 99
Segurança psicológica, efeitos da, 155
Sentidos e estímulos, 135-139
Sentidos, e criatividade, 135-139
Serendipismo
    definição, 140
    estimulando, 174-177
Serviço Postal dos Estados Unidos, e inovação, 88
Shaw, Howard Van Doren, 135-136
Shubert, Larry, 109
Síndrome do FNG, 52
Skandia
    Centro do Futuro da, ambiente físico do, 137-138
    ícones culturais na, 145
Snyder, Carol, 45
Solução de problemas, estilos de, 45
Soluções alternativas, 83
Sonhos, criatividade em, 94-95
Sony, buscando o que é "legal," 85
Sorte, maximizando, 174-177
Southwest Airlines
    motivação na, 163, 181
    política de contratação na, 48
Sprint, buscando o que é "legal," 85
Staples, missão da, 103
Steelcase
    auxílios à incubação na, 141-142
    facilitação da comunicação na, 140
Sternberg, Robert, 45
Sternberg, Thomas, 103
Sun Microsystems, ambiente físico da, 132-135
Sun, Rickson, 77
Sundberg-Ferar, coleta de informações pela, 83
Suposições, contestação, 70-71. *Ver também* escada da inferência
Tato e estímulos, 137-138
Taylorismo, 162
Tecnologia da informação, infra-estrutura de, 146
Teerlink, Richard, 166, 172
Tendência de confirmação, 71
Tendências, 50, 71, 73, 81. *Ver também* escada da inferência
Teradyne, conectividade na, 160
Texas Instruments, *brainstorming* na, 78-79
Thinking Tools, *brainstorming* na, 79
Thompson, Marco, 48-49
Trabalho em equipe, 179
    elitismo *versus*, 179
Trabalhos por fora, 168-169
Trompenaars, Fons, 138
Unilever, conectividade na, 160-161
Valores, 100-101
    consistência de, 107
Variedade indispensável, 30
Viabilidade heurística, 73
Videoconferência, 146
Viewpoint DataLabs, motivações financeiras nos, 170
Visionários, 45

Vocabulário, comum, importância do, 117-118
Vonk, Nancy, 164
Wachtler, Joel, 66-67
Waugh, Barbara, 72, 160
WebTV
    estabelecendo prioridades na, 103-104
    missão da, 103
Wellsprings of Knowledge, (Leonard), x
Weyerhaeuser, inovação na, 84-85
Wilson, Timothy, 81
Wilson-Hadid, Marilyn, 33, 101
Winblad Hummer, otimismo na, 173-174
Winblad, Ann, 173
Wired, política de contratação da, 48
Xerox
    desenvolvimento da copiadora pela, 21-22
    filosofia da, 34
    Palo Alto Research Center (PARC), inovação no, 20-22, 34
Zonas no projeto do edifício, 132

edelbra

Impressão e acabamento:
E-mail: edelbra@edelbra.com.br
Fone/Fax: (54) 321-1744

Filmes fornecidos pelo Editor.